尹伯成 主编

U0649626

（第二版）微观经济学 简明 教程

格致出版社 上海人民出版社

# 前　　言

　　我主编的《西方经济学简明教程》于1995年8月第一版至今,历经18个年头。承蒙大家厚爱,在社会上广为流传。由于内容简明扼要,体系比较合理,文字通俗易懂,表述深入浅出,因而受到国内许多高校的财经管理类专业师生欢迎,曾被教育部列为推荐教材,也获得过上海市优秀教材奖。更为重要的是,编者不断接受同行专家和细心读者的批评指正,纠正差错,根据实践不断发展的需要,进行修订重版,至今已经是第八版。

　　然而,目前有些高校经管专业将微观经济学、宏观经济学分为两学期教学,或者只讲授其中一门。为适应这一课程设置需要,我以《西方经济学简明教程》为基础,编写了《微观经济学简明教程》和《宏观经济学简明教程》这两本分册性教材。由于是改编自《西方经济学简明教程》,因此,编写人员仍是原班人马。但由于改编由我完成,因此,若有差错,仍由我负责。我热忱希望大家一如既往帮助我不断修改补充。

　　这一版与上一版相比,主要修改是将原版的第十章内容加以压缩,改成最后一章的第一节,因为原来这一章内容的基本精神在于说明自由的市场竞争制度在资源配置上的效率,作为一本简明教材,只要简要说明这一基本观点就够了。这样删改是否妥当,也有待广大读者和同行们批评指正。

尹伯成

2014年4月于复旦大学

# 目　录

# 第一章 导 论

在系统学习微观经济学以前,本章想把几个有关问题先说明一下。

## 第一节 经济问题和经济原理

### ·生活中的经济问题

在我国,经济学被区分为马克思主义政治经济学和西方经济学,后者是相对前者而言的。在其他国家,特别是在经济比较发达的西方国家,西方经济学就是经济学,是一门研究人类经济生活中种种问题的学问。

人类社会一产生就开始有种种经济问题,这些经济问题随时代发展而不断变化着。今天,我们在经济生活中就遇到了大量问题。例如,为什么有些人非常富有,有些人却那么贫困;为什么有些人走到哪里都能找到工作,有些人却会长期失业;为什么有些商品价格那么高,还经常涨价,有些商品价格那么低,有时还会跌价;为什么有些企业年年盈利,财源茂盛,有些企业经常亏损,甚至破产倒闭;为什么世界各国的股市、汇市有时会很平稳,而有时会暴涨暴跌、剧烈波动;为什么有时各国间贸易会顺利发展,而有时就会摩擦不断。诸如此类的问题都要求人们加以认识,作出回答。

人们在探索这些问题答案的过程中逐渐发现,社会经济现象之间有相互联系。例如,金融市场上利率上升,股票价格通常就会下跌,房地产市场上需求和供给也会萎缩。再如,通货膨胀率上升时,黄金、房地产等资产的价格也会随之上升。下面这个故事生动描述了经济现象之间的联系:一个矿工的儿子问:"爸爸,天这么冷,家中为什么不生炉子?"答:"爸爸没钱买煤。"问:"为什么没钱?"答:"爸爸失业了。"问:"为什么你失业了?"答:"因为煤生产太多了,卖不出去。"在此,家庭消费、收入、就业、产品供求这四个经济变量密切联系在一起了。经济现象之间的这种内在联系称为经济规律。经济学就是要研究经济规律。

**·几个重要的经济原理**

经济现象和自然现象不同,自然现象是自然界中出现的现象,而经济现象是人们在经济活动中出现的现象。经济学家通过长期观察,发觉人们在经济活动中存在一些公认的原理,主要有:

1. 人们会对激励作出反应。例如,多给工资、奖金、会鼓励人们多干活、干好活,如若干多干少和干好干坏都一个样,人们就会消极怠工。有效的激励会鼓励科学家刻苦研究、企业家努力经营、职工积极劳动、公务员敬业工作等等。激励有物质激励和精神激励两类,二者不能相互取代,但通常以物质激励为主要形式。

2. 一些经济现象之间有交替关系。例如,平等和效率间就有这种关系。由于人们会对激励作出反应,因此,经济要有效率,就要多给人们激励,在收入分配上拉开差距,这就会影响人与人之间的平等。如果要强调人与人平等,就要缩小人们的贫富差距,这就多少会影响人的积极性,从而影响效率。再如,在一定时期内,通货膨胀和失业之间也存在一定交替关系。本书后面还会讲到这一点。

3. 人们从事任何经济活动都有机会成本。人们做任何事都要获取收益,也要付出代价或者说成本。如果面临多种选择机会时你选择了某项活动,就放弃了从事其他活动可能得到权益的机会,其中最大的收益就被称为选择了某活动的机会成本。俗话说,有得必有失,有所为必有所不为。这里的"失"、"不为"就是机会成本。从某种意义上说,上面所说的交替关系也是一种机会成本。例如,如果更要效率,就会以牺牲一些平等作代价,反之,如更要平等,就要以牺牲一些效率作代价。

4. 交易可改善人们的福利。人一生的精力总是有限的,世上没有全能天才。社会越发展,人类分工就越细;分工越细,社会生产力就越发达,但分工意味着任何人不能自给自足,于是,必须要求有交换,否则人就不能生存。通过交易,每人都可以分享分工给自己带来的利益。打个比方说,甲乙两人如既做鞋又制衣,一天每人也许只能做 1 双鞋、1 件衣,如果甲专门做鞋一天能做 4 双,乙专门制衣一天能制 4 件,再假定 1 双鞋能和 1 件衣交换,则通过交换,各人每天可得 2 双鞋 2 件衣,福利都增加了一倍。

5. 市场是组织经济活动的一种好方法。分工依靠交易,而交易又依赖市场,市场是联系和组织人类分工活动的纽带和手段。历史事实证明,自给自足经济是低效率的,由政府用行政命令和计划来组织经济活动也是低效率的,我国改革开放以前 20 多年实行计划经济造成经济效率低下、物资普遍短缺的事实就充分说明了这一点。市场能给经济活动提供信息,市场竞争可使经济活动主体增强活力。正因为这样,世界各国才都把市场化作为经济改革的方向和目标。

6. 制度是协调人们进行经济活动必不可少的行为规则。在市场经济中,人们从事经济活动都是自由的、自愿的,而能把各人为追求自己利益所自由进行的交易活动联结起来和组织起来的是制度。有了制度,人们的行为就都遵循一定的规则,种种经济活动才会有条不紊地进行,才会减少交易中的摩擦和成本,才会减少不确定性,增强可预见性。例如,交易双方签订了必须信守的合同,交易的顺利实现才会有保障。俗话说,没有规矩不成方圆,这规矩就是规则,就是制度。好的制度可能迫使坏人干出好事,坏的制度也可能使好人干出坏事。有了制度,必须遵守执行。从某种程度上说,市场经济就是法制经济。

7. 合理的政府定位对市场经济发展至关重要。市场经济的自由运行绝不意味着可以不要政府。相反,市场经济健康运行所必需的个人财产权的切实保护,保障市场经济秩序的规章制度的切实执行,调节市场经济运转以免过分波动的经济政策的正确实施,规划社会经济健康发展的中长短期经济计划的制定和落实,保障社会各阶层人民利益并使他们和谐相处的各项政策措施的制订和推广,都必须依赖于一个强有力的政府。实际上,如果司法得不到执行,合约得不到履行,欺诈得不到惩罚,都会极大伤害经济自由,都是政府失责的表现。但政府在市场经济中的定位要正确,干预经济要适度。政府干预太多不是经济自由,完全不进行规制和干预也不是经济自由。但在有些国家中,政府不但不能有效维护产权和经济秩序,相反还侵犯产权、破坏秩序,企业为了经营不得不去贿赂掌权的政府官员,从而大大增加了生产经营的成本。这就会影响市场经济的健康运行和正常发展。

## 第二节　经济学的研究对象

### ·经济资源的稀缺性和经济学的产生

上面讲到了种种经济问题以及人们在经济活动中存在的一些基本原理,如果我们深入思考一下就不难发现,它们都来自一种客观存在的资源稀缺性(scarcity)。并且正是这种稀缺性才产生了经济学。为什么呢?因为人类之所以要进行生产活动,是为了满足他们的消费欲望(wants),假如人们的消费欲望以及由这些欲望所引起的对物品(goods)和服务(service)的需要(needs)是有限的,如果满足需要的手段取之不尽用之不竭,便没有稀缺性问题,经济学也就不会产生。可是,实际上在人类社会中,生产资源以及用它们生产的产品在一定时期内总是有限的,而人类的欲望是无限的,由此便产生了稀缺性问题。

西方经济学家把满足人类欲望的物品分为"自由物品"(free goods)和"经济物品"(economic goods)。前者指人类无需通过努力就能自由取用的物品,如阳光、空气等,其数量是无限的;后者指人类必须付出代价方可得到的物品,即必须借助生产资源通过人类加工出来的物品。"经济物品"在人类社会生活中是最重要的,但它的数量是有限的。

按照美国学者亚伯拉罕·马斯洛(Abraham Maslow)关于欲望或需要层次的解释,人的欲望或人的需要可分为以下五个层次:第一,基本的生理需要,即吃、穿、住等生存的需要,这是最底层的需要;第二,安全的需要,即希望未来生活有保障,如免于伤害,免于受剥夺,免于失业等;第三,社会的需要,即感情的需要,爱的需要,归属感的需要;第四,尊重的需要,即需要有名誉、威望和地位;第五,自我实现的需要,即出于对人生的看法,需要实现自己的理想。这些欲望或需要一个接一个地产生,当前一种欲望或需要得到满足或部分满足以后,又会产生新的欲望或需要,所以欲望或需要是无穷无尽的。

相对于人的无穷无尽的欲望而言,"经济物品"以及生产这些物品的资源总是不足的,这就是稀缺性。这里所说的稀缺性,不是指物品或资源绝对数量的多少,而是相对于人类欲望的无限性来说,再多的物品和资源也是不足的。

由于上述原因,便产生了如何利用现有资源去生产"经济物品"来更有效地满足人类欲望的所谓选择问题。选择(choose)包括:第一,如何利用现有的经济资源;第二,如何利用有限的时间;第三,选择何种满足欲望的方式;第四,在必要时如何牺牲某种欲望来满足另外一些欲望。它所要解决的问题是:(1)生产什么(what)物品和劳务以及各生产多少?(2)如何(how)生产?(3)为谁(for whom)生产这些物品和劳务?(4)现在生产还是将来(when)生产? 这四个问题被认为是人类社会共有的基本经济问题,经济学正是为了解决这些问题而产生的。

基于上述理由,可以给经济学下这样一个定义:经济学是研究人们和社会如何作出选择,来使用可以有其他用途的稀缺的经济资源在现在或将来生产各种物品,并把物品分配给社会的各个成员或集团以供消费之用的一门社会科学。

## ·机会成本与生产可能性边界

从经济资源稀缺性的事实出发,解决人类社会经济生活的四个基本问题,归纳起来,实际上就是要解决好这样两个问题的相互关系:一是各种欲望的轻重缓急程度;二是为了满足某种欲望所需付出的代价。例如,甲种欲望的重要程度大于乙种欲望的重要程度,但是满足甲种欲望的物品所需的投入大于满足乙种欲望的物品所需的投入,即满足甲种欲望所需的花费大于满足乙种欲望所需的花费。在这种情况下,是用有限的经济资源来满足甲种欲望还是来满足乙种欲望? 这就必须把上述两个问题联系起来考虑,即必须把既定目标与达到这一目标所需的代价联系起来权衡比较,作出抉择。为此西方经济学家提出了机会成本(opportunity cost)和生产可能性边界(production possibility frontier)两个概念。

经济资源的稀缺性决定一个社会的经济物品在某一时期内是个定量,这就意味着,为了生产某种产品就必须放弃其他产品的生产。当把一定经济资源用于生产某种产品时所放弃的另一些产品生产上最大的收益就是这种产品生产的机会成本。例如,若某人拥有一块土地,投入一定量的人工和资金可生产谷物 1000 公斤,价值 600 美元,他用同量的投入可生产棉花 200 公斤,价值 500 美元,或生产蔬菜 500 公斤,价值 400 美元,那么,他若决定生产 1000 公斤谷物,其机会成本就是 200 公斤棉花,即 500 美元;若他生产 200 公斤棉花,机会成本是 1000 公斤谷物,即 600 美元。又如,某人拥有 1000 美元资金,他把这 1000 美元资金存入银行一年可得利息 50 美元,他把这 1000 美元用来开一个小吃店,一年下来可得利润 200 美元,买债券可得利息 60 美元,那么,他开小吃店的机会成本是 60 美元。这 60 美元之所以称作是这 1000 美元用于开小吃店的机会成本,是因为用这笔钱开小吃店就失去了存银行或买债券的机会,这两个机会中最大的收益是 60 美元,因此是其机会成本。在经济计划的制定过程中,在新投资项目的可行性研究中,在新产品开发中,乃至工人选择工作中,都存在机会成本问题。它为正确合理的选择提供了有力的答案。在进行选择时,力求机会成本小一些,是经济活动行为方式的最重要准则之一。

与机会成本密切相关的是生产可能性边界。一个经济社会,必然具有一定数量的人口,一定程度的技术水平,一定数量的工厂和工具,一定数量的土地、水和其他自然资源,总之具有一定数量的经济资源和一定高度的生产技术水平。当它在为解决四个基本问题而进行选择时,实际上就是要决定这些相对稀缺的经济资源如何被分配到千千万万种可能生产的不同产品和劳务中。为了简化起见,假定这个社会用既定的经济资源和生产技术只生产两种产品 X 和 Y,多生产 X 就必然减少 Y 的生产,反之亦然。假定全部经济资源用来生产 X,可生产 5 个数量单位,全部用来生产 Y,可生产 15 个数量单位。在这两个极端的可能性之间,还存在着各种可能性,即通过经济资源从一用途不断地转移到另一用途,两种产品的数量会产生此消彼长的格局。假定共有 A、B、C、D、E、F 六种可能性,如表 1-1 和图 1-1 所示。在图中,用纵轴表示 Y,用横轴表示 X,根据表中的数据找出坐标点,连接各点可得到一条曲线①,这条曲线就叫生产可能性边界(如图 1-1), 指在既定的经济制度、经济资源和

---

① 这里实际上还假定从一点到另一点的变化不是突然发生的,而是连续地逐渐发生的。

表 1-1

| 可 能 性 | X 产 品 | Y 产 品 |
|---|---|---|
| A | 0 | 15 |
| B | 1 | 14 |
| C | 2 | 12 |
| D | 3 | 9 |
| E | 4 | 5 |
| F | 5 | 0 |

生产技术条件下所能达到的各种产品最大产量的组合,又称为生产可能性曲线。

可用 X 产品与 Y 产品来表达各自的机会成本。比较一下 C 点和 E 点,多生产 2 个单位 X 产品必须少生产 7 个单位 Y 产品,则多生产此 2 个单位 X 产品的机会成本是少生产 7 个单位的 Y 产品。

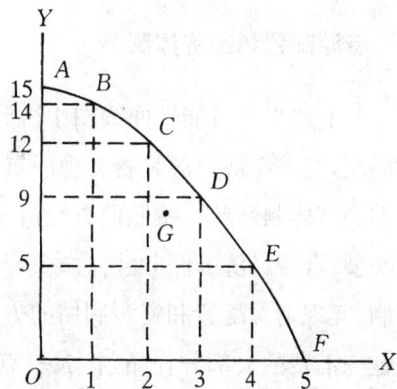

图 1-1 生产可能性曲线

处在生产可能性边界以内的点,如图中点 G,表示社会未能充分利用资源,即存在闲置资源,当社会使用了这部分资源,就可以得到更多的 X 和 Y 产品。第二次世界大战中的德国和美国就存在这种情况。但经济资源的未能充分利用并不是造成产量处于生产可能性边界以内的惟一原因,当经济缺乏效率时,也会产生这种后果,如我国 1958 年"大跃进"以及"文革"时期的情况。因此要使社会处在生产可能性边界上,必须充分利用现有的经济资源和提高经济效率。

当社会生产处在生产可能性边界上时,表示社会经济处于有效率的充分就业(指资源充分利用)状态。但在这种状态下,社会在选择两种产品的组合时,必须确定最佳的比例,是选择点 D 还是点 E,抑或是其他点? 这便是微观经济学中所要解决的资源配置问题。生产可能性边界图是供社会选择的清单。

生产可能性边界是朝原点(O)方向向外或向内移动的。向外移动表示可能生产更多产品和服务,向内移动则相反。移动有多种原因:一是经济制度变动,如我国 20 世纪 80 年代初实行改革开放,改变"吃大锅饭"制度,就使同样多资源(如土地、劳动等)生产出更多产品。一项新的经济制度如果能给人们提供更多激励或促进专业化分工,就会增加经济产出。二是经济资源变动,如发现了更丰富矿藏,就会在同样制度和技术条件下生产更多产品。三是生产技术变动,如一项技术革新或引进一项更先进技术,也许会使产量翻番。任何一国经济增长过程实质就是生产可能性曲线或者说边界不断外移的过程。

### · 资源配置和经济体制

上述生产可能性曲线图中讲到了两个问题,一是经济资源是否充分利用问题,二是经济资源是否合理配置问题。经济资源配置和利用的方式就是所谓经济体制问题。按照西方经济学家的划分,经济体制大体上分为下列四种类型:自给经济、计划经济(命令经济)、市场经济和混合经济。不同的经济体制,实现资源配置和资源利用的方式不同。自给经济的特征是每个家庭生产他们消费的大部分物品,扩大一点说,是每个村落生产他们消费的大部分物品,只有极少数消费品是与外界交换来的。在这种体制下,资源配置和利用由居民的直接消费所决定,经济效率低下。

计划经济的基本特征是生产资料归政府所有,经济的管理,实际上像一个单一的大公司。在这种体制下,用计划来解决资源配置和利用问题。产品的数量、品种、价格、消费和投资的比例、投资方向、就业及工资水平、经济增长速度等等均由中央当局的指令性计划来决定。生产的产品也由国家统一分配。这种体制,从理论上也许可以证明,资源能够达到最优配置和有效利用。但实践证明,这种体制不能解决资源配置问题,效率较低,由此产生了社会主义国家经济体制改革。

市场经济的基本特征是产权明晰,经济决策高度分散。这种经济为一只"看不见的手"所指引,资源配置和利用由自由竞争的市场中的价格机制来解决。对于这一点,英国古典经济学家亚当·斯密(Adam Smith)早就说过,在市场经济中,人们追求他自己的利益,却往往使他能比在真正出于本意的情况下更有效地促进社会的利益。按他的看法,市场上琳琅满目的商品供应,并非由于生产商考虑到消费者需要，而是他们追求利润的结果。交通公司在交通拥挤时之所以会多放几辆车，也不是为了解决职工按时上下班的困难，而是为了多赚钱。总之，市场机制是解决资源优化配置、增进社会福利的有效机制。

　　然而，由于我国改革开放以来，尽管经济是大大发展了，但社会上滋长了"一切向钱看"的不良风气，人们信仰缺失，功利主义泛滥，因而不少人认为市场经济是一种缺乏道德的"逐利"制度。应当认为，对市场经济的这种认识不说是完全错误，至少也是片面的。实际上，市场经济也包含着强调人的独立性和以自我价值为特征的伦理精神和道德要求，和封建意识相比，具有巨大的历史进步意义。在"自由、平等、所有权"的前提下，也产生了与市场经济相适应的道德维度，如尊重、守信、互利、效率等。但市场经济中的道德调节有明显局限性。因为市场经济本身并不分辨善恶，只要符合"自愿交易"、"平等互利"原则，市场也可能接纳各种对整个社会而言并不道德的交易行为，如赌博、卖淫等。同样，一些人把名誉、良心、权力和地位当作商品作金钱交易。市场经济本身不存在产生自动为社会整体利益着想的道德意识，市场经济的互利原则只是交易各方自利原则互相制约的结果。我们不应当也不可能对市场经济制度提出超越这一制度的道德要求。为此，我们需要在坚持市场制度优化资源配置效率的同时，加强有利于社会整体利益和进步的伦理道德建设，物质文明和精神文明建设两手同时抓。

　　还要指出，即使在配置资源方面市场也不是万能的。在克服垄断和外部性中的弊端，提供公共物品，管理信息、调节收入分配、控制经济波动等诸多方面，市场都无能为力，需要国家或者说政府出场来发挥作用，于是混合经济体制产生了。

　　混合经济的基本特征是生产资料的私人所有和国家所有相结合，自由竞争和国家干预相结合，因此也是垄断和竞争相混合的制度。政府限制私人的某些活动；垄断的成分限制完全竞争的作用。在这种体制下，凭借市场制度来解决资源配置问题，依靠国家干预来解决资源利用问题。这种体制被认为是最好的制度，效率和公平可以得到较好的协调。

　　西方经济学家认为，纯粹的自给经济，纯粹的市场经济和纯粹的计划经济在当代并不存在。非洲和拉丁美洲一些国家偏向于自给经济，北美、西欧、澳大利亚和日本等偏向于市场经济,而社会主义国家在传统体制下则偏向于计划经济。由于过去几十年中资本主义国家对本国经济干预的加强和近十多年来社会主义国家的改革开放,这两类国家都有了混合经济的特征。

· **微观经济学和宏观经济学**

以解决经济资源的配置和利用为对象来划分,现代西方经济学从总体上可以分为微观经济学和宏观经济学两大块。前者研究资源配置问题,后者研究资源利用问题。微观经济学(microeconomics)的"微观",宏观经济学(macroeconomics)的"宏观",本意是"微小"和"宏大",原是物理学中的概念,后移用于经济学。

**微观经济学以单个经济单位(居民户、厂商以及单个产品市场)为考察对象,研究单个经济单位的经济行为,以及相应经济变量如何决定**。经济行为包括:家庭(居民户)如何取得和支配收入,怎样以有限的收入获得最大的效用和满足;单个企业(厂商)如何把有限的资源分配在各种商品的生产上以取得最大利润。单个经济变量包括:单个商品的产量、成本、利润、要素数量;单个商品(包括生产要素)的效用、供给量、需求量、价格等。微观经济学通过对这些单个经济行为和单个经济变量的分析,阐明它们之间的各种内在联系,从而确定和实现最优的经济目标。归纳起来,微观经济学实际上是要解决两个问题:一是消费者对各种产品的需求与生产者对产品的供给怎样决定着每种产品的产销量和价格;二是消费者作为生产要素的供给者与生产者作为生产要素的需求者怎样决定着生产要素的使用量及价格(工资、利息、地租、正常利润)。它涉及的是市场经济中价格机制的运行问题。所以,微观经济学又称为市场均衡理论或价格理论。它实际上研究的是一个经济社会既定的经济资源被用来生产哪些产品,生产多少及采用什么生产方法,产品怎样在社会成员之间进行分配。概言之,它研究的是既定的经济资源如何被分配到各种不同用途上,即资源配置问题。资源配置问题这样来解决:生产什么、生产多少取决于消费者的货币投票,如何生产取决于不同生产者之间的竞争以及成本与收益的比较,为谁生产取决于生产要素的供求关系所确定的要素价格。

微观经济学的主要内容包括价格理论、消费者行为理论、生产和成本理论、厂商均衡理论、收入分配理论,以及福利经济学和一般均衡分析。福利经济学虽以一个社会的经济福利问题为研究对象,而一般均衡分析同时考察所有各种产品的供求关系的相互作用以及所有各种生产要素的供求关系的相互作用,但由于都以单个消费者的行为和单个厂商的行为作为出发点来考察社会经济行为,有别于宏观经济学,因而也被放在微观经济学中进行分析。

**宏观经济学以整个国民经济活动作为考察对象,研究社会总体经济问题以及相应的经济变量的总量是如何决定的及其相互关系。总体经济问题包括经济波动、经济增长、就业、通货膨胀、国家财政、进出口贸易和国际收支等。**经济总量有国民收入、就业量、消费、储蓄、投资、物价水平、利息率、汇率及这些变量的变动率等。宏观经济学通过对这些总体经济问题及其经济总量的研究,来分析国民经济中几个根本问题:一是已经配置到各个生产部门和企业的经济资源总量的使用情况如何决定着一国的总产量(国民收入)或就业量;二是商品市场和货币市场的总供求如何决定着一国的国民收入水平和一般物价水平;三是国民收入水平和一般物价水平的变动与经济周期及经济增长的关系。其中国民收入(就业量)的决定和变动是一条主线,所以宏观经济学又称为国民收入决定论或收入分析。它研究的实际上是一国经济资源的利用现状怎样影响着国民经济总体,用什么手段来改善经济资源的利用,实现潜在的国民收入和经济的稳定增长。概言之,宏观经济学研究的是经济资源的利用问题。

宏观经济学一般包括国民收入决定理论、就业理论、通货膨胀理论、经济周期理论、经济增长理论、财政与货币政策理论等。

微观经济学和宏观经济学是西方经济学中互为前提、彼此补充的两个分支学科。西方经济学之所以有微宏之分,主要是因为经济目标与方法有着明显差异。微观经济学以经济资源的最佳配置为目标,采取个量分析方法,而假定资源利用已经解决;宏观经济学以经济资源的有效利用为目标,采取总量的分析方法,而假定资源配置已经解决。正由于分析问题的角度不同,故有些问题从微观看可行或有效,但从宏观看却不可行或无效,反过来也如此。好比人们在戏院里看戏,若一个长得较矮的人从座位上站起来看,也许可看清楚台上演戏,但会影响后座观众的视线。这时,若所有观众都站立起来,则第一个站起来的观众等于白站了。同样,在经济生活中,某厂商实行低工资,对该企业而言,成本低了,市场竞争力强了。但若所有厂商都降低工资,则原先实行低工资的厂商就失去了竞争力,而且职工整体收入也低了,不但影响了政府所得税,还影响了全社会的消费、储蓄和投资,影响了社会有效需求。再如,一个家庭或一个人实行节约,可增加家庭财富积累,但大家都节省,社会需求就降低了,生产和就业就要受到影响。所以宏观和微观经济学互相把对方所考察的对象作为自己的理论前提,互相把对方的理论前提作为自己的研究对象。一个经济社会,不仅有资源配置问题,也有资源利用问题,只有把这两方面的问题解决了,才能解决整个社会的经济问题。所以它们是各具功效、彼此补充、不可分离的整体。况且,宏观和微观经济学的界限实际上又不可能泾渭分明。例如,所有的经济总量均是由经济个量加总而成,孤立地考察就会只见树木不见森林;再如,对同一个经济现象,从一个角度看是宏观经济问题,从另一个角度看就是微观经济问题,全面考察才不至于偏颇。所以近年来,当代西方经济学出现了微观经济学宏观化,宏观经济学微观化的趋势。

还有一点值得注意,即微观经济学和宏观经济学不是仅从概念上就可简单加以区分的。例如,价格、产出、消费、投资、供给、需求等概念,在微观经济学和宏观经济学中都出现,但含义不一样。举例来说,价格这个概念,在微观经济学中指一个个产品的价格,比方说猪肉 500 克 8 元、大米 500 克 2 元、服装一套 300 元等等;而在宏观经济学中,价格指价格水平或物价指数,若以 1990 年为基期,价格指数为 1,1999 年价格指数若为 1.3 或 130%,则表示与 1990 年相比,1999 年物价总水平上升了 30%。其他概念同样如此。在微观经济学中,这些概念都指个量,而在宏观经济学中,这些概念都指总量。

## 第三节　经济学的研究方法

### ·实证经济学和规范经济学

人们在研究经济学时,会有两种态度和方法,一是只考察经济现象是什么(what it is),即经济现状如何,为何会如此,其发展趋势如何,至于这种经济现象好不好，该不该如此，则不作评价。这种研究称为实证经济学(positive economics)分析。另一种则是对经济现状及变化要作出好不好的评价，或该不该如此的判断。这种研究称为规范经济学(normative economics)分析。例如，我国改革开放以来，人们收入差距有所扩大，对此问题的研究有两种不同分析方法：一是分析收入差距现状如何，变动趋势如何，造成差别扩大原因是什么等，这就是实证分析；二是研究收入差距扩大好不好，该不该，公平不公平等，这就是规范分析。

实证分析要求，一种理论或假说涉及的有关变量之间的因果关系，不仅要能够反映或解释已经观察到的事实，而且要能够对有关现象将来出现的情况作出正确的预测，也就是要能经受将来发生的事件的检验。例如，一种理论认为，央行提高银行利率，会引起股票价格下降，反之则反是。对此理论作实证分析，就要看事实是否如此。当然，如果人们普遍预期利率即将上升，提前消化了股市上利空消息，一旦利率果真上升但未达预期升幅时，股市不降反升，仍实证了此理论成立。因此，实证经济学具有客观性，即实证命题有正确和错误之分，其检验标准是客观事实，与客观事实相符者为真，否则就是谬误。所以西方经济学家常把实证经济学定义为研究经济实际是怎样运行的经济学。

规范经济学以一定的价值判断作为出发点，提出行为的标准，并研究如何才能符合这些标准。它力求回答：应该是什么(what ought to be)的问题，即为什么要作这样的选择，而不作另外的选择？它涉及是非善恶，应该与否，合理与否的问题。由于人们的立场、观点、伦理道德标准不同，对同一个经济事物，就会有截然不同的看法。例如，房价持续大幅上升时，多数人认为是有关方面操纵结果，危害极大，但有关方面特别是开发商们认为，房价升降仍为市场供求规律作用使然，说不上公平与危害与否，这就属规范分析。因此，规范经济学不具有客观性，即规范命题没有正误之分，不同的经济学家会得出不同的结论。所以西方经济学家常把规范经济学定义为研究经济应该是怎样运行的经济学。

由上可以看出，实证经济学研究经济运行规律，不涉及评价问题，规范经济学则对经济运行进行评价。在西方经济学家中，少数人坚持认为经济学只应该是一门实证科学，大多数人则坚持认为经济学既像自然科学一样是一门实证科学,又像一般社会科学一样是一门规范科学。这是因为,为什么对经济问题进行研究,应采取什么研究方法,强调哪些因素,实际上涉及研究者个人的价值判断。而且一个经济学家之所以提出某一种经济理论,在大多数场合是为他所主张的政策提供理论依据。而政策主张之所以不同,一方面是由于实证分析的结论不同,另一方面则是由于各人不同的价值判断。

实际上,无论是实证经济学还是规范经济学,都与经济目标相关。经济目标是分层次的,目标的层次越低,越与经济运行联系密切,因而研究越具有实证性;目标层次越高,越需要对经济运行进行评价,研究越具有规范性。所以从这个意义上来说,就像微观经济学和宏观经济学是从不同角度来研究经济问题并不矛盾一样,实证经济学和规范经济学是在经济目标的不同层次上进行研究,同样具有相互补充、功效各异、构成整体的效果。例如,对于 5% 的年经济增长率目标,实证经济学就要研究在哪些因素作用下可以达到这个目标,并且可以检验这个结论是否正确;规范经济学就要研究,该目标假定本身是否正确,它能不能成为目标,实现这样一个目标对社会产生的后果是好是坏等等。所以,对任何一个经济现象进行研究时,不仅要对经济过程本身进行研究,而且要对经济过程作出价值判断,方能说明经济过程的全貌,而不至于走向片面。

### ·个体分析与总体分析

宏观经济学和微观经济学在对象上以资源利用和资源配置相区别,在方法上则以总体分析(aggregate analysis)与个体分析(individual analysis)相区别。总体分析称为宏观经济分析方法,个量分析称为微观经济分析方法。

西方经济学在运用总体分析与个体分析方法对经济问题进行考察时,首先假定制度是已知、既定的,在这个前提下来对经济中的总体和个体进行分析。这并不是西方经济学家认为制度对经济不起作用因而不重要,而是认为,不管制度对经济活动会产生什么样的影响,制度本身或制度变动的原因和后果不是微观经济分析和宏观经济分析能够解决的,所以在分析研究时,可把它作为既定的条件而不予讨论。

微观经济学采用个体分析方法,宏观经济学采用总体分析方法,都是由它们的研究对象的特点决定的。如前所述,微观经济学以个体的经济活动为对象,它就必须要分析单个厂商如何在生产经营中获得最大利润,单个居民户如何在消费中得到最大的满足。与此相应,在数量分析上,它还必须研究单个商品的效用、供求量、价格等如何决定;单个企业的各种生产要素的投入量、产出量、成本、收益和利润等如何决定;以及这些个量之间的相互关系。宏观经济学以总体经济活动为对象,它必须描绘社会经济活动的总图景,分析影响就业与经济增长的总量因素及其相互关系。在数量分析上,它必须研究社会总供求、均衡的国民收入、总就业量、物价水平、经济增长率等如何决定;总消费、总储蓄、总投资、货币供求量、利息率、汇率等如何决定;以及它们的相互依存关系。

个体分析和总体分析,作为一种数量分析的具体形式,都广泛地采用边际增量分析方法。所谓边际增量分析(marginal adding analysis),是指分析自变量每增加或减少的最后一单位的量值会如何影响和决定因变量。比如微观经济学中的边际收益、边际成本等等,宏观经济学中的边际消费倾向、资本边际效率等等,都属于边际增量分析之列。现代西方经济学的产生和发展,是与边际分析方法的广泛应用分不开的。正是边际增量分析方法的深入应用,使得完整的微观经济学体系在 20 世纪 30 年代建立起来。可以说,没有边际增量分析方法,便没有现代西方经济学。

宏观经济学和微观经济学在进行数量分析时,还把经济变量区分为内生变量(内在变量)和外生变量(外在变量)。**内生变量**(endogenous variables)**是指由经济模型内部结构决定的变量;外生变量**(exogenous variables)**是指不是由经济模型中的变量决定,而是由外部因素(如政治、自然)决定的变量。**例如,假定人们消费支出水平和他们可支配收入正相关,那么,人们收入增加,消费支出也增加,则收入在此就是内生变量。假定人们收入未变,但国际局势或国内局势忽然紧张,引起人们战争预期,人们于是打算节省些钱以备万一,这就会使消费支出水平下降。这种引起消费下降的因素,就是外生变量。

宏观经济学在进行总量分析时,还把相关的经济变量区分为流量和存量。**存量**(stock)**是在一定时点上变量的大小;流量**(flow)**是在一定时期内变量的变动量。**存量与流量之间有着密切的关系。流量来自存量,流量又归于存量之中。比如人口总数是个存量,它表示某一时点的人口数,而人口出生数则是个流量,它表示某一个时期内新出生的人口数;国民财富是个存量,它表示某一个时点的国民财富总值,而国民收入则是个流量,它表示某一个时期内所创造的国民收入。一定的人口出生数来自一定的人口数,而新出生的人口数又计入人口总数中;一定的国民收入来自一定的国民财富,而新创造的国民收入又计入国民财富之中。流量分析是指对一定时间内有关经济总量的产出、投入(或收入、支出)的变动及其对其他经济总量的影响进行分析。存量分析是指对一定时点上已有的经济总量的数值对其他有关经济变量的影响进行分析。

### ·局部均衡分析与一般均衡分析

均衡分析在西方经济学中,处于重要的地位。

均衡(equilibrium)原本是物理学中的名词。英国经济学家马歇尔(Alfred Marshall)把这一概念引入经济学中。经济学中所讲均衡,乃指一种不再变动的状态,但这里的"不再变动",并非指不会变动,而是指一种没有变动必要的意思,因为这种状态是最好的情况,再变动只会使情况恶化。例如下面说到的消费者均衡,就是指消费者用其货币投入购买各种商品一定数量后得到了最大满足的状态,如改变购买,只会降低满足程度。同样,厂商均衡,是指厂商花费一定成本生产商品一定数量后能得到最大利润的状态。当然,条件变了,原均衡就会被打破。这时,如果有其他力量使它恢复到均衡,就称为稳定的均衡。如果任何力量都无法使它恢复到均衡位置,则称不稳定均衡。

均衡可以分为局部均衡(partial equilibrium)与一般均衡(general equilibrium)。

局部均衡是假定在其他条件不变的情况下来分析某一时间、某一市场的某种商品(或生产要素)的供给与需求达到均衡时的价格决定。这里讲的其他条件不变,是指这一市场的某一商品的供求和价格等对这一市场其他商品的供求和价格等不发生影响,而这一市场其他商品的供求和价格以及其他所有市场的商品供求及价格等对这一市场的该商品的供求和价格等也不发生作用。它把研究范围只局限于某一市场或某一经济单位的某种商品或某种经济活动,并假定这一商品市场或经济单位与其他市场或经济单位互不影响,所以称为局部均衡分析。比如马歇尔的均衡价格论,就是假定某一商品或生产要素的价格只取决于该商品或生产要素本身的供求状况,而不受其他商品价格和供求等因素的影响。这就是典型的局部均衡分析。

　　一般均衡分析在分析某种商品价格决定时,是在各种商品和生产要素的供给、需求、价格相互影响的条件下来分析所有商品和生产要素的供给和需求同时达到均衡时所有商品和要素的价格如何被决定。所以,一般均衡分析把整个经济体系视为一个整体,从市场上所有商品的价格、供给和需求是互相影响、互相依存的前提出发,考察各种商品的价格、供给和需求同时达到均衡状态下的价格决定。也就是说,一种商品的价格不仅取决于它本身的供给和需求状况,也受到其他商品的价格和供求状况的影响,因而一种商品的价格和供求的均衡,只有在所有商品的价格和供求都达到均衡时才能决定。一般均衡分析方法是法国经济学家瓦尔拉(Léon Walras)首创的。它重视不同市场中的商品的产量和价格的关系,强调经济体系中各部门、各市场的相互作用,认为影响某种商品的价格或供求数量的因素的任何变化,都会影响其他商品的均衡价格和均衡数量。因此,一般均衡分析是关于整个经济体系的价格和产量结构的一种研究方法,是一种比较周到和全面的分析方法。但由于一般均衡分析涉及到市场或经济活动的方方面面,而这些又是错综复杂和瞬息万变的,因而这种分析实际上非常复杂。所以在西方经济学中,传统上大多采用局部均衡分析。局部均衡分析对所需结果给出一个初始值,所研究的市场与经济的其余部分联系越弱,这种近似就越好从而局部均衡分析就越有用。

### · 静态分析、比较静态分析和动态分析

　　与均衡分析密切相关的是静态分析、比较静态分析和动态分析方法。宏观经济学和微观经济学所采用的分析方法,从一个角度看是均衡分析,从另一个角度看就是静态、比较静态和动态分析。所以实际上它们是密不可分的整体。

　　静态分析(static analysis)就是分析经济现象的均衡状态以及有关的经济变量达到均衡状态所需要具备的条件,它完全抽掉了时间因素和具体变动的过程,是一种静止地孤立地考察某些经济现象的方法。例如考察市场价格时,它研究的是价格随供求关系上下波动的趋势或者是供求决定的均衡价格。也

就是说,这种分析只考察任一时点上的均衡状态,注重的是经济变量对经济体系发生影响的最后结果。

比较静态分析(comparative static analysis)就是分析在已知条件发生变化以后经济现象均衡状态的相应变化,以及有关的经济总量在达到新的均衡状态时的相应变化,即对经济现象有关经济变量一次变动(而不是连续变动)的前后进行比较。也就是比较一个经济变动过程的起点和终点,而不涉及转变期间和具体变动过程本身的情况,实际上只是对两种既定的自变量和它们各自相应的因变量的均衡值加以比较。例如,已知某种商品的供求状况,可以考察其供求达到均衡时的价格和产量。这就是静态分析。现在如果由于消费者的收入增加而导致对该商品的需求增加,从而产生新的均衡,则价格和产量都较前提高。这里,只把新的均衡所达到的价格和产量与原均衡的价格和产量进行比较。这便是比较静态分析。

动态分析(dynamic analysis)则对经济变动的实际过程进行分析,其中包括分析有关变量在一定时间过程中的变动,这些经济变量在变动过程中的相互影响和彼此制约的关系,以及它们在每一时点上变动的速率等等。这种分析考察时间因素的影响,并把经济现象的变化当作一个连续的过程来看待。

在微观经济学中,无论是个别市场的供求均衡分析,还是个别厂商的价格、产量均衡分析,都采用静态和比较静态分析方法。动态分析方法在本书中举例不多,该方法在蛛网定理(cobweb theorem)及其用于"生猪—玉米循环"(hog-corn cycle)的研究中,在局部均衡的基础上被采用。在宏观经济学中,则主要采用的是比较静态和动态分析方法。凯恩斯在《就业、利息和货币通论》一书中采用的主要是比较静态分析方法。例如在讨论社会对消费品的需求将随着国民收入的增加而增加时,他主要对两种经济现象进行比较,即比较由国民收入变动而产生的前后两个不同的总量消费需求,而不分析社会对消费品需求的变化过程,不说明前一时期的收入、本期收入对本期消费是如何制约的,也不研究收入和消费在每一点上变动的速率。凯恩斯的后继者们在发展凯恩斯经济理论方面的贡献,主要是长期化和动态化方面的研究,如经济增长理论和经济周期理论。瑞典学派的宏观经济分析中的"事前""事后"分析所涉及的过程分析或期间分析也都是动态经济分析。

· 经济模型

经济模型(economic model)也是一种分析经济问题的方法,**是指用来描述与研究的对象有关的经济变量之间的依存关系的理论结构。**简单地说,把经济理论用变量的函数关系来表示就叫作经济模型。因此一个经济模型可用文字说明(叙述法),也可用数学方程式表达(代数法),还可用几何图形式表达(几何法、画图法)。

经济现象包括各种主要变量和次要变量,错综复杂,千变万化。如果在研究中把所有的变量都考虑进去,就会使得实际研究成为不可能。所以任何经济模型都是在一些假定前提下,舍掉若干次要因素或变量,把复杂现象简化和抽象为为数不多的主要变量,然后按照一定函数关系把这些变量编成单一的方程或联立的方程组。根据建立模型的目的不同,以及要探讨模型所涉及的变量的相互关系不同,对同一个经济问题的研究,可以建立多个不同的模型,并且把模型涉及的变量区分为内生变量和外生变量。借助这些经济模型,人们可以预测经济变化的结果。例如,均衡价格模型就是这样一个经济模型。

这个模型表明了某种商品的买者与卖者的行为情况:价格越高,买者愿意购买量越小,卖者愿意出售量越大;当愿意购买的商品量与愿意出售的商品量相等时,价格便不再变动,换句话说,当价格不再变动时,成交的商品量便被决定下来。这个模型还可以帮助人们预期:一切倾向于减少供给的行为,都会引起物价的提高和交易量的减少;一切倾向于减少需求的行为,都会引起物价的降低和交易量的减少。

· 理性人假定

理性人(rational man)的假定,是西方经济学在经济分析中和由此得出的经济理论中关于人类经济行为的一个基本假定。西方经济学的诸多命题都是在一定的假设条件下推演出来的。作为经济主体的居民、厂商和政府,尽管在经济生活中作用不同,各具特点,但由于理论抽象需要,在理论分析中一般都被视为理性人。它意指作为经济决策的主体(居民户、厂商、政府)都充满理智,既不会感情用事,也不会轻信盲从,而是精于判断和计算,其行为符合始终如一的偏好原则。

假如在经济活动中有 $X$、$Y$ 两种方案或 $X$、$Y$、$Z$ 三种方案需要经济活动的主体加以选择的话,理性人将有如下三种行为特征:(1)完整性。他了解自己的偏好,或偏好 $X$ 甚于 $Y$,或偏好 $Y$ 甚于 $X$,或对两种偏好无差异,无论什么情况下都只能三者择其一。不可能同时偏好 $X$ 甚于 $Y$,$Y$ 又甚于 $X$。(2)传递性。倘若他偏好 $X$ 甚于 $Y$,而又偏好 $Y$ 甚于 $Z$,那么,他必然会合乎逻辑地偏好 $X$ 甚于 $Z$。(3)有理性地选择。若 $X$ 能给他带来最大的利益,在其他情况不变时,他决不会选择 $Y$ 或 $Z$。这种理性人所追求的经济目标也体现着最优化原则。具体地说,消费者追求满足最大化,生产要素所有者追求收入最大化,生产者追求利润最大化,政府则追求目标决策最优化。

这种理性人,实际上就是英国古典经济学家亚当·斯密在《国富论》中所讲的“经济人(economic man)”,但斯密的“经济人”是指“人”,主要指资本家,而理性人假定则包括经济活动的所有参与者,既有资本家和工人,生产者和消费者,也包括政府,即理性人假定把政府也人格化了。

理性人假定中,经济主体行为的基本动力是利益最大化,从而行为准则是既定目标的最优化,当然,这并不意味着经济活动主体在行动中就一定能实现最优目标,也不意味着这一目标一定是好的。在现实经济生活中,人们在作出某项决策时,并不总是能深思熟虑;人们在许多场合,往往是按习惯办事,受骗上当也是难免的;人们在进行经济决策时,除了经济利益外,还受到社会的、政治的以及道德等方面的影响或制约。西方经济学家认为,经济分析之所以要作这样的假定,无非是要在影响人们经济行为的众多复杂因素中,抽出主要的基本因素,在此前提下,可以得出上面第一节讲到的那些重要的也是公认的经济原理。

## 第四节　西方经济学的产生与发展

作为对经济规律认识的经济学,是伴随着资本主义经济关系产生和发展起来的,至今也不过 200 多年历史,但人类通过交易形式的经济活动,早在古代就有了。古代和中世纪一些思想家对经济现象以及支配这种现象的规律就开始有某些认识和论述,这些认识和论述(例如古希腊的色诺芬、亚里士多德和柏拉图以及中世纪的托马斯·阿奎那等人的经济思想)在某种意义上就构成现代经济学产生的最初出发点。在古代社会和中世纪,人们主要生活在自给自足的经济中,商品货币关系很不发达。因此,古代和中世纪的一些思想家尽管有了经济思想的宝贵萌芽,但绝对称不上是经济学的产生。随着西欧封建社会的瓦解和资本主义生产关系逐步确立,社会经济结构日益复杂,商品货币关系日益发展,市场竞争日益激烈,由经济问题所导致的社会矛盾日益尖锐,经济问题的研究日益为人们所重视。最初人们从经济现象开始探究资本主义经济问题的,是资本主义产生时期的重商主义。

尽管重商主义可称为是对资本主义经济的最初理论考察,但还不算是现代西方经济学的产生。要到 1776 年以亚当·斯密的《国民财富的性质和原因的研究》一书出版,才标志着一门独立完整的经济学正式诞生。该书总结了前人的经济研究成果,对商品和货币、收入分配、资本和利润、经济增长、国家财政等各个方面作了全面研究,并考察了欧洲各国经济发展历史和当时已出现的各种不同经济学说,最早对经济自由主义作了经典性论证和表述。以后一些西方经济学家根据各个时期资本主义经济发展的实践,对亚当·斯密的经济思想作了种种论证、补充、发挥和修正,才逐步形成今天我们所见到的比较完整的西方经济学理论体系。在此过程中,有两个人的代表作是特别应当提及的。

一个是 19 世纪末英国经济学家阿弗里德·马歇尔于 1890 年发表的《经济学原理》,这本书将他之前传统经济学的生产费用论和 19 世纪 70 年代兴起的边际革命中建立起来的边际效用论加以综合,创立了"均衡价格"理论,解决了究竟由生产费用还是由边际效用决定商品价值和价格的问题,而且用均衡价格理论说明国民收入分配等问题,从而建立起一个现代西方微观经济学的基本理论框架。后来,张伯仑、琼·罗宾逊和希克斯等人又在继承马歇尔理论传统基础上加以补充、修正与发展,就逐步形成了比较完整的微观经济理论体系。这套理论一直被人们称为新古典经济学。

上述这套经济理论坚持资本主义经济和谐的传统观点,信奉经济自由主义,认为经济运行中出现的矛盾和危机能通过市场作出自动调整。然而,20

世纪 20 年代末 30 年代初西方世界出现的这场史无前例的大萧条彻底粉碎了经济自由主义理论的这种神话。时代迫切需要一种新理论来说明自由的市场经济为什么不能自动调节资本主义经济的剧烈波动，为什么自由的市场经济不能自动达到充分就业均衡。适应这种需要，英国经济学家约翰·梅纳德·凯恩斯于 1936 年发表了他的代表作《就业、利息和货币通论》，以有效需求理论替代了传统的以马歇尔为代表的新古典理论，认为资本主义经济的通常状态是低于充分就业均衡的有效需求不足。这源于边际消费倾向、资本边际效率、流动性偏好这三大基本心理因素的作用，市场机制本身没有力量实现充分就业均衡，必须靠国家干预，且这种干预不能仅靠货币政策，而主要得靠财政政策。就这样，凯恩斯这本著作奠定了现代宏观经济学的基础。

凯恩斯经济学产生引来一大批追逐者。他们阐释、补充、修正和发展了凯恩斯理论，形成了凯恩斯主义。其中尤其值得一提的是以保罗·萨缪尔森为首的一批经济学家将传统的新古典微观经济学（即马歇尔开创的剑桥学派理论）和凯恩斯开创的宏观经济学加以综合而形成的"新古典综合"经济学，又称后凯恩斯主流经济学。他们认为，现代市场经济已非传统的自由市场经济，而是一种市场和国家相混合、公和私相混合的"混合经济"。混合经济既需要市场发挥配置资源的作用，也需要政府发挥调控和管理经济的作用，二者缺一不可。因此，凯恩斯经济学和以马歇尔为代表的新古典经济学不但可以结合，而且应当结合。这样，他们那套理论体系就登上了西方经济理论的宝座，即现在世界各国流行的那套由微观经济学和宏观经济学两大部分构成的经济理论体系。尽管后来又出现了以理性预期学派为代表的新古典宏观经济学及其对立面——新凯恩斯主义，但它们都不过是传统经济自由主义思想和凯恩斯的国家干预主义的老调新唱而已。

## 第五节　正确认识西方经济学

如何正确认识和对待西方经济学，我们认为，一是不能迷信，二是必须重视。

　　为什么不能迷信？第一，西方经济学毕竟具有资产阶级意识形态性质。西方经济学是西方经济学家对以私有制为基础的市场经济如何运行的描述和概括，其基本理论一般包括微观经济学、宏观经济学和国际经济学三部分。上面说过，现代西方微观经济学是由美国经济学家张伯仑和英国经济学家琼·罗宾逊在马歇尔的均衡价格论的基础上，提出一整套垄断竞争理论以后才逐步形成完整体系的。现代西方宏观经济学是由英国经济学家凯恩斯在1936年出版的《就业、利息和货币通论》一书中奠定基础的。国际经济学则是将经济分析从一国扩大到世界范围，研究国家之间的贸易和资金如何往来联系等问题的理论。毫无疑问，西方经济学是资产阶级经济学家对经济问题的看法，往往只停留在分析经济现象的表面联系，不可能触及资本主义生产方式的内部联系和基本矛盾，更不可能承认资本主义经济制度是人剥削人的制度以及它具有历史暂时性。资产阶级经济学家观察和分析经济现象的观点和方法，和马克思主义有原则区别。这些都是我们学习西方经济学说时首先要明确认识到的。

　　第二，西方经济理论本身的真实性和适用性也有待实践检验与修正。例如2008年起，一场由美国次贷危机引发的金融危机席卷了全球，不仅使西方发达国家经济遭受重创，也对现行西方经济理论提出了很大挑战，彻底粉碎了自由的市场经济机制总能有效配置资源的神话。

　　众所周知，西方经济学从诞生以来就崇尚亚当斯密提出的那只"看不见的手"，即自由的市场机制。尽管20世纪30年代的大萧条后产生了凯恩斯经济学，主张国家干预才能稳定经济，但二战以后随着西方国家经济的发展与繁荣，西方经济思潮又逐步回到了主张自由的新古典传统。1970年美国经济滞胀又帮了经济自由主义大忙。在金融领域，凯恩斯曾将金融市场蔑视为赌场的观点被"有效市场"理论所取代。这种理论宣称，给定所有公众可获知的信息，金融市场总能正确定价，投资者都会理性地权衡收益和风险这一假设所建立起来的所谓资产定价模型，指导人们如何正确选择投资组合，如何对有价证券包括金融衍生品及其收益的索取权正确定价。在自由化的经济学和金融学理论不断占据上风的同时，美国经济和金融业在实践上也不断走向自由化。传统的西方经济理论总认定，由理性投资者构成的"有效市场"发出的价格信号,通常是正确的。然而,这场由美国次贷危机引发而来的严重金融危机告诉我们,事实不是这样。在过分金融自由化环境下,美国金融生态环境出现了社会信用恶化、监管缺失、市场秩序混乱、信息不对称、道德风险等一系列问题。被捆绑打包出售的金融资产不仅在国内大量销售,还在经济金融全球化浪潮中大量销售到国外,并终于导致一场全球性的严重金融危机。由次贷危机引爆的这场金融危机告诉我们,由于过分相信了经济自由化,放弃了应有监管,由理性投资者构成的"有效"市场发出的价格信号并不可靠。传统的西方经济理论总假定,金融机构总会自己把握住风险,从而金融崩溃的概率被严重低估。金融危机的事实表明,经济学家关于经济人具有完全理性的假定是多么脱离实际。

对于这场危机,经济学家大都未能预测到,难怪许多人甚至怀疑经济学是否还有存在的必要。但如此怀疑也可能并不正确。应当认为,现行传统经济理论受到近期金融危机挑战只能说明这种理论需要根据形势做出修正和创新,而不等于经济学已无存在必要。实际上,信息不对称、未来的不确定性以及经济自由运行需要规则和监管等,都是现代西方经济学早就揭示了的,缺乏实体经济支撑的虚拟经济泡沫迟早要破裂也是不少经济学家早曾预料的。但现行西方经济理论在新形势下确实不够用了。当今世界经济发展的新形势显示出来的两大事实即金融自由化使金融资产规模如此庞大,以及经济全球化使包括金融危机在内的经济波动会在全球范围内如此迅速蔓延,都要求传统的西方经济理论和金融理论作出与时俱进的创新。这就是说,我们对现有一套西方经济理论不能完全迷信。

为什么必须重视?

学习和研究西方经济学是改革开放的需要,也是我们认识社会主义市场经济的需要。我国经济体制改革的目标是建立社会主义市场经济体制。我们要建立的社会主义市场经济体制,就是要使市场在社会主义国家宏观调控下对资源配置起基础作用,使经济活动遵循价值规律的要求,适应供求关系的变化;通过价格杠杆和竞争机制的功能,把资源配置到效益较好的环节中去,并给企业以压力和动力,实现优胜劣汰;运用市场对各种经济信号反应比较灵敏的优点,促进生产和需求及时协调。同时,我们也要看到市场有其自身的弱点和消极方面,必须加强和改善国家对经济的宏观调控。在这里,如何使市场对资源配置起基础作用,这正是微观经济学研究的对象,而如何加强和改善国家对经济的宏观调控,又正是宏观经济学的研究对象。可见,学习和研究西方微观经济学和宏观经济学,对于探索和认识社会主义市场经济运行是有帮助的。社会主义市场经济和资本主义市场经济虽有重大区别,但都是就市场经济和社会化大生产而言,又有共同性。西方微观经济学的一整套理论,一方面是资本家如何赚钱发财的经验总结,另一方面也是各个经济主体(消费者、企业和生产要素所有者)如何在市场经济中活动的规律的反映,如供求理论、成本和收益理论、各种市场中企业如何决定产量和价格的理论、收入分配理论等,都可以为发展社会主义市场经济服务。同样,西方宏观经济学的一整套理论,一方面是国家垄断资产阶级如何剥削和统治的经验总结,另一方面也是国家管理社会化大生产的经验总结,两者合为一体,如国民收入核算理论、总需求管理理论、货币供给和需求理论、就业理论、通货膨胀理论、经济增长和波动理论、国际贸易和国际金融理论等,都可以为管理社会化大生产服务。

众所周知,西方经济发达国家的市场经济发展较早,历史较长,问题暴露也较明显,人们对它的认识也较早、较深,因此,西方经济学家较早就比较系统地提出了各种各样的理论,这实际上是他们对市场经济运行的探索和认识。尽管他们的不少理论或多或少带有为资本主义剥削制度辩护的性质,违反了马克思主义的劳动价值论和剩余价值论,但就对市场经济如何运行以及如何进行管理的研究来说,他们是比我们跑前了一步。因此,学习西方经济学,有助于我们对社会主义市场体制的探索和认识,有助于我们对社会主义市场经济理论的研究和认识。

建设有中国特色的社会主义,可以借鉴西方经济学中一些有用的东西,绝不意味着不要用马克思主义作指导了,更不是说可以用西方经济理论取而代之了。指导我们思想的理论基础是马克思主义,这是毫无疑问的。马克思主义是真理,真理永远不会过时,只会在实践中不断发展。传统的高度集中的社会主义计划经济体制不利于生产力的发展,不等于马克思主义不能解决我国实际问题。我们的改革要求抛弃违背生产力发展要求的一切陈旧观念,决不等于马克思主义已经过时。不能把马克思主义与传统观念混为一谈。再说,西方经济学可以为发展社会主义市场经济所借鉴,也决不等于说西方经济理论可用来解决我国改革开放和发展中的一切问题。西方经济学是在西方资本主义商品经济高度发达的环境中发展起来的,决不可盲目照搬到我国来。西方国家经济建立在私有制的基础上,而我国经济以公有制为基础。西方国家的市场比我国要发达得多,我国在人口、资源、文化传统等方面也和西方经济发达国家有很大差别。这一切都决定我们在借鉴西方经济理论时,决不可盲目搬用,而必须根据我国国情有分析地借鉴,吸取他们理论中对我们有用的东西。

**专栏** 联系中国经济的一点思考(一)

## 我国改革开放 30 年成就巨大

我国改革开放 30 多年来,经济上取得了史无前例的巨大成就。综合国力大大提高。到 2008 年,我国国内生产总值(GDP)增长近 40 倍,经济总量已居世界第四位。人均 GDP 以 1980 年可比价格(扣除了价格变动因素的价格,又称不变价格或者固定价格)计,1952 年是 119 美元,2007 年达 3629 美元,平均12 年翻一番。城镇居民生活水平从温饱型步入小康型,他们的可支配收入由1978 年的 343 元提高到 2006 年的 11759 元。即使扣除涨价因素,实际水平也有很大提高。农村面貌也发生了很大变化,生活水平提高很多。建制村的公路通车率超过 80%。最基本生活尚未得到保障的贫民从 1978 年的 2.5 亿人减少到 2006 年的 2148 万人。联合国在 2003 年发表的统计称,世界减贫人数的 90% 由中国实现。

中国的巨大成就和变化,是中国人民在党领导下高举邓小平理论旗帜,不断深化社会主义市场经济体制改革的结果。随着改革的不断深入,商品市场、金融市场和劳动力、技术、信息等要素市场不断完善,现代市场体系逐步建立,大大调动了各方面积极性,增强了经济活力,这是中国经济 30 多年来迅速发展最强大的动力。诚然,目前我国经济在进一步发展中也遇到了一系列新问题,包括产业结构调整,增长方式转变,收入分配改革,就业压力增大,生态环境恶化等。这些问题的解决,还是要靠进一步深化改革,摆正政府与市场关系,以进一步释放改革红利,打造中国经济发展升级版,从而更好地来圆我国人民的伟大复兴的"中国梦"。

# 习　题　一

1. 简释下列概念:

   稀缺、自由物品、经济物品、生产可能性边界、自给经济、计划经济、市场经济、混合经济、微观经济学、宏观经济学、实证经济学、规范经济学、内生变量、外生变量、存量、流量、局部均衡、一般均衡。

2. 你认为研究人们的消费问题是属于微观经济学还是宏观经济学的对象?

3. 经济物品是指(　　)。

   A. 有用的物品　　　　　　　B. 稀缺的物品

   C. 要用钱购买的物品　　　　D. 有用且稀缺的物品

4. 一国生产可能性曲线以内一点表示(　　)。

   A. 通货膨胀

   B. 失业或者说资源没有被充分利用

   C. 该国可能利用的资源减少以及技术水平降低

   D. 一种生产品最适度产出水平

5. 生产可能性曲线说明的基本原理是(　　)。

   A. 一国资源总能被充分利用

   B. 假定所有经济资源能得到充分利用,则只有减少 Y 物品的生产才能增加 X 物品的生产

   C. 改进技术引起生产可能性曲线向内移动

   D. 经济能力增长惟一决定于劳动力数量

6. 下列命题中哪一个不是实证经济学命题? (　　)。

   A. 1982 年 8 月美联储把贴现率降到 10%

   B. 1981 年美国失业率超过 9%

C. 联邦所得税对中等收入家庭是不公平的

D. 社会保险税的课税基数现在已超过 30000 美元

7. 生产可能性曲线向内、向外移动表示什么？为什么会发生这种移动？

8. 以下问题中哪一个不属微观经济学所考察的？（　　）。

A. 一个厂商的产出水平

B. 失业率的上升或下降

C. 联邦货物税的高税率对货物销售的影响

D. 某一行业中雇用工人的数量

9. 什么是经济理性主义？日常生活中有哪些行为是符合这个原则的，有没有"非理性"或"反理性"行为，自私自利和损人利己是理性的还是反理性的，为什么？您给出的答案是实证性的还是规范性的？

10. 你觉得市场经济中是否存在一些公认的重要原理？

11. 亚当·斯密、马歇尔和凯恩斯这三位经济学家的代表作在西方经济学发展史上有何重要意义？

12. 你认为应当怎样正确认识西方经济学？

# 第二章　需求、供给与均衡价格

微观经济学运用价格机制来研究资源的配置问题,因此,价格理论是微观经济学的核心。由于在纯粹的市场经济中,需求和供给是决定市场均衡价格的两大基本力量,因此本章从需求、供给的分析入手,讨论市场均衡价格的决定问题,以此对市场运行机制进行总体的考察。

## 第一节　需求和需求的变动

### ·需求的概念

**需求(demand)是指在某一特定时期内,对应于某一商品的各种价格,人们愿意而且能够购买的数量。**

需求的定义说明了两个含义:首先,经济学中所述的需求不同于人们自然的、主观的需要。需求以人们的货币购买力为前提,是有支付能力的需要或者说有效需求。仅愿意购买而没有支付能力,只是欲望和主观需要。其次,需求这个概念总是涉及两个变量:商品的价格及与该价格相对应的购买数量。从日常经验可以知道,人们购买的数量一般总是随价格的变化而变化。例如,当某种食品的价格为每公斤 2 美元时,某人也许购买 10 公斤;当价格涨到 3 美元时,他也许只购买 8 公斤。因此,需求实际上反映了人们购买的商品数量与商品价格这两个变量之间的关系。

需求可以分为个人需求和市场需求。个人需求是指单个消费者或家庭对某种商品的需求。把对某一商品(也即该商品市场)所有的个人需求加总,即把与每一可能的价格相对应的每个人的需求量相加,便得到该商品的市场需求。个人需求是构成市场需求的基础,市场需求是所有个人需求的加总。

### ·需求表、需求曲线和需求规律

需求表(demand schedule)是描述在每一可能的价格上商品需求量的表列。需求表可以直观地表明价格与需求量之间的一一对应关系。表2-1就是一张假设的需求表。

需求表也相应地有个人需求表和市场需求表之分。如表 2-1 中描述了某一时期内,对某种商品的个人需求和市场需求:当价格为 1 美元/公斤时,甲、乙、丙……个人的需求量分别为 8 公斤、7 公斤、15 公斤……,整个市场的需求量为 110 吨;当价格为 2 美元/公斤时,甲、乙、丙……个人的需求量分别为 6 公斤、5 公斤、13 公斤……,整个市场的需求量为 90 吨;依次类推,当价格涨到 6 美元/公斤时,整个市场的需求量降为 60 吨。

用图示法把需求表中需求量与商品价格之间的关系表示出来,就可以得到一条曲线。这种**表示需求量与商品价格的关系的曲线,称为需求曲线**(demand curve)。如图 2-1 所示,以纵轴表示商品价格,以横轴表示市场需求量,根据表2-1所列数字,可以作出市场需求曲线 $D$。类似地,也可以作出个人需求曲线。

表 2-1　个人需求表和市场需求表

| 价　格 (美元/公斤) | 需　求　量 | | | | | 市场需求量(吨) |
|---|---|---|---|---|---|---|
| | 个人需求量(公斤) | | | | | |
| | 甲 | 乙 | 丙 | 丁 | … | |
| 6 | 2 | 1 | 4 | … | … | 60.0 |
| 5 | 3 | 2 | 6 | … | … | 62.5 |
| 4 | 4 | 3 | 7 | … | … | 67.5 |
| 3 | 5 | 4 | 8 | … | … | 77.5 |
| 2 | 6 | 5 | 13 | … | … | 90.0 |
| 1 | 8 | 7 | 15 | … | … | 110.0 |

从图 2-1 可以明显看到,需求曲线是向右下方倾斜的,即它的斜率为负值。这说明,**在影响需求的其他因素既定的条件下,商品的需求量与其价格之**

间存在着反向的依存关系，即，商品
价格上升，需求量减少；商品价格下
降，需求量增加。这就是所谓的需
求规律(law of demand)。

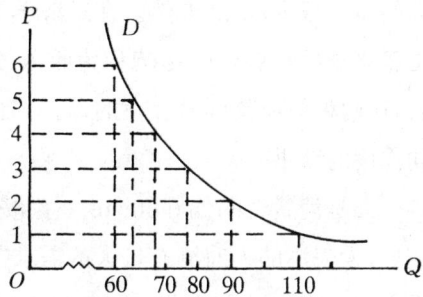

图 2-1　需求曲线

　　显然，需求规律与人们的日常
经验是相吻合的。但需要指出的
是，需求规律是对一般情况和一般
商品而言的，需求曲线在通常情况
下是一条负向倾斜的曲线，但也有可能出现一些例外的情形：

　　例如，某些低档商品，在特定条件下当价格下跌时，需求会减少；而价格上
涨时，需求反而增加。这类商品因英国人吉芬最先提出而得名"吉芬商品"
(Giffen goods)。吉芬发现，在 1845 年爱尔兰发生灾荒时，马铃薯的价格虽然
急剧上涨，但它的需求量反而增加。原因是灾荒造成爱尔兰人民实际收入急
剧下降，不得不增加这类生活必需的低档食品的消费。

　　再如，某些炫耀性消费的商品，如珠宝、文物、名画、名车等。这类商品
的价格已成为消费者地位和身份的象征。价格越高，越显示拥有者的地位，
需求量也越大；反之，当价格下跌，不能再显示拥有者的地位时，需求量反而
下降。

### ·影响需求的因素和需求函数

　　很多因素可能影响商品的需求。以一种消费品的需求为例，其影响因素
主要有以下几种：

　　一是商品本身的价格。由于满足同一种需求有多种商品可供选择，例如，
在其他商品价格不变的前提下，如果猪肉价格上涨，消费者可以多购买牛肉、
鱼、家禽等食品来替代猪肉，因而猪肉的需求减少；反之，价格下跌，需求增加。
在经济学中，将这种商品相对价格的变化对需求产生的影响称为替代效应
(substitute effect)，称功能上能相互替代的商品为互替商品(substitute
goods)。此外，若消费者的收入在一定时期内保持不变，当猪肉的价格上涨，
消费者会感觉到实际购买力降低，相对收入下降，因而也将减少购买猪肉，猪

肉的需求减少;反之亦然。在经济学中,将这种**因商品价格变化后实际收入发生变化进而对需求的影响称为收入效应**(income effect)。事实上,价格变化后,这两种效应是同时存在的,需求曲线之所以负向倾斜,正是这两种效应共同作用的结果。

二是消费者的偏好(taste)。消费者的偏好对需求的影响是显而易见的。例如,爱喝酒的人对酒有较大的需求,而不爱喝酒或滴酒不沾的人只有较小的需求甚至完全没有需求。一个消费者对某种商品的偏好增加后,即使价格不变,需求量也会增加。

三是消费者的收入(income)。收入对需求的影响根据商品的不同特性而有所不同。对大部分正常商品(normal goods)而言,消费者的收入愈高,对它们的需求就愈大;反之则愈小。而对另一部分劣等商品(inferior goods)而言,随着收入水平的提高,对它们的需求反而下降。一些较低档的日用消费品如化纤服装、黑白电视机等,在城镇居民收入有较大提高时,其需求就会下降。

四是其他商品的价格。这也要区分两种情况:第一,如果其他商品和被考察的商品是互替商品,如猪肉和牛肉,当猪肉的价格上升,牛肉的需求就会增加;而猪肉的价格下降,牛肉的需求则会减少。第二,如果其他商品和被考察的商品是互补商品(complementary goods),像汽车和汽油,当汽油价格提高,就会引起汽油的需求减少,并引起汽车需求的减少。

五是人们对未来的预期(expectation)。如果人们估计某些影响需求的因素将发生变化,就会及时调整消费,从而影响现期的需求。例如,当人们预计某商品要涨价,就会去抢购该商品,从而引起对该商品需求增加。

其他如规章制度(如禁止公共场所吸烟)、气候、消费者人数、时间等因素也可能会影响商品的需求,但上述五个因素是基本因素。如果把影响需求量的所有因素作为自变量,把需求量作为因变量,则可以**用函数关系来表达需求和这些影响需求的因素之间的依存关系**,这种函数称为**需求函数**(demand function),记作:

$$Q_d = f(T, I, P, P_i, E, \cdots)$$

其中,$Q_d$ 代表某种商品的需求量,$T$ 代表偏好,$I$ 代表收入,$P$ 代表该商品的价格,$P_i$ 代表其他商品的价格,$E$ 代表对未来情况的预期等等。

假定影响需求的其他因素不变,只单独研究某种商品的需求量与其价格之间的关系,需求函数可记作:

$$Q_d = f(P) \tag{2.1}$$

例如,假定某一商品具体的需求函数是:$Q_d = 1000 - 0.5P$,或写成:$P = 2000 - 2Q_d$,这一需求函数画成的需求曲线就是一条直线。直线形需求曲线即线性需求函数的一般形式可写成:

$$P = a - bQ_d$$

其中,$-b$ 是需求曲线的斜率。

· **需求量的变动和需求的变动**

商品本身价格变动所引起的需求量的变化,称为需求量的变动。需求量的变动在需求曲线图形上表现为在一条既定的需求曲线上点的位置移动,如图 2-2(a)所示,假设其他条件不变,在需求曲线 $D$ 上,随着商品价格的变动,点 a、b、c 之间的位置移动,即为需求量的变动。

在商品每一自身价格水平下,由于其他因素的变动引起的需求量的变化,称为需求的变动。需求的变动在图形上表现为整条需求曲线的移动,如图 2-2(b)所示,假设商品本身的价格保持为 $P_0$,由于某种因素(如偏好变化或收入增加等)使原来的需求曲线 $D_0$ 右移至 $D_1$,这表示需求增加;需求曲线从 $D_0$ 左移至 $D_2$,则表示需求减少。

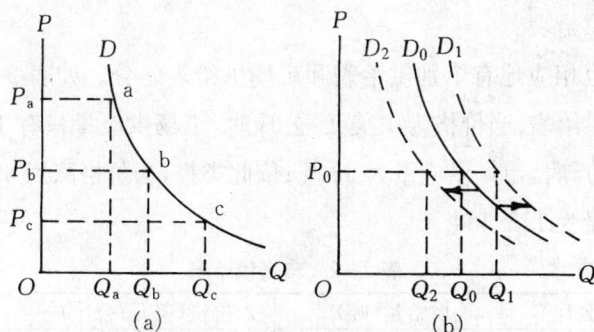

图 2-2　需求量的变动和需求的变动

## 第二节 供给和供给的变动

### ·供给的概念

**供给(supply)是指生产者(厂商)在一定时期和一定价格水平上愿意而且能够提供的某种商品的数量。**

供给的定义也说明了两个含义:第一,作为经济学中所述的供给,必须同时具备愿意出售和有能力生产两个方面。厂商供给市场的产品,可以是当期新生产出的产品,也可以是存货。第二,供给这个概念涉及两个变量:商品的价格及与该价格相对应的供给量。因此,供给实际上反映了厂商的供给量与商品价格这两个变量之间的关系。

和需求一样,供给也分为个别供给和市场供给。个别供给是指单个厂商对某种商品的供给。市场供给是指该商品市场所有个别供给的加总,即与每一可能的售价相对应的每个厂商供给量的总和。

### ·供给表、供给曲线和供给规律

**供给表(supply schedule)是描述在每一可能的价格上商品供给量的表列。**供给表直观地表明了价格与供给量之间的一一对应关系。表2-2是一张假定的市场供给表。

供给表也相应地有个别供给表和市场供给表之分。如表2-2即为某种商品的市场供给表:当价格为1美元/公斤时,市场供应量只有10吨;当价格为2美元/公斤时,市场供应量为53吨;依此类推,当价格涨到6美元时,整个市场的供给量为122.5吨。

表2-2 市场供给表

| 价格(美元/公斤) | 供给量(吨) | 价格(美元/公斤) | 供给量(吨) |
|---|---|---|---|
| 6 | 122.5 | 3 | 77.5 |
| 5 | 115.0 | 2 | 53.0 |
| 4 | 100.0 | 1 | 10.0 |

用图示法把供给表中所列数据表现出来,即可得到市场供给曲线 $S$,如图 2-3 所示。**供给曲线**(supply curve)**是表示商品供给量与价格之间关系的曲线。**

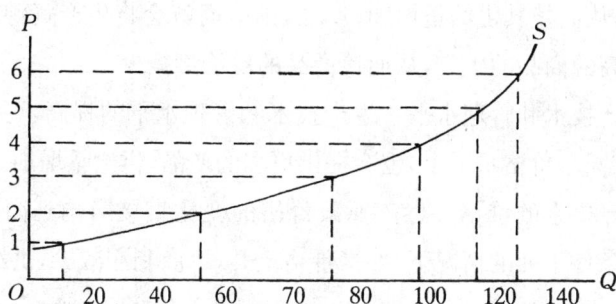

图 2-3　供给曲线

从图 2-3 中可以看到,供给曲线是向右上方倾斜的,即它的斜率为正值。这说明,**在影响供给的其他因素既定的条件下,商品的供给量与自身价格之间存在正向的依存关系,**即商品价格上升,供给量增加;商品价格下降,供给量减少。这就是**供给规律**(law of supply)。

但供给规律也有例外:

例如,某些原只能以手工单件地生产的商品,由于生产技术的发展和规模经营,使成本锐减且大批量供给成为现实,这时虽然商品价格下降,厂商仍愿意供给更多的产品。在这种情况下,其供给曲线表现为向右下方倾斜,斜率为负值,如图 2-4 所示。

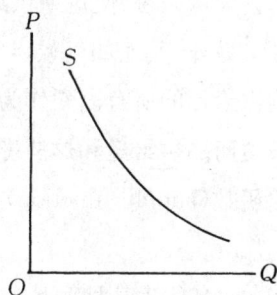

图 2-4　供给曲线的例外

再如,劳动力的供给。劳动力价格是工资率,即单位劳动时间的工资。当劳动者尚处于较贫困的境地时,工资水平的提高会刺激劳动供给增加。但当工资水平上升到一定程度,劳动者的基本生活需要得到满足后,文化娱乐、教育、休息等活动就更为重要了。这时,随着工资水平的提高,劳动的供给可能保持不变甚至会减少。关于这一点,下文还会讲到。

· **影响供给的因素和供给函数**

影响供给的因素主要有以下几种:

一是商品本身的价格。由于厂商的目标是追求利润极大化,在其他条件既定的条件下,如果某种商品价格上升,厂商就会投入更多的生产资源用于该商品的生产,从而使其供给量增加;反之,则厂商就会将生产资源转用于其他相对价格较高的商品的生产,从而该商品的供给量减少。

二是生产技术和管理水平。生产技术和管理水平的提高,可以降低生产成本,即使在同一价格水平上,也会提供更多的产品,供给量增加。

三是生产要素的价格。生产要素价格的变化直接影响到商品的生产成本。在其他条件不变的情况下,要素价格上升,厂商利润减少,供给就会减少;反之,则供给增加。

四是其他商品的价格。如果商品间的相对价格发生了变化,将使资源重新配置,从而影响商品的供给。

五是对未来的预期。如果卖者预期某种商品的价格将上涨,就会囤积居奇,待价而沽,从而该商品的短期供给会减少。反之,如果预期价格将下跌时,则会大量抛售,使短期供给增加。

另外,其他如气候、厂商数量、时间等因素也可能会影响供给。如果把影响供给量的所有因素作为自变量,把供给量作为因变量,则可以**用函数关系来表达商品供给量和这些影响供给量的因素之间的依存关系,这种函数称为供给函数**(supply function),记作:

$$Q_s = f(P, P_i, P_j, a, E, \cdots)$$

其中,$Q_s$ 代表某种商品的供给量,$P$ 代表该商品的价格,$P_i$ 代表其他商品的价格,$P_j$ 代表生产要素的价格,$a$ 代表生产技术、管理水平,$E$ 代表未来的预期等等。

在经济学中,价格是影响供给量的主要因素。假定影响供给的其他因素不变,只研究某商品的供给与其价格之间的关系,则供给函数可记作:

$$Q_s = f(P) \tag{2.2}$$

例如,假定某一具体的供给函数是:$Q_s = -500 + 0.02P$,或写成:$P = 25000 + 50Q_s$,这在图形上表现为一条直线形的供给曲线。线性供给函数的一般形式可写成:

$$P = a + bQ_s$$

其中,$b$ 是供给曲线的斜率。

### ·供给量的变动和供给的变动

　　商品本身价格变动所引起的供给数量的变化,称为供给量的变动。供给量的变动在图形上表现为在一条既定的供给曲线上点的位置移动。如图 2-5(a)所示,假设其他条件不变,在供给曲线 $S$(非直线形)上,随着商品价格的变动,点 a、b、c 之间的位置移动,即为供给量的变动。

　　当商品本身的价格既定时,由于其他因素的变动引起的供给量的变化,称为供给的变动。供给的变动在图形上表现为整条供给曲线的移动。如图 2-5(b)所示,假设商品本身的价格保持为 $P_0$,由于某种因素(如技术提高)使原来的供给曲线 $S_0$ 右移到 $S_1$,表示供给增加;供给曲线从 $S_0$ 左移到 $S_2$,表示供给减少。

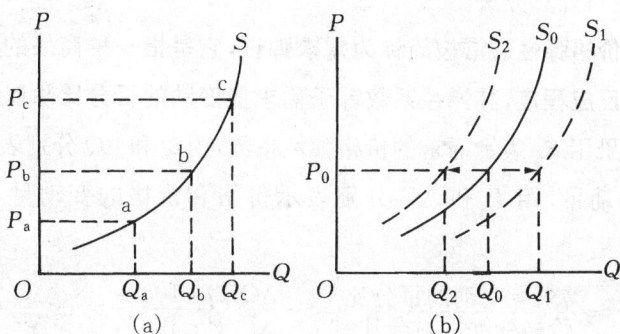

图 2-5　供给量的变动和供给的变动

## 第三节　需求和供给的弹性理论

### ·弹性的概念

　　商品的需求和供给随着影响它们的各种因素的变化而变化。前面我们讨论了它们之间变化的一般规律,那么这些因素一定幅度的变动所引起的需求和供给变动的程度有多大呢？这就要引用弹性理论来说明。

弹性(elasticity)原是物理学上的概念，意指某一物体对外界力量的反应程度。经济学中的弹性是指经济变量之间存在函数关系时，一个变量对另一个变量变动的反应程度，其大小可以用两个变量变动的百分比之比，即弹性系数来表示。如，设变量 $X$ 为一个变量，$Y$ 为另一个变量，$E$ 为弹性系数，则：

$$E = \frac{Y \text{变动的百分比}}{X \text{变动的百分比}} = \frac{\Delta Y/Y}{\Delta X/X} = \frac{\Delta Y}{\Delta X} \cdot \frac{X}{Y} \tag{2.3}$$

本节介绍的弹性理论包括需求弹性(elasticity of demand)和供给弹性(elasticity of supply)。需求弹性主要有需求的价格弹性、收入弹性和交叉弹性三种类型。供给弹性也有几种类型，我们主要介绍供给的价格弹性。

· **需求的价格弹性**

1. 定义与计算方法。

**需求的价格弹性通常被简称为需求弹性，它是指一种商品的需求量对其价格变动的反应程度，其弹性系数等于需求量变动的百分比除以价格变动的百分比**。如果用 $E_d$ 表示需求的价格弹性系数，用 $Q$ 和 $\Delta Q$ 分别表示需求量和需求量的变动量，用 $P$ 和 $\Delta P$ 分别表示价格和价格的变动量，那么，由定义得：

$$E_d = \frac{\text{需求量变动的百分比}}{\text{价格变动的百分比}} = -\frac{\Delta Q/Q \cdot 100\%}{\Delta P/P \cdot 100\%} = -\frac{\Delta Q}{\Delta P} \cdot \frac{P}{Q} \tag{2.4}$$

需求量变动与价格变动一般说是方向相反的。由于我们只关心 $E_d$ 的大小，所以在公式中加负号，使 $E_d$ 为正。

例如，某商品的价格由 20 美元/件下降为 15 美元/件($P=20, \Delta P=15-20=-5$)，需求量由 20 件增加到 40 件($Q=20, \Delta Q=40-20=20$)，这时，该商品的需求弹性为：

$$E_d = -\frac{20}{-5} \times \frac{20}{20} = 4$$

但是，公式(2.4)只是需求价格弹性的定义式，在实际运用中是有缺陷的。若将上例倒过来，即该商品价格由 15 美元/件升为 20 美元/件($P=15, \Delta P=5$)，需求量由 40 件减少到 20 件($Q=40, \Delta Q=-20$)，则需求弹性为：

$$E_{\mathrm{d}} = -\frac{-20}{+5} \times \frac{15}{40} = 1.5$$

此时,虽然价格涨跌的幅度与需求量变动的幅度是相同的,但弹性系数却有不同的数值。这是由于计算的基础和出发点不同而造成的。为了克服这一缺陷,通常采用变动前后价格和需求量的算术平均数来计算弹性系数,其计算公式为:

$$E_{\mathrm{d}} = \frac{-\Delta Q}{(Q_1 + Q_2)/2} \div \frac{\Delta P}{(P_1 + P_2)/2}$$

$$= \frac{-\Delta Q}{Q_1 + Q_2} \times \frac{P_1 + P_2}{\Delta P}$$

$$= -\frac{\Delta Q}{\Delta P} \cdot \frac{P_1 + P_2}{Q_1 + Q_2} \qquad (2.5)$$

根据此式计算上例中的弹性系数:

$$E_{\mathrm{d}} = -\frac{-20}{+5} \times \frac{15+20}{40+20} = \frac{7}{3}$$

由于这一公式所用的两个价格和与之对应的两个需求量,实际上代表了同一需求曲线上的两个点,从而这样计算的弹性系数实际上也就是这两个点之间的一段曲线即弧线的弹性强度,所以公式(2.5)称为弧弹性公式。弧弹性表示需求曲线上某两点之间的平均弹性。

与弧弹性相对应的是点弹性,即需求曲线上某一点的弹性。其公式可用微分的方法从公式(2.4)中导出,即:

$$E_{\mathrm{d}} = \lim_{\Delta P \to 0} -\frac{\Delta Q}{\Delta P} \cdot \frac{P}{Q} = -\frac{\mathrm{d}Q}{\mathrm{d}P} \cdot \frac{P}{Q} \qquad (2.6)$$

这里$-\mathrm{d}Q/\mathrm{d}P$实际上是需求曲线上与$P$和$Q$相对应的点的切线斜率的倒数,而$P/Q$的$P$和$Q$之值实际上是需求曲线上某一点坐标,需求弹性则是它们二者的乘积。这也说明,弹性和斜率的概念是完全不同的。如对于线性需求曲线而言,其斜率是惟一的,因而曲线上每一点的弹性都随其位置的不同而不同。

用公式(2.6)来计算点弹性时,其优点在于只要确定了需求曲线的形状,就可求出相应各点的弹性系数。例如,已知需求函数为$Q = 120 - 20P$,则:

$$\frac{\mathrm{d}Q}{\mathrm{d}P} = -20$$

$$E_\text{d} = \frac{\text{d}Q}{\text{d}P} \times \frac{P}{Q} = -(-20) \times \frac{P}{120-20P} = \frac{-P}{P-6}$$

这时可求出任何价格水平时的弹性系数,如:

当　　　$P=2$ 时,$E=0.5$

　　　　$P=3$ 时,$E=1$

　　　　$P=4$ 时,$E=2$

需求弹性系数还可用几何图形来表示和测度。

先看需求曲线为直线的特殊情形。假定需求函数仍为 $Q=120-20P$,求价格为 3 时的点弹性系数。那么,可先作出需求曲线,如图 2-6 中的 $CD$,并在直线 $CD$ 上求得价格为 3 的点 $A$,然后假定价格由 $OP_1$ 降到 $OP_2$,因此 $\Delta P = P_1P_2$,$\Delta Q = Q_1Q_2$,点 $A$ 的弹性系数为:

$$E_\text{d} = -\frac{\Delta Q}{\Delta P} \cdot \frac{P}{Q} = \frac{Q_1Q_2}{P_1P_2} \cdot \frac{OP_1}{OQ_1}$$

因为　　　　　　　　　　$\dfrac{Q_1Q_2}{P_1P_2} = \dfrac{GF}{GA}$

又因为　　　　　　　　　$\triangle AGF \backsim \triangle AQ_1D$

所以　　　　　　　　　$\dfrac{GF}{GA} = \dfrac{Q_1D}{Q_1A} = \dfrac{Q_1D}{OP_1}$

则　　　　　　　$E_\text{d} = \dfrac{Q_1D}{OP_1} \times \dfrac{OP_1}{OQ_1} = \dfrac{Q_1D}{OQ_1}$

又因为 $\triangle AQ_1D \backsim \triangle CP_1A$,得 $\dfrac{Q_1D}{OQ_1} = \dfrac{AD}{AC}$,所以,点 $A$ 的价格弹性 $E_\text{d} = \dfrac{AD}{AC}$,即

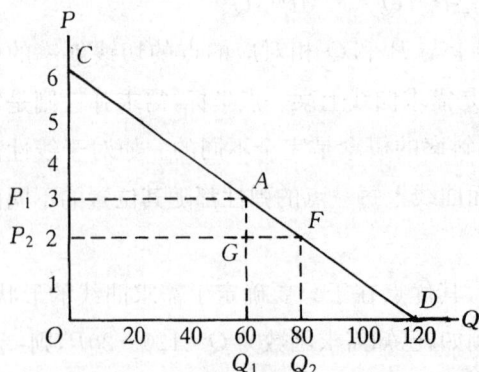

需求曲线任一点的弹性系数等于该点到数量轴(横轴)的长度作分子与该点到价格轴(纵轴)的长度作分母之比值。值得注意的是,这一几何表示法也适用于供给弹性系数测度。

从图中可以直观地看到,点 $A$ 弹性系数的绝对值为 1。

图 2-6　线性需求曲线上点弹性的测定

由此可见,如果需求曲线为

直线,则需求曲线 $CD$ 上任何一点 $A$ 的价格弹性均可用 $\dfrac{AD}{AC}$ 来表示。若 $A$ 位于 $CD$ 的中点(如上例),则该点的弹性系数的绝对值等于 1;若 $A$ 位于 $CD$ 的中点以上,则该点的弹性系数的绝对值大于 1;若 $A$ 位于 $CD$ 的中点以下,则该点的弹性系数的绝对值小于 1。这也说明,就同一种商品而言,在不同的价格水平上,其需求弹性的大小是不同的。

再看需求曲线为非直线即非线性的情形。一般地说,对于非线性的需求曲线如图 2-7 中的 $dd$ 线上任一点 $A$ 的价格弹性,可以过 $A$ 点作一条 $dd$ 线的切线,与纵轴相交于 $C$,与横轴相交于 $D$,则点 $A$ 的弹性系数仍可由 $\dfrac{AD}{AC}$ 来表示。

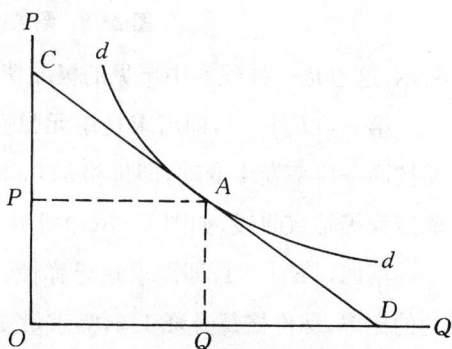

图 2-7 非线性需求曲线上点弹性的测定

需要注意的是:因为需求量和价格的变动是反向的,需求曲线是一条向右下倾斜的曲线,所以计算出的需求的价格弹性系数应该是负值。但在习惯上,为方便起见,总是取其弹性系数的绝对值。如比较 $E_1 = -5$,$E_2 = -4$ 时,总是说前者的弹性大于后者。

2. 需求价格弹性的类别。

上面说的是一种商品的需求弹性在不同价格水平上各不相同。现在再说不同商品的需求价格弹性也是不同的。这是指各种商品的需求曲线的形状不同,其需求价格弹性也不同,根据弹性系数绝对值的大小可分为五种类型:

第一,$|E_d| = 0$,即需求完全无弹性,无论价格怎样变动,需求量都不会变动。其需求曲线是与纵轴平行的一条垂线,如图 2-8(a)所示。这是一种现实中罕见的情况,通常认为像棺材、火葬、特效药这样的商品或劳务接近于这一类商品。

第二,$|E_d| = \infty$,即需求弹性无穷大,它表示在既定的价格水平上,需求量是无限的;而一旦高于既定价格,需求量即为零,说明商品的需求变动对其价格变动异常敏感。其需求曲线是与横轴平行的一条水平线,如图 2-8(b)

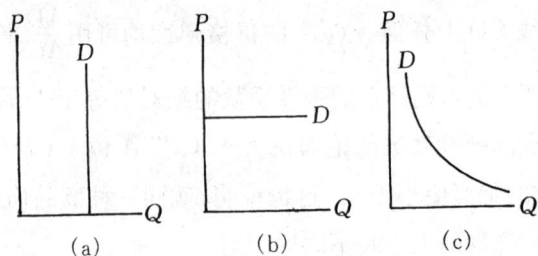

（a）　　　　　　（b）　　　　　　（c）

**图 2-8　需求弹性的不同形态**

所示,这也是一种现实中罕见的极端情况。

第三,$|E_d|=1$,即需求是单元弹性(也称等一弹性),它表示需求量与价格按同一比率发生变动,即价格每升降 1%,需求量就相应减增 1%。其需求曲线为等轴双曲线,如图 2-8(c)所示。这种情况在现实中也极罕见。

第四,$|E_d|<1$,即需求缺乏弹性,它表示需求量变动的比率小于价格变动的比率,即价格每升降 1%,需求量变动的百分率小于 1%。生活必需品,如粮、油等大多属此类型。

第五,$|E_d|>1$,即需求富于弹性,它表示需求量变动的比率大于价格变动的比率,即价格每升降 1%,需求量变动的百分率大于 1%。奢侈品和价格昂贵的享受性劳务多属于这类商品。

3. 影响需求价格弹性的因素。

需求价格弹性的大小(这里指绝对值)主要取决于下列因素:

一是消费者对商品的需求强度。一般而言,消费者对生活必需品的需求强度大且比较稳定,受价格变化的影响较小,因而需求弹性小;而消费者对奢侈品的需求强度小且不稳定,受价格变化的影响较大,因而需求弹性大。

二是商品的替代品数目和可替代程度。一般说来,一种商品的替代品越多,可替代程度越高,其需求弹性就越大;反之,则需求弹性越小。

三是商品用途的广泛性。一般而言,一种商品的用途越多,其需求弹性就越大。例如,羊毛有广泛的用途,其价格的提高,必然会从多渠道影响对羊毛的需求,从而使需求以较大的幅度减少。

此外,时间、地域差别、消费习惯、商品质量、售后服务等因素,也会影响需求的价格弹性。

4. 需求的价格弹性与销售总收益的关系。

需求的价格弹性是需求弹性中最主要的一种类型,它的重要性不仅在于通过弹性系数大小的变化及比较,可以使人们了解商品需求量与商品价格变化的关系,而且更在于指出了当价格变动时,需求量的相应变动所引起的消费者总支出或厂商销售总收益的变化程度,从而对于厂商确定销售价格具有重要意义。因为总收益是价格和销售量的乘积,它与消费者的总支出是同一件事情的两方面。由于不同商品的需求价格弹性不同,从而价格变动所引起的销售量的变动也不同,所以总收益的变动亦不同。下面以需求富于弹性和需求缺乏弹性的商品为例来说明。

设某商品价格 $P_1=500$ 美元时,销售量 $Q_1=100$ 件,此时总收益 $TR_1=P_1 \times Q_1=500 \times 100=50000$ 美元。现假定价格下跌了 10%。

如果该商品是需求富于弹性的商品,$|E_d|=2$,此时销售量将增加 20%,即 $Q_2=100 \times (1+20\%)=120$ 件,$TR_2=450$ 美元 $\times 120=54000$ 美元。显然,总收益由于价格下降而增加了。

如果该商品是需求缺乏弹性的商品,$|E_d|=0.5$,则销售量只增加 5%,$Q_2=100 \times (1+5\%)=105$ 件,$TR_2=450$ 美元 $\times 105=47250$ 美元。显然,总收益由于价格下降而减少了。

因此,需求价格弹性与总收益的关系可归纳为如表 2-3 所示。

表2-3　需求价格弹性与总收益的关系

| 需求价格弹性 $E_d$ | 价格变动 | 需求变动 | 总收益变动 |
| --- | --- | --- | --- |
| $|E_d|>1$ | 上升<br>下降 | 下降更多<br>上升更多 | 下降<br>上升 |
| $|E_d|<1$ | 上升<br>下降 | 下降较少<br>上升较少 | 上升<br>下降 |
| $|E_d|=1$ | 上升<br>下降 | 同比例下降<br>同比例上升 | 不变<br>不变 |

综上所述,可得出结论:需求富于弹性的商品,其销售收益与价格是反方向变动的,即总收益随价格的提高而减少,随价格的降低而增加;需求缺乏弹性的商品,其销售收益与价格则是同方向变动的,即总收益随价格的提高而增

加,随价格的降低而减少。

由于需求价格弹性与总收益有上述变动关系,人们就不难理解为什么有时农业丰收了,农民收入反而下降,原因就是农产品需求弹性较小(尤其是谷物),丰收使产品价格下降,而价格下降并不使需求增加多少,结果就有了增产不增收现象。

### ·需求的收入弹性

1. 定义与计算方法。

**需求的收入弹性是指一种商品的需求量对消费者收入变动的反应程度,是需求量变动的百分比与收入变动的百分比之比。**如果用 $E_m$ 表示需求的收入弹性系数,用 $I$ 和 $\Delta I$ 分别表示收入和收入的变动量,$Q$ 和 $\Delta Q$ 表示需求量和需求量的变动量,则需求收入弹性公式为:

$$E_m = \frac{需求量变动的百分率}{收入变动的百分率} = \frac{\Delta Q/Q}{\Delta I/I} = \frac{\Delta Q}{\Delta I} \cdot \frac{I}{Q} \qquad (2.7a)$$

或:

$$E_m = \frac{\Delta Q}{(Q_1+Q_2)/2} \div \frac{\Delta I}{(I_1+I_2)/2} = \frac{\Delta Q}{\Delta I} \cdot \frac{I_1+I_2}{Q_1+Q_2} \qquad (2.7b)$$

2. 正常品与劣等品。

在影响需求的其他因素既定的条件下,需求的收入弹性系数可正可负,并可据此来判别该商品是正常品还是劣等品。

如果某种商品的需求收入弹性系数是正值,即 $E_m>0$,表示随着收入水平的提高,消费者对此种商品的需求量增加。该商品即称为正常品。正常品的需求收入弹性系数可等于1,大于1(奢侈品),或小于1(必需品),它们也分别称为单位弹性、富有弹性和缺乏弹性。

如果某种商品的需求收入弹性是负值,即 $E_m<0$,表示随着收入水平的提高,消费者对此种商品的需求量反而下降。该商品即称为劣等品。那些低档的日用消费品,就可能具有负的收入弹性,因为随着人们收入水平的提高,人们会更多地购买较好的消费品取代之。

需要进一步指出的是:不同商品在一定的收入范围内具有不同的收入弹

性,同一商品在不同的收入范围内也具有不同的收入弹性。收入弹性并不取决于商品本身的属性,而取决于消费者购买时的收入水平。这是因为,收入水平提高时,本来被认为是奢侈品的东西也许会被认为是必需品,本来被认为是正常商品的东西,可能会被认为是劣等品。

· **需求的交叉弹性**

1. 定义与计算方法。

需求的交叉弹性是需求的交叉价格弹性的简称,它是指一种商品的需求量对另一种商品的价格变动的反应程度,其弹性系数是一种商品需求量变动的百分比与另一种商品价格变动的百分比之比。如果以 $x$、$y$ 代表两种商品,用 $E_{xy}$ 代表 $x$ 商品的需求量对 $y$ 商品的价格反应程度,则需求的交叉弹性公式为:

$$E_{xy} = \frac{x\text{ 商品需求量变动的百分比}}{y\text{ 商品价格变动的百分比}}$$

$$= \frac{\Delta Q_x/Q_x \cdot 100\%}{\Delta P_y/P_y \cdot 100\%} = \frac{\Delta Q_x}{\Delta P_y} \cdot \frac{P_y}{Q_x} \tag{2.8a}$$

或

$$E_{xy} = \frac{\Delta Q_x}{(Q_{x_1} + Q_{x_2})/2} \div \frac{\Delta P_y}{(P_{y_1} + P_{y_2})/2}$$

$$= \frac{\Delta Q_x}{\Delta P_y} \cdot \frac{P_{y_1} + P_{y_2}}{Q_{x_1} + Q_{x_2}} \tag{2.8b}$$

2. 互替品与互补品。

需求的交叉弹性可以是正值,也可以是负值,它取决于商品间关系的性质,即两种商品是互替商品还是互补商品。同时,商品之间关系的密切程度可通过交叉弹性来度量。

如果商品 $x$、$y$ 的需求交叉弹性是正值,即 $E_{xy} > 0$,表示随着 $y$ 商品价格的提高(降低),$x$ 商品的需求量增加(减少),则 $x$、$y$ 商品之间存在替代关系,为互替品。其弹性系数越大,替代性就越强。

如果商品 $x$、$y$ 的需求交叉弹性是负值,即 $E_{xy} < 0$,表示随着 $y$ 商品价格的提高(降低),$x$ 商品的需求量减少(增加),则 $x$、$y$ 商品之间存在互补关系,为互补品。其弹性系数越大,互补性就越强。

当然，如果商品 $x$、$y$ 的需求交叉弹性为零，即 $E_{xy}=0$，则说明 $x$ 的需求量并不随 $y$ 的价格变动而发生变动，$x$、$y$ 既非替代品亦非互补品，它们之间没有什么相关性，是相对独立的两种商品。

· **供给弹性**

在供给弹性中，供给的价格弹性是最基本最主要的一种类型。因此，通常讲的供给弹性即指供给的价格弹性。

1. 定义和计算方法。

**供给的价格弹性**（以下简称供给弹性）是一种商品的供给量对其价格变动的反应程度，其弹性系数等于供给量变动的百分比与价格变动的百分比之比。以 $E_s$ 表示供给弹性系数，以 $Q$ 和 $\Delta Q$ 分别表示供给量和供给量的变动量，$P$ 和 $\Delta P$ 分别表示价格和价格的变动量，则供给弹性系数为：

$$E_s = \frac{供给量变动的百分比}{价格变动的百分比}$$

$$= \frac{\Delta Q/Q \cdot 100\%}{\Delta P/P \cdot 100\%} = \frac{\Delta Q}{\Delta P} \cdot \frac{P}{Q} \qquad (2.9)$$

同需求的价格弹性系数的计算一样，供给弹性的弧弹性公式为：

$$E_s = \frac{\Delta Q}{(Q_1 + Q_2)/2} \div \frac{\Delta P}{(P_1 + P_2)/2}$$

$$= \frac{\Delta Q}{\Delta P} \cdot \frac{P_1 + P_2}{Q_1 + Q_2} \qquad (2.10a)$$

点弹性公式为：

$$E_s = \lim_{\Delta P \to 0} \frac{\Delta Q}{\Delta P} \cdot \frac{P}{Q} = \frac{dQ}{dP} \cdot \frac{P}{Q} \qquad (2.10b)$$

由于商品的供给量与价格的变动在一般情况下是同方向变动的，因此供给弹性系数为正值。

2. 供给弹性的类别。

根据弹性系数的大小，供给弹性可分为五种类型：

第一，$E_s = 0$，供给完全无弹性，其供给曲线是与纵轴平行的一条垂线，如图2-9(a)所示。极其稀缺、珍贵、无法复制的商品如土地、文物，接近于这类商品。

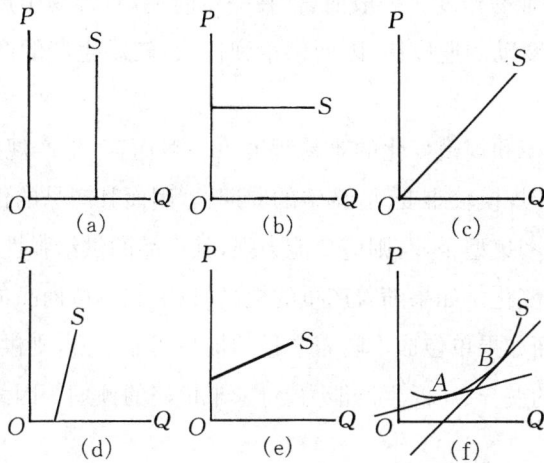

**图 2 - 9　供给弹性的不同形态**

第二，$E_s = \infty$，供给弹性无穷大，其供给曲线是与横轴平行的一条水平线，如图 2 - 9(b)所示。只有在商品出现严重过剩时，才可能出现类似的情况。

第三，$E_s = 1$，供给为单元弹性。其供给曲线如图 2 - 9(c)所示。这也是现实中一种极端的情况。

第四，$E_s < 1$，供给缺乏弹性。此时，供给量变动的幅度小于价格变动的幅度。若供给曲线为一直线，则供给曲线先与横轴相交，再与纵轴延伸线相交，如图2 - 9(d)所示。

第五，$E_s > 1$，供给富有弹性。此时，供给量变动的幅度大于价格变动的幅度。若供给曲线为一直线，则供给曲线先与纵轴相交，再与横轴延伸线相交，如图2 - 9(e)所示。

前面说过，一定价格水平上的需求价格弹性系数可用需求曲线上相应点沿该点切线到横轴和纵轴的长度之比率来表示。同样，一定价格水平上的供给弹性系数也可用供给曲线上相应点沿该点切线到横轴和纵轴的长度之比率表示。如图2 - 9(f)中供给曲线 $S$ 上点 $A$ 的供给弹性大于1，而点 $B$ 上的供给弹性小于1。

3. 影响供给弹性的因素。

供给弹性的大小主要受下列因素的影响：

一是生产的难易程度。一般而言,在一定时期内,容易生产的产品,当价格变动时其产量变动的速度快,因而供给弹性大;较难生产的产品,则供给弹性小。

二是生产规模和规模变化的难易程度。一般而言,生产规模大的资本密集型企业,其生产规模较难变动,调整的周期长,因而其产品的供给弹性小;而规模较小的劳动密集型企业,则应变能力强,其产品的供给弹性大。

三是成本的变化。如果随着产量的提高,只引起单位商品成本轻微提高,供给弹性就大;而如果单位成本随着产量的提高明显上升,则供给弹性就小。

另外,时间的差异、厂商生产能力、对未来价格的预期等因素,都会影响供给弹性。

### ·弹性理论与经济决策

研究商品供给和需求的弹性,对于经济决策有着重大意义。例如,由于各种商品的不同需求价格弹性会影响销售收入,因而调整商品价格时要考虑弹性。例如,为了提高生产者收入,往往对农产品采取提价办法,而对一些高档消费品采取降价办法。同样,给出口物资定价时,如出口目的主要是增加外汇收入,则要对价格弹性大的物资规定较低价格,对弹性小的物资规定较高价格。再如,各种商品的收入弹性也是经济决策时要认真考虑的。在规划各经济部门发展速度时,收入弹性大的行业,由于需求量增长要快于国民收入增长,因此发展速度应快些,而收入弹性小的行业,速度应当慢些。研究产品需求的交叉弹性也很有用。企业在制定产品价格时,应考虑到替代品和互补品之间的相互影响,否则,变动价格可能会对销路和利润产生不良后果。

## 第四节 均衡价格

### ·均衡价格的决定

需求说明了某一商品在每一价格上的需求量,而供给说明了某一商品在每一价格上的供给量,要说明该商品价格的决定,就必须将需求和供给结合起来考虑。在竞争性的商品市场上,对于某种商品的任一价格,其相应的需求量和供给量不一定相等,但在该商品各种可能的价格中,必定有一价格能使需求量和供给量相等,从而使该商品市场达到一种均衡状态。因此,**均衡价格**(equilibrium price)**是指消费者对某种商品的需求量等于生产者所提供的该商品的供给量时的市场价格。**均衡价格是由需求和供给两种力量共同决定的。**在均衡价格下的交易量称为均衡交易量或均衡数量**(equilibrium quantity)。

如图 2 - 10 所示,$DD$ 线是某种商品的市场需求曲线,$SS$ 线是该商品的市场供给曲线,$DD$ 线与 $SS$ 线相交于点 $E$,点 $E$ 表示商品市场达到均衡状态的均衡点,点 $E$ 所对应的价格 $P_E$ 就是均衡价格,与该价格相对应的交易量 $Q_E$,既是需求量,又是供给量。

均衡价格的形成,或者说某一商品市场达到均衡的过程,可以用图 2 - 11 来加以说明。

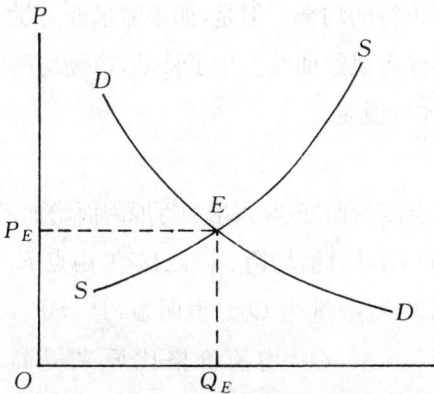

图 2 - 10 均衡价格和均衡产量　　　　图 2 - 11 均衡价格的形成

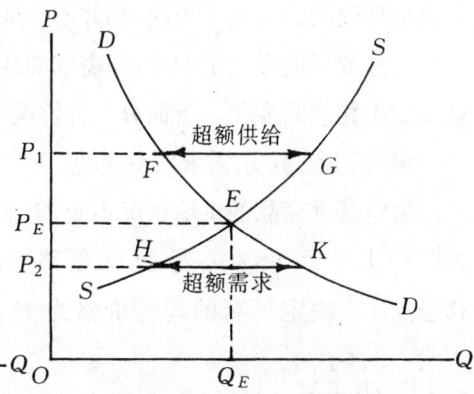

如果某一商品初始的市场价格为 $P_1$,高于均衡价格 $P_E$,那么,与 $P_1$ 相对应的供给量 $P_1G$ 就大于此价格水平上的需求量 $P_1F$,有超额供给 $FG$。在纯粹的市场竞争经济中,这种情况必然会导致供给方即厂商之间争取销售量的激烈竞争,结果使价格逐渐下降,供给量逐渐减少,需求量逐渐增加。这个过程一直持续进行下去,直到价格降到均衡价格 $P_E$,需求量和供给量都等于 $Q_E$ 时为止。

相反,如果某一商品初始的市场价格为 $P_2$,低于均衡价格 $P_E$,那么,与 $P_2$ 相对应的需求量 $P_2K$ 就大于此价格上的供给量 $P_2H$,因而有部分购买者不能买到想要的商品,存在超额需求 $HK$。在纯粹的市场竞争经济中,这种情况必然会导致购买者之间争取购买量的竞争,结果使价格逐渐上升,需求量逐渐减少,供给量逐渐增加,直到价格上升到均衡价格 $P_E$,供给量和需求量都等于 $Q_E$ 时为止。

一般说来,在纯粹的市场竞争经济中,均衡是一种趋势。通过市场供求关系的自发调节,形成市场的均衡价格。而均衡价格形成后,市场价格一旦背离均衡价格,由于供求的相互作用,有自动恢复到均衡的趋势。

**·供求变动对均衡价格的影响**

以上对市场均衡价格的分析,是在假定需求和供给既定,即需求曲线和供给曲线给定且不发生移动的前提下进行的。此时,随着市场价格的波动,市场上会出现商品的过剩或短缺,却并不改变市场的均衡。但是,如果需求或者供给的条件或环境发生了变化,即需求曲线或者供给曲线发生了移动,市场均衡就要发生相应的变化。下面分三种情况加以说明。

第一,供给不变,需求发生变动。

假定某种商品的供给状况不变,需求会因为偏好、收入增加等原因而增加。如图2-12所示,SS线不变,$D_0D_0$ 线移至 $D_1D_1$,因此,均衡点随之移动,由点 $E_0$ 移至点 $E_1$,决定了新的均衡价格为 $P_1$,均衡产量为 $Q_1$。很明显,$P_1>P_0$,$Q_1>Q_0$,均衡价格比原来提高了,均衡产量也增加。

反之,如果供给不变,而需求减少,则新的均衡价格将下降,均衡产量将减少。

第二,需求不变,供给发生变动。

假定某种商品的需求状况不变,供给会因为技术的进步、

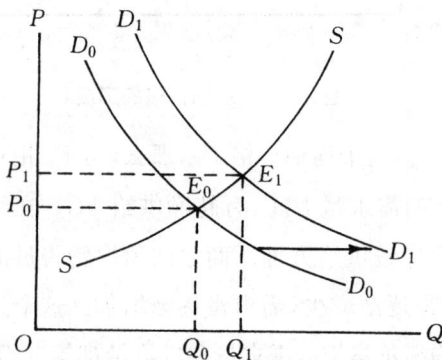

图2-12 需求变动对均衡的影响

要素价格的下降等原因而增加。如图 2 - 13 所示，$DD$ 线不变，$S_0S_0$ 线移至 $S_1S_1$，因此，均衡点随之移动，由点 $E_0$ 移至点 $E_1$，决定了新的均衡价格为 $P_1$，均衡产量为 $Q_1$。很明显，均衡价格比原来下降，而均衡产量比原来增加了。

反之，如果需求不变，而供给减少，则新的均衡价格将上升，均衡产量将减少。

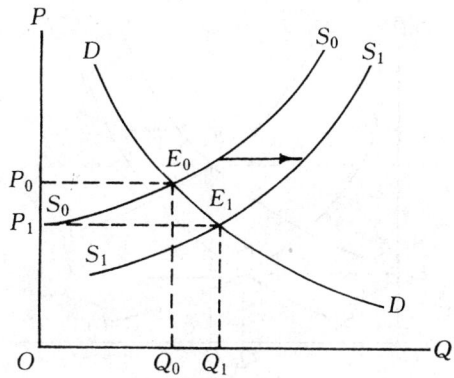

图 2 - 13　供给变动对均衡的影响

第三，需求和供给同时发生变动。

需求和供给同时发生变动的情况比较复杂，因为两者变动的方向、变动程度的差异均可能对均衡产生不同的影响。

假定需求与供给由于各种因素而同时增加，如图 2 - 14 所示，$D_0D_0$ 线移至 $D_1D_1$ 线，$S_0S_0$ 线移至 $S_1S_1$ 线。均衡点随之由点 $E_0$ 移至点 $E_1$。根据前述分析，需求、供给增加后，均衡产量均随之增加，因此新的均衡产量 $Q_1$ 比原来的均衡产量 $Q_0$ 有所增加。但是均衡价格的变动却不能肯定。因为需求增加使均衡价格上升，供给增加使均衡价格下降，因而均衡价格的实际变动还要取决于两者增加的程度。如果需求增加的程度大于供给增加的程度，如图2 - 14所示，则均衡价格将由 $P_0$ 上升到 $P_1$；如果需求增加的程度小于供给增加的程度，则均衡价格将下降；如果两者增加的程度一样，则均衡价格不变。所以，在需求和供给同时增加时，均衡产量必然增加，但均衡价格的变动不能确定，可能上升、下降或者保持不变。同样地，如果需求和供给同时减少，均衡产量必然减少，均衡

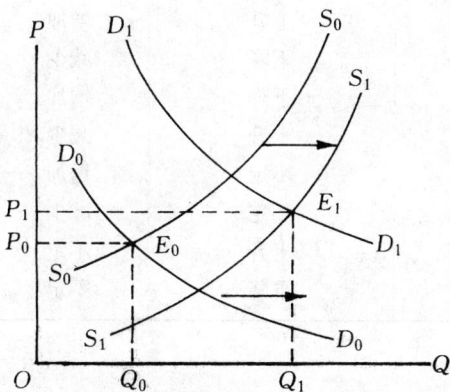

图 2 - 14　需求和供给同向变动对均衡的影响

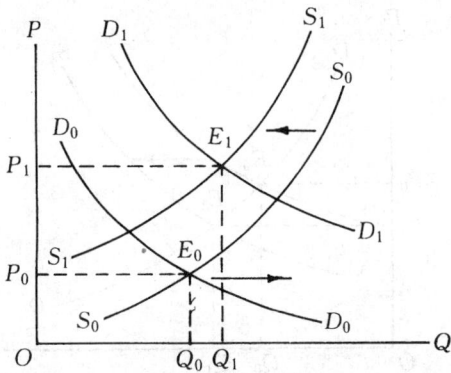

图 2-15 需求和供给反向变动对均衡的影响

价格亦不能确定。

假设需求与供给由于各种因素而发生反向变动,如图2-15所示,需求增加,$D_0D_0$ 线移至 $D_1D_1$ 线,而供给减少,$S_0S_0$ 线移至 $S_1S_1$,均衡点随之由 $E_0$ 点移至 $E_1$ 点。根据前述分析,需求增加,供给减少,均衡价格均随之上升,因此新的均衡价格

$P_1$ 比原来的均衡价格 $P_0$ 高。但是均衡产量的变动却不能确定,要取决于两者变动的程度。如果需求增加的程度比较大,如图 2-15 所示,则均衡产量由 $Q_0$ 增加到 $Q_1$;如果供给减少的程度比较大,则均衡产量将减少;如果两者变动的程度一样,则均衡价格保持不变。所以,需求增加,供给减少,均衡价格必然上升,但均衡产量的变动不能确定,可能增加、减少或者保持不变。同样地,需求减少,供给增加,均衡价格必然下降,均衡产量亦不能确定。

综合以上三种情况,需求、供给的变动对均衡的影响可归纳为如表 2-4 所示。

表 2-4 需求、供给的变动对均衡的影响

| 需 求 | 供 给 | 均衡价格 | 均衡产量 |
| --- | --- | --- | --- |
| 增加 | 不变 | 上升 | 增加 |
| 减少 | 不变 | 下降 | 减少 |
| 不变 | 增加 | 下降 | 增加 |
| 不变 | 减少 | 上升 | 减少 |
| 增加 | 增加 | 不定 | 增加 |
| 减少 | 减少 | 不定 | 减少 |
| 增加 | 减少 | 上升 | 不定 |
| 减少 | 增加 | 下降 | 不定 |

即可得出如下结论:

1. 均衡价格和均衡产量与需求均呈同方向变动;

2. 均衡价格与供给呈反方向变动,而均衡产量与供给呈同方向变动。

这被称为供求规律。

### ·均衡价格的干预及其影响

以上我们分析了在纯粹的竞争性市场经济中,需求、供给两种力量的对比决定了市场的均衡价格,而均衡价格又影响着供求的变化。在这里,价格有着传递信息、指导市场经济主体行为的功能:生产者根据商品价格的涨跌来评判市场的供求变化,从而调整自己的产量;消费者也根据价格的涨跌来合理安排自己的商品消费组合,从而使各自的利益最优。因此,价格机制就像是一只"看不见的手",指挥着人们的经济活动。然而,纯粹的竞争性市场经济只是一种理论上的假设,在现实的经济生活中,某些经济的、社会的、政治的因素介入,会影响均衡价格的形成以及供求关系的调整,这些因素包括政府的价格限制、供求量限制及税收等等。我们可以运用均衡价格理论来评价它们对经济生活的影响。

1. 支持价格。

支持价格是指政府为了扶持某一行业的生产,对该行业产品规定的高于市场均衡价格的最低价格。如政府为了扶持农业,常实行农产品支持价格。支持价格政策所产生的后果可以用图 2-16 来表示。

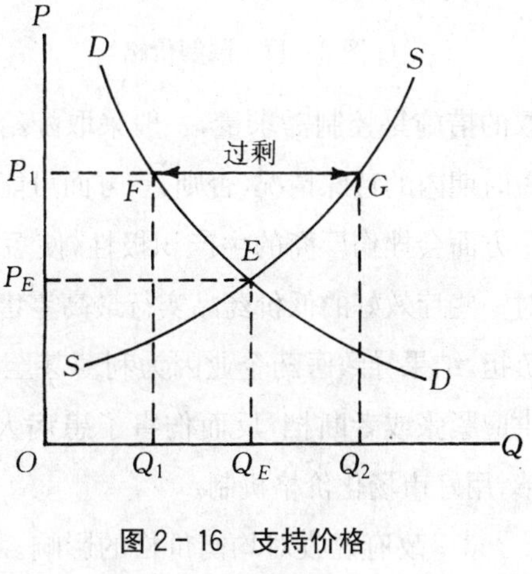

从图 2-16 可以看到,该商品市场的均衡价格为 $P_E$,均衡产量为 $Q_E$,实行支持价格 $P_1$ 后,市场价格上升,此时,与这一价格相对应的需求量为 $P_1F(=Q_1)$,供给量为 $P_1G(=Q_2)$。由于供给量大于

图 2-16 支持价格

需求量,该商品市场将出现过剩,过剩量为 $FG$。为维持支持价格,这些过剩商品不能在市场上卖掉。此时政府可采取的措施有:

一是政府收购过剩商品,或用于储备,或用于出口。在储备或出口受阻的情况下,收购过剩商品就会增加政府财政开支。

二是政府对该商品的生产实行产量限制,规定将生产的数量控制在 $Q_1$,使供、求平衡。但在实施时需有较强的指令性且有一定的代价。

2. 限制价格。

限制价格是指政府为了限制某些物品的价格而对它们规定的低于市场均衡价格的最高价格,其目的是为了稳定经济生活。例如稳定生活必需品的价格,保护消费者的利益,以有利于安定民心。限制价格政策所产生的后果可以用图 2 - 17 表示。

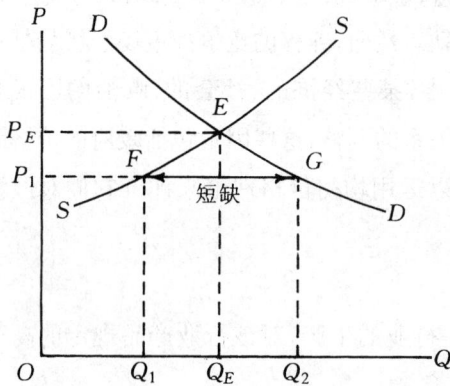

图 2 - 17 限制价格

从图 2 - 17 可以看到,该商品市场的均衡价格为 $P_E$,均衡产量为 $Q_E$,实行限制价格 $P_1$ 后,市场价格低于均衡价格 $P_E$,此时,与这一价格相对应的需求量为 $P_1G(=Q_2)$,供给量为 $P_1F(=Q_1)$。由于需求量大于供给量,该商品市场将出现短缺,短缺量为 $FG$。这样,市场就可能出现抢购现象或是黑市交易。为解决商品短缺,政府可采取的措施是控制需求量,一般采取配给制,发放购物券。但配给制只能适应于短时期内的特殊情况,否则,一方面可能使购物券货币化,还会出现黑市交易,另一方面会挫伤厂商的生产积极性,使短缺变得更加严重。例如,我国政府过去对一些疗效好的低价药品实行最高零售价制度,目的是减轻患病人的用药经济负担,结果导致医药企业因为利薄甚至亏损而生产积极性下降,造成这些药品供应紧张或者断档,反而伤害了患病人利益。因此我国政府着力推动价格改革,用好市场化价格机制。

3. 政府税收对均衡价格的影响。

政府对货物交易征税,如果是根据商品的销售数量征税,称作从量税;如果是根据商品的销售收入征税,称作从价税。无论是从量税还是从价税,只是征税时计算的方法不同而已,对经济活动的影响是相似的。

假定政府对厂商征收 $T$ 量从量税,将使厂商的生产成本或供应成本相应提高,因此供给曲线(为使分析简化,这里假定供给曲线和需求曲线都是直线)向左移动,如图 2-18 所示,$SS$ 线移动到 $S_1S_1$,垂直移动距离为 $T$,均衡点 $E$ 移至 $E_1$,销售价格从 $P_0$ 上升到 $P_1$,销售量从 $Q_0$ 减到 $Q_1$。这就是政府对厂商征收销售税的效应。

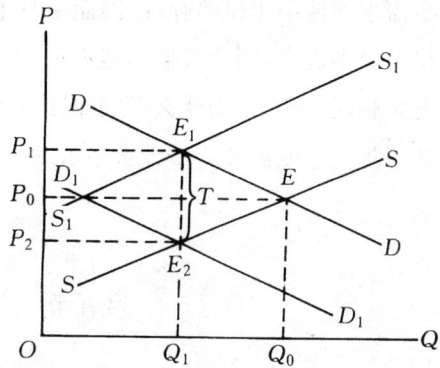

图 2-18 税收对均衡价格的影响

假定政府是对消费者征收 $T$ 量的交易税,将使消费者的收入相应减少,因此需求曲线向左移动,如图 2-18 所示,$DD$ 线移动到 $D_1D_1$,垂直移动距离为 $T$,均衡点 $E$ 移至 $E_2$,销售价格为 $P_2$,销售量为 $Q_1$。这就是政府对消费者征收交易税的效应。

因此,无论政府对交易征税的对象是厂商还是消费者,对均衡的影响是一样的。对厂商征税时,销售价格 $P_1$ 减去其中应缴纳的税额 $T$,即为净价格 $P_2$,等于对消费者征税时实行的销售价格。而均衡交易量均为 $Q_1$。

最后再分析一下交易税的税额是由谁负担的。假定向厂商征收从量税,税额仍为 $T$,如图 2-19 所示。由于征税,均衡点从点 $C$ 上升到点 $B$,销售价格从 $OG$ 上升到 $OA$。因此,消费者需支付数量为 $AG$ 的单位税额,总的税负为 $AG \times OQ_1$,即图中的 $AGFB$ 面积。而厂商需支付的单位税额为 $T-AG$,即 $GH$,总的税负为 $GH \times OQ_1$,即 $GFEH$ 面积。究竟由谁更多地承担税额,取决于供给曲线与需求曲线的斜率。当需求曲线斜率大于供给曲线斜率时,则税负更多由消费者承担;反之,更多由生产者承担。这是因为,当需求曲线斜率大于供给曲线斜率时,表

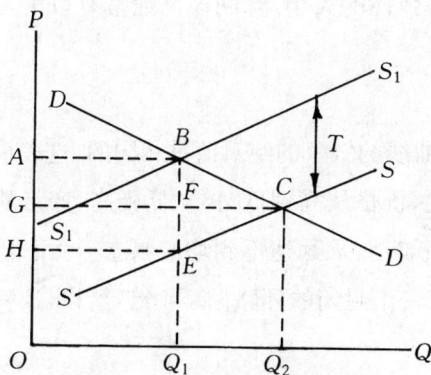

图 2-19 税收的负担

示需求弹性小于供给弹性,因而税收主要可通过提高销售价格来转移,即使价格有较多提高,消费者也不能不买;而供给曲线斜率大于需求曲线斜率时,情况则相反。那么,为什么需求弹性较小时,即使价格有较大提高,消费者也不能不买?这就需要弄清什么是需求弹性的问题。

## 第五节  蛛 网 模 型

以上对需求、供给与价格的均衡分析,是在抽象了时间因素的前提下来考察的,因此是一种静态的均衡分析。如果引入时间因素考察均衡状态的变动过程,则是动态均衡分析。这里,介绍经济学中的一个最简单的动态模型:蛛网模型(cobweb model)。

蛛网模型所考察的是当期价格波动对下一周期产量的影响,以及由此而产生的均衡变动,并以其图形如蛛网而得名。蛛网模型通常用来分析完全竞争市场中某些产品的价格和产量之间的关系。这些产品具有这样的特点:(1)产品本身不易储存,必须尽快出售;(2)市场信息极不灵通,生产者对其产品的预期价格和预期需求一无所知,只好以目前的价格作为决定下期产量的依据,目前的产量也是由上期的价格决定的,即 $S_t = S(P_{t-1})$,而目前的需求由目前的价格决定,即 $D_t = D(P_t)$。

根据需求曲线和供给曲线的价格弹性的大小,蛛网模型通常有以下三种形式:

1. 封闭式蛛网模型。

在这种模型中,需求曲线和供给曲线的斜率的绝对值是相同的,这表现为需求曲线和供给曲线一样陡峭。因此,价格从高到低,再从低到高,产量从低到高,再从高到低,均按同一幅度不断波动,永远达不到均衡状态。由于价格和产量的这种波动是始终如一地沿着一个封闭的环路循环不已,所以,这种蛛网称为"封闭式蛛网"。

2. 收敛式蛛网模型。

在这种模型中,在某一价格水平上,供给曲线的价格弹性小于需求的价格弹性,即供给曲线比需求曲线陡峭,价格和产量以越来越小的幅度波动,直至达到均衡时为止。其过程如图 2-20 所示。

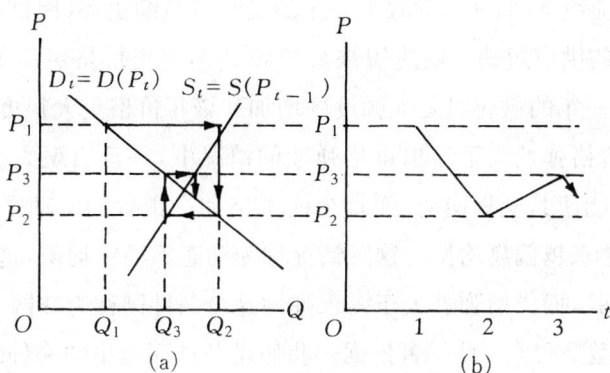

图 2-20　收敛式蛛网模型

假设第一年市场实有的供给量为 $Q_1$,由需求曲线 $D_t = D(P_t)$ 可得市场的销售价格为 $P_1$,又根据供给曲线 $S_t = S(P_{t-1})$,第一年的成交价格 $P_1$ 决定第二年的供给量为 $Q_2$。再次从需求曲线可知,要使 $Q_2$ 的供应量全部卖出去,其销售价格应为 $P_2$。接下来,当第二年的成交价格为 $P_2$ 时,第三年的供应量可从供给曲线上看出为 $Q_3$。当第三年的供应量为 $Q_3$ 时,从需求曲线上可寻找到第三年的价格 $P_3$。在以后连续的时间序列中,逐年成交价格和交易量将环绕价格和产量的均衡值波动,且波动的幅度逐渐缩小,并终将沿着图示的途径趋向于其均衡值。其原因在于供给弹性小于需求弹性。在此场合,价格变动引起的供给量变动小于需求量变动。这样,当成交价格高于均衡价格而有超额供给(供过于求)时,为使市场出清,价格会按需求曲线下降,这会导致下一年供给量以较小幅度减少(因供给弹性较小),从而出现较少的供应短缺,即较小的超额需求,并使该年成交价格以较小幅度上升,于是进一步导致再下一年的供给量更小幅度增加和该年成交价格更小幅度上升。这样,价格和产量波动幅度一年(或一轮)比一年(或一轮)小,最终趋向均衡值。这种情况称为动态的稳定均衡,这种蛛网称为"收敛式蛛网",供给弹性小于需求弹性这个条件,称为蛛网稳定条件。

3. 发散式蛛网模型。

在这种模型中供给的价格弹性大于需求的价格弹性,即供给曲线比需求曲线平缓。在这种场合,价格变动引起的供给量的变动大于价格变动引起的需求量的变动。这样,当出现供过于求时,为使市场出清已有的供给量,要求价格按需求曲线下降,从而导致下一年的供给量减缩更多(因供给弹性较大)而出现更多的供应短缺。供应短缺又导致该年成交价格更多的上升,进一步导致再下一年的供应量更大幅度的增加和该年价格更大幅度的下降。因此,在供给价格弹性大于需求价格弹性的情况下,一旦出现失衡状态,竞争机制不仅不能使其恢复均衡,而且会使价格和产销量的变动在时间序列中呈发散型,越来越偏离均衡。这种情况称为动态不稳定均衡,这种蛛网称为"发散式蛛网",而供给弹性大于需求弹性这个条件则称为蛛网不稳定条件。

蛛网模型是西方一些学者根据一些假设条件而提出的一种理论模型,对理解某些行业产品的价格和产量的波动提供了一种思路。但不少学者认为,这些条件,尤其像生产者始终只简单地把上一时期价格作为本时期价格预期并以此作为决定产量的依据,这种非理性预期假设是不符合实际的,因而这种理论所描述的现象在现实生活中是较少存在的。但在我国现阶段农业生产中,由于信息缺失,这种情况还时有出现。

**专栏** 联系中国经济的一点思考(二)

## 我国城镇住宅价格持续猛涨原因

21世纪初来,我国城镇住房价格持续猛涨。京、沪、深、穗等一线城市和部分二线城市近10年来房价已上涨5至6倍,远远脱离了居民实际购买力。其原因可从供求两方面寻找。

从需求看,一方面住房属生活必需品,而自20世纪末城镇住房商品化改革以来,居民对改善住宅条件的需求只能通过市场上购买商品房来满足,这种消费需求随经济发展和收入提高不断升温;另一方面在通货膨胀和房价会不断上涨的双重预期下,许多人借助银行信贷杠杆从事房地产投资和投机,不断推高房价。

从供给看,土地是建房的关键要素,由于城镇土地稀缺,并为地方政府垄断,地方政府要把出让土地使用权作为地方财政收入重要来源,总希望房价上升带动地价上升,而开发商在房价只涨不跌预期下不断用高价角逐土地使用权。由于地价是房价主要构成部分,因此地价上涨又不断强化房价上涨预期。同时,房地产市场是不完全竞争市场,因而一味逐利的开发商掌握了商品住宅定价的话语权。

　　需求和供给的交互作用使城镇住房价格越涨越高。开发商、地方政府、银行和投资、投机性购房者从中获得了巨大利益,而广大真正需要住房的消费者深受其害。时下,党和政府正着手采取一系列措施来逐步解决这一民生难题。

# 习 题 二

1. 简释下列概念:

   需求、需求规律、需求的变动、供给、供给规律、供给的变动、需求的价格弹性、需求的收入弹性、需求的交叉弹性、供给弹性、均衡价格、供求规律。

2. 下列情况发生时,某种蘑菇的需求曲线如何移动?

   (1) 卫生组织发布一份报告,称食用这种蘑菇会致癌。

   (2) 另一种蘑菇价格上涨了。

   (3) 消费者收入增加了。

   (4) 培养蘑菇的工人工资增加了。

3. 假设一个坐标图上有两条形状为直线但斜率不同的需求曲线,在这两条需求曲线的相交之点的弹性是否相等? 假定这两条相交的需求曲线不是直线而是曲线,交点上弹性是否相等?

4. 右图中有三条为直线的需求曲线。

   (1) 试比较点 a、b 和 c 的需求价格弹性。

   (2) 试比较点 a、d 和 e 的需求价格弹性。

5. 如果考虑到提高生产者的收入, 那

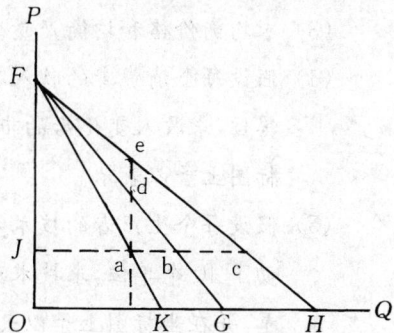

么对农产品和轿车之类高级消费品应采取提价还是降价办法？为什么？

6. 什么是蛛网模型？蛛网模型的形式和商品的需求弹性与供给弹性有什么关系？为什么一些西方经济学家认为蛛网模型现象在现实生活中是很少存在的？

7. 某君对消费品 $X$ 的需求函数为 $P=100-\sqrt{Q}$，分别计算价格 $P=60$ 和 $Q=900$ 时的需求价格弹性系数。

8. 甲公司生产皮鞋，现价每双 60 美元，某年的销售量每月大约 10000 双，但其竞争者乙公司在该年 1 月份把皮鞋价格从每双 65 美元降到 55 美元，甲公司 2 月份销售量跌到 8000 双。试问：

   (1) 这两个公司皮鞋的交叉弹性是多少（甲公司皮鞋价格不变）？

   (2) 若甲公司皮鞋弧弹性是 -2.0，乙公司把皮鞋价格保持在 55 美元，甲公司想把销售恢复到每月 10000 双的水平，则每双要降价到多少？

9. 假设(1)$X$ 商品的需求曲线为直线，$Q_X=40-0.5P_X$；(2)$Y$ 商品的需求函数亦为直线；(3)$X$ 与 $Y$ 的需求曲线在 $P_X=8$ 的那一点相交；(4)在 $P_X=8$ 的那个交点上，$X$ 的需求弹性之绝对值只有 $Y$ 的需求弹性之绝对值的 $1/2$。请根据上述已知条件推导出 $Y$ 的需求函数。

10. 在商品 $X$ 的市场中，有 10000 个相同的个人，每个人的需求函数均为 $D=12-2P$；同时又有 1000 个相同的生产者，每个生产者的供给函数均为 $S=20P$。

    (1) 推导商品 $X$ 的市场需求函数和市场供给函数。

    (2) 在同一坐标系中，给出商品 $X$ 的市场需求曲线和市场供给曲线，并表示出均衡点。

    (3) 求均衡价格和均衡产量。

    (4) 假设每个消费者的收入有了增加，其个人需求曲线向右移动了 2 个单位，求收入变化后的市场需求函数及均衡价格和均衡产量，并在坐标图上予以表示。

    (5) 假设每个生产者的技术水平有了很大提高，其个人供给曲线向右移动了 40 个单位，求技术变化后的市场供给函数及均衡价格和均衡产量，并在坐标图上予以表示。

(6) 假设政府对出售每单位 $X$ 商品征收 2 美元销售税,而且对 1000 个销售者一视同仁,这个决定对均衡价格和均衡产量有何影响? 实际上谁支付了税款? 政府征收的总税额为多少?

(7) 假设政府对生产出的每单位产品 $X$ 给予 1 美元的补贴,而且对 1000 名生产者一视同仁,这个决定对均衡价格和均衡产量有什么影响? 商品 $X$ 的消费者能从中获益吗?

# 第三章　消费者行为理论

上一章我们介绍了需求、供给等一些基本的经济学概念,并且知道需求、供给与产品价格之间的关系,亦即需求与价格有反方向变动关系,而供给量则与价格有正方向变动关系。在本章以及接下来的第四章起,我们将进一步介绍消费者、生产者是依据什么原则作出他们选择的,也就是具体考察一下需求曲线和供给曲线是如何形成的。

在西方经济学的发展过程中,分析消费者选择行为,曾采用不同的分析方法:基数效用论(边际效用分析)和序数效用论(无差异曲线分析)。

## 第一节　基数效用论

### ·效用和边际效用

和马克思劳动价值论不同,西方经济学认为,产品价值的多少,是由产品的效用大小决定的。**效用**(utility),**指消费者消费物品或劳务所获得的满足程度,并且这种满足程度纯粹是一种消费者主观心理感觉。**

消费者的行为取决于其购买动机,这种动机主要来自他的某种欲望。该种欲望或者是从肉体产生,或者是从精神产生。西方行为主义心理学家认为,人可以有各种各样、不同层次的满足欲望,根据其由低级到高级、由简单到复杂,可分别划分为生存的需要、安全需要、社会需要、尊重的需要和自我实现的需要等几个不同的层次,既包括物质的满足,也有精神的需求。从经济学角度来看,消费是人满足这些欲望的一种合乎逻辑的行为。从商品和劳务所能提供的满足程度来看,商品可以分为必需品、舒适品和奢侈品等。

由于消费物品或劳务所获得的满足是一种主观心理感觉,因此产品效用的大小因人而异,因时而异,因地而异。比如,辣椒对于喜欢辣味的人来说,效用很大,但对不喜欢辣味的人来说则效用很小,甚至是一种负担或痛苦,会产生"负效用"。再如,在水乡的一杯水,与在沙漠里的一杯水,对人的效用差别是显而易见的。我们还可以说,当一个人酒足饭饱后与饥肠辘辘时相比,同量的面包对他的效用或满足是不一样的。也就是说,时间不同,产品或劳务的效用也会不同。

一些西方经济学家认为,效用的大小可以设想用数字表示并加以计算和比较,这就是基数效用论的由来。基数效用是指可用基数 1、2、3……等具体数字来衡量的效用。例如,消费者消费 5 块面包时从第 1 块到第 5 块的效用可分别表示为 $U_{X1}$、$U_{X2}$、$U_{X3}$、$U_{X4}$、$U_{X5}$ 单位的效用,而将这些单位的效用加总起来即可得到消费面包的总效用(total-utility,可以简写为 TU),即 $TU=U_{X1}+U_{X2}+U_{X3}+U_{X4}+U_{X5}$。

如果消费者消费面包,外加若干咖啡,此时也可将消费咖啡获得的效用与消费面包获得的效用进行比较,说明消费者从咖啡消费中所获得的效用是消费面包所获效用的若干倍或几分之几。

根据总效用的概念,我们还可以了解什么是平均效用(average utility,可以简写为 AU)。它指消费若干数量的商品或劳务时,平均每单位商品或劳务可提供的效用。如果以 $X$ 表示消费某商品 $X$ 的数量,则 $AU=\dfrac{TU}{X}$。

西方经济学家认为,产品或劳务具有效用是形成产品价值的必要条件,但产品真正要有价值,则是由物品的稀缺性,从而是由产品或劳务的边际效用(marginal utility,可以简写为 MU)决定的。对边际效用概念的理解是分析产品效用和价值的关键。

**边际效用,是指消费商品或劳务的一定数量中最后增加或减少的那一单位商品或劳务所感觉到的满足程度的变化。**例如,一个人吃面包,从第一个吃到第五个,每一个给他带来的满足程度是不一样的,最后一个面包所带来的效用即为边际效用。如果从边际效用同总效用的关系来看,边际效用就是指该物品的消费量每增(减)一个单位所引起的总效用的增(减)量。如果用 $\Delta X$ 表示消费商品数量的变化量,用 $\Delta TU$ 表示总效用的变化量,那么边际效用可用下式表示:$MU_X = \dfrac{\Delta TU_X}{\Delta X}$。假如商品 $X$ 是无限可分的,这一公式还可以进一步表述为 $MU_X = \lim\limits_{\Delta X \to 0} \dfrac{\Delta TU}{\Delta X} = \dfrac{\mathrm{d}TU}{\mathrm{d}X}$。对于边际效用与总效用,我们可以借助下面假设的一张表(表 3-1)进一步得到理解(假设消费的商品为面包,消费单位为"个")。

表 3-1　总效用和边际效用

| 消费品数量 | 总效用 | 边际效用 |
|:---:|:---:|:---:|
| 1 | 10 | |
| 2 | 18 | 8 |
| 3 | 24 | 6 |
| 4 | 28 | 4 |
| 5 | 30 | 2 |
| 6 | 30 | 0 |
| 7 | 28 | -2 |

· 边际效用递减规律

　　西方经济学家认为,随着消费商品数量的增加,人们从消费中得到的总效用在开始的时候不断增加,逐渐达到最大值,然后又逐渐减少。但是,即使在总效用增加的时候,其增量也在逐渐减少,故边际效用趋于下降,并在总效用达到最大值后成为负数,也即对某种物品的消费超过一定量后,不但不能增加消费者的满足和享受,反而会引起痛苦的感觉。这就是所谓的边际效用递减规律。从表 3-1 中可以看出,每多吃一个面包,其总效用在一定范围内会增加(如,从第一个面包到第五个面包,总效用从 10 单位增加到 30 单位),但边际效用则是递减的,从最初的 10 单位逐步减少为 8、6、4、2……,如果一直吃下去,边际效用则小于零。该规律用数学语言可表述为:

效用函数 $\qquad\qquad\qquad TU = f(X)$ $\qquad\qquad\qquad$ (3.1)

则边际效用 $MU = \dfrac{\mathrm{d}TU}{\mathrm{d}X}$,随着消费商品数量的增加,在一定范围内,$MU =$

$\dfrac{\mathrm{d}TU}{\mathrm{d}X}>0$，表示 $X$ 增加或减少，$TU$ 也相应增加或减少，故 $TU$ 与 $X$ 呈同方向变化，但到一定阶段，再增加商品消费时，$MU=\dfrac{\mathrm{d}TU}{\mathrm{d}X}<0$，也即，$TU$ 与 $X$ 的变化方向相反。再从边际效用变化率看，$\dfrac{\mathrm{d}MU}{\mathrm{d}X}=\dfrac{\mathrm{d}}{\mathrm{d}X}\left(\dfrac{\mathrm{d}TU}{\mathrm{d}X}\right)=\dfrac{\mathrm{d}^2TU}{\mathrm{d}X^2}<0$，表示随着 $X$ 的数量递增，边际效用本身相应递减，即 $\mathrm{d}X$ 与 $\mathrm{d}MU$ 的符号相反，故其比值小于零。

边际效用递减规律，我们可以用图 3-1 进一步帮助理解。

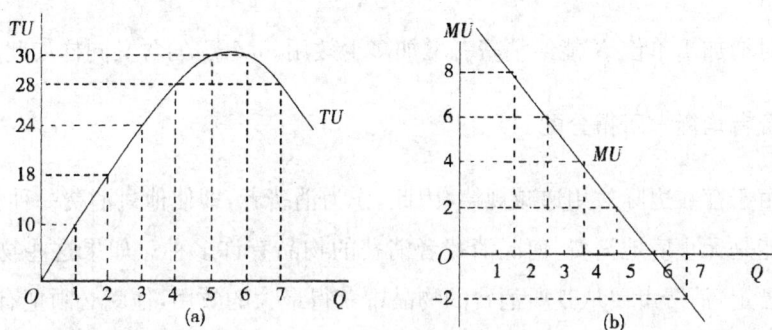

图 3-1　边际效用递减规律

为什么边际效用递减呢？根据西方学者的解释，有两个方面的原因：一是因为生理或心理的原因。人的欲望虽然多种多样，永无止境，但由于生理等因素的限制，就每个具体的欲望满足来说则是有限的。最初欲望最大，因而消费第一单位商品时得到的满足也最大，随着商品消费的增加，欲望也随之减少，从而感觉上的满足程度递减，以致当要满足的欲望消失时还增加消费的话，反而会引起讨厌的感觉。二是设想物品有多种多样的用途，并且各种用途的重要程度不同，人们总会把它先用于最重要的用途，也就是效用最大的地方，然后才是次要的用途，故后一单位的物品给消费者带来的满足或提供的效用一定小于前一单位。

由于边际效用决定于物品的稀少性，而边际效用又是形成物品价值的基础，于是，有些用处极大的东西（如空气），由于其多，货币意义上的价值很小，而有些用处很小的东西（如钻石），由于其少，反而很值钱。

当代西方经济学家还认为，不仅商品的边际效用是递减的，货币收入的边际效用也是递减的。货币收入的边际效用是指每增加或减少一单位的货币收入所增加或减少的效用。因此，同样数量的货币收入，对穷人和富人来讲，其边际效用存在着很大的差别。

人们知道，消费者会从消费各种商品中获得效用。假定消费者从消费 $X$ 和 $Y$ 两种商品中获得效用，获得效用的总量与消费 $X$ 和 $Y$ 的数量有关。这样，效用函数可写成：$TU = f(X, Y)$，$TU$ 也可写成 $U$，$U$ 对 $X$ 和 $Y$ 的偏导数就是 $X$ 和 $Y$ 的边际效用，即 $MU_X = \dfrac{\partial U}{\partial X}$ 和 $MU_Y = \dfrac{\partial U}{\partial Y}$。$MU_X$ 的含义是当 $Y$ 不变时增加 1 单位 $X$ 能给消费者增加多少效用。$MU_Y$ 的含义同样如此。

### ·消费者均衡—所得分配

由于存在边际效用递减规律，因此，作为消费者，即使他只消费一种物品，也不能是无止境地消费，何况消费者消费的物品有许多种。如果这些物品的价格已定，消费者要从其所消费的物品中获得最大的效用，他就必须把有限的收入分配到他所需消费的各种物品中去。那么，消费者如何把有限的收入分配到各种消费品的购买支出上去才能获得最大的效用？也就是说，各种物品各购买多少才最好呢？西方经济学家指出，在一定的收入和价格条件下购买各种物品使总效用达到极大值或者使消费者得到最大的满足的必要条件是，消费者所购买的各种物品的边际效用之比，等于它们的价格之比。

假定某一消费者用一定量的收入购买 $X$、$Y$ 两种物品，且它们的价格 $P_X$、$P_Y$ 为既定，于是，增加物品 $X$ 的购买量，就必然减少物品 $Y$ 的购买量。购买量的变化，必然引起它们的边际效用与价格的比率的变化。物品 $X$ 的数量增加，它的边际效用会递减，相反，$Y$ 数量的减少，它们的边际效用会递增。这种变化到一定的程度，会使他买进的一定量的 $X$ 的最后一单位效用同他买进一定量的 $Y$ 的最后一单位效用之比（即它们的边际效用之比）恰好等于 $X$ 和 $Y$ 之价格之比。这时他买进的各种物品的总效用之和就达到极大值，他也就不再调整各种物品的购买量了，消费者的行为也就处于一种所谓均衡状态了。

消费者达到均衡的原则可用数学公式表述：

$$\frac{MU_X}{P_X} = \frac{MU_Y}{P_Y} = \lambda \tag{3.2}$$

这里,$MU_X$、$MU_Y$、$P_X$、$P_Y$ 分别表示商品 $X$ 和 $Y$ 的边际效用和单位价格,$\lambda$ 表示单位货币的边际效用。这一原则的基本思想是,消费者用每 1 单位货币买到的边际效用相等时,消费者就从购买的消费品中获得最大满足或者说效用,否则,消费者就没有获得最大效用,因而要改变购买量。举个例子说,假定某人购买 10 单位 $X$ 时,$X$ 的边际效用为 20,如果 $P_X=5$ 美元,则每 1 美元购买 $X$ 时买到的边际效用为 4。再假定他购买 14 单位 $Y$ 时,$Y$ 的边际效用为 12,如果 $P_Y=6$ 美元,则每 1 美元购买 $Y$ 时买到的边际效用为 2。这时,该消费者一定会感到与其用货币买那么多 $Y$,不如用货币多买点 $X$,因为买 $X$ 时每 1 美元可买到的边际效用为 4,而买 $Y$ 时只有 2,即 20/5＞12/6。假定他逐渐多买 $X$ 到 16 单位时,$X$ 的边际效用降为 15,而逐渐减少 $Y$ 购买到只买 9 单位 $Y$ 时,$Y$ 的边际效用增加为 18,则该消费者就会决定买 16 单位 $X$ 和 9 单位 $Y$,因为这时他用每 1 美元无论买 $X$ 还是 $Y$ 都会买到数量为 3 的边际效用,即 15/5＝18/6。如果这时他再进一步多买 $X$,少买 $Y$,则 $X$ 的边际效用会进一步减少,$Y$ 的边际效用会进一步增加,从而使他的每 1 美元在买 $X$ 和 $Y$ 时所获得的边际效用不相等,从而使总效用减少。假定该消费者用于买 $X$ 和 $Y$ 的金额共 134 美元,则上述情况如表 3-2 所示。

表 3-2 消费者均衡——所得分配

| $X$ | $P_X$ | $X \cdot P_X$ | $MU_X$ | $\lambda$ | $TU_X$ | $Y$ | $P_Y$ | $Y \cdot P_Y$ | $MU_Y$ | $\lambda$ | $TU_Y$ | $TU_X+TU_Y$ |
|---|---|---|---|---|---|---|---|---|---|---|---|---|
| 10 | 5 | 50 | 20 | 4 | $50\times4$ $=200$ | 14 | 6 | 84 | 12 | 2 | $84\times2$ $=168$ | $200+168=368$ |
| 16 | 5 | 80 | 15 | 3 | $80\times3$ $=240$ | 9 | 6 | 54 | 18 | 3 | $54\times3$ $=162$ | $240+162=402$ |

在获得最大效用时,消费者对商品的购买达到了均衡。在这个消费者均衡条件下,消费的预算或者说所得(收入)的分配达到了最优化。

应该指出,花在每种商品上的最后一单位货币所带来的边际效用相等,并非指消费者在各种商品上花费相同数额的钱,而是指消费者购买商品时使商品的边际效用和价格成比例。另外,消费者获得了最大效用并非指消费者的欲望得到完全满足,而是指在货币收入和商品价格为一定的条件下得到了能够得到的最大效用。

### ·需求规律的边际效用说明

为什么需求量与价格变化呈反方向变化,从而决定需求曲线是自左上向右下倾斜的? 西方经济学家用边际效用递减规律来解释。

前面说过,$\dfrac{MU_X}{P_X}=\dfrac{MU_Y}{P_Y}=\lambda$,而货币的边际效用 $\lambda$ 在一定时期内对任一消费者来说都是稳定不变的,因此,$MU$ 必然和 $P$ 同方向变化,而根据边际效用递减规律,当消费者购买某商品的数量增加时,该商品的边际效用对他而言必递减,因而该商品价格也要相应递减。就是说,他买得越多,价格必须越低。这样就得到了每个消费者的向右下倾斜的需求曲线,并进一步得到向右下倾斜的市场需求曲线。

## 第二节  序数效用论

### ·基数效用与序数效用

前面介绍了一些西方经济学家如何以基数效用论来考察消费者均衡。在那里,效用是可以用具体数字进行计量和比较的。另一些经济学家认为,效用无法用具体数字表示,只能有大小次序的区别,就是说,效用大小可表示为序数,无法表示为基数。这样,就有了序数效用论。

序数效用论者认为,效用仅是次序概念,而不是数量概念。在分析商品效用时,无需确定其具体数字或商品效用是多少,只需用第一、第二、第三等序数来说明各种商品效用谁大谁小或相等就足够了,并由此作为消费者选择商品的根据。

序数效用可以通过无差异曲线进行分析比较。

### ·无差异曲线的意义

何谓无差异曲线(indifference curve)呢?

在现实生活中,消费者在消费两种可相互替代的商品 $X$ 和 $Y$ 时,他可以多消费一点 $X$ 而少消费一点 $Y$,或少消费一点 $X$ 而多消费一点 $Y$,但他得到的效用不变。例如在对猪肉和牛肉、苹果和梨、咖啡和牛奶等替代商品进行消费时,都可能出现这种情况。

现在我们假定消费者消费苹果和梨,若梨的价格因某种原因上升而苹果的价格不变甚至下降时,该消费者如果本来消费 10 单位的梨和 1 单位的苹果,现在也许会多买些苹果而少买些梨,但仍可得到同样程度的满足。假定苹果和梨有如表 3-3 所示的不同的组合。

表 3-3　梨和苹果的不同组合　　　　　（单位:公斤）

| 组　　合 | 梨($Y$) | 苹果($X$) |
|---|---|---|
| A | 10 | 1 |
| B | 6 | 2 |
| C | 4 | 3 |
| D | 2.5 | 4 |

表 3-3 给出了梨和苹果两种商品有 $A$、$B$、$C$、$D$ 等四种数量不同的组合,但是它们所提供的效用水平是相等的,或者说是无差异的。我们把表中所反映的内容在一坐标图上表现出来,即可得到一条无差异曲线。用横轴表示苹果的数量,用纵轴表示梨的数量,每一组合均由图上的一点(如 $A$、$B$、$C$、$D$)表示,连接各点的连线就是无差异曲线,如图 3-2所示。

**可见,无差异曲线是表示能给消费者带来同等效用的两种商品的不同组合的曲线。**

在现实生活中,消费者对两种可替代物品的需求水平可能是多种多样的。比如,当他的总收入水平提高时,他的消费

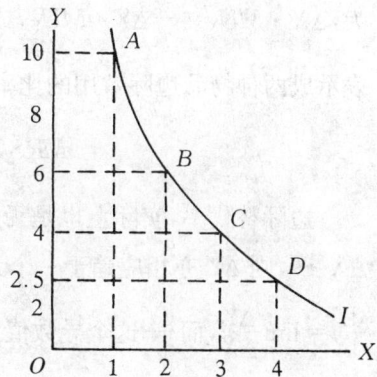

图 3-2　无差异曲线

量包括梨和苹果都可能增加,并且同比例地增加。这样,就可以在同一坐标图上画出另一条高于原来水平的无差异曲线。假定收入增加的程度是无限可分

的,那么,无差异曲线就可以画出无数条。西方经济学家把这种由无数条无差异曲线组成的坐标图,称为无差异曲线图或无差异曲线群。在同一无差异曲线图中,离原点越远的无差异曲线代表的总效用水平越高,因为它所代表的物品数量 $X$ 和 $Y$ 越多。

无差异曲线有以下特点:

第一,无差异曲线是一条自左上向右下方倾斜并凸向原点的曲线。[①] 无差异曲线之所以如此,是因为边际替代率递减。**边际替代率**(marginal rate of substitution)**是指为了保持同等的效用水平,消费者要增加 1 单位 $X$ 物品就必须放弃一定数量的 $Y$ 物品,这二者之比率,即 $X$ 对 $Y$ 的边际替代率**= $\dfrac{Y\text{的减少量}}{X\text{的增加量}}$。如果用 $MRS_{XY}$ 代表 $X$ 对 $Y$ 的边际替代率,则 $MRS_{XY} = \dfrac{-\Delta Y}{+\Delta X}$,这里 $\Delta Y$ 前面加一负号表示 $X$ 增加时 $Y$ 必须减少,二者变动方向相反。

那么,增加 1 单位 $X$ 而相应地减少的 $Y$ 的数量是如何确定的呢?由于无差异曲线存在的前提是总效用不变,因此,$X$ 增加所增加的效用必须等于 $Y$ 减少所减少的效用,否则总效用就会改变。如图 3-2 中,从 $C$ 到 $D$ 的组合变动表示苹果增加 1 单位,梨减少 1.5 单位,这就说明 1.5 单位梨的效用正好等于 1 单位苹果的效用,一增一减,互相抵消,总效用才不变,可用数学公式表示为:$\Delta X \cdot MU_X = -\Delta Y \cdot MU_Y$,或者 $-\dfrac{\Delta Y}{\Delta X} = \dfrac{MU_X}{MU_Y}$。因此,边际替代率也可以表示成两种物品边际效用的比率,用公式表示是:

$$MRS_{XY} = -\frac{\Delta Y}{\Delta X} = \frac{MU_X}{MU_Y} \tag{3.3a}$$

边际替代率,实际上也是无差异曲线的斜率。令 $X$ 的增加量趋于零,即 $\Delta X \to 0$,则 $\Delta Y$ 亦相应趋于一个无限小的值,于是 $\Delta Y/\Delta X$ 趋近一个极限值,即 $\dfrac{\mathrm{d}Y}{\mathrm{d}X} = \lim\limits_{\Delta X \to 0} \dfrac{\Delta Y}{\Delta X}$,而 $\dfrac{\mathrm{d}Y}{\mathrm{d}X}$ 这个导数值正是无差异曲线任一点上的斜率。因此,求无差异曲线上任一点的边际替代率,只要过该点作切线,这条切线的斜率 $\dfrac{\mathrm{d}Y}{\mathrm{d}X}$ 就

---

① 这是两种不完全替代品的无差异曲线。若 $X$ 和 $Y$ 是完全替代的,则无差异曲线是向右下方倾斜的直线;若 $X$ 和 $Y$ 完全不能替代,则无差异曲线呈"L"形。

是该点的边际替代率。因此,无差异曲线的斜率也是负值。上述关系归结起来就是:

$$MRS_{XY} = -\frac{dY}{dX} = \frac{MU_X}{MU_Y} \tag{3.3b}$$

　　第二,同一无差异曲线图上任何两条无差异曲线不可能相交。假设两条无差异曲线相交,那么交点同时在两条无差异曲线上。由于不同的无差异曲线表示不同的满足程度,这就意味着交点所代表的同一个商品组合对于具有一定偏好的同一个消费者来说有不同的满足程度,这显然是不可能的。因此,无差异曲线不可能相交。

### ·预算线及其移动

　　上面我们只是抽象地说明,消费者对于两种物品可能有各种选择。但在现实生活中,对某一消费者来说,在一定时期内的收入水平和他所面对的两种物品的价格都是一定的,他不可能超越这一现实而任意提高自己的消费水平,也就是说,他的购买受到收入和价格的制约。

　　假定某个消费者每周的收入是 60 美元,他需要购买 $X$ 和 $Y$ 两种商品,商品 $X$ 的价格为 15 美元,商品 $Y$ 的价格为 10 美元。如果消费者用其全部收入购买商品 $X$,可得 4 单位的 $X$ 商品,如用全部收入购买商品 $Y$,可得 6 单位的 $Y$ 商品,见图 3-3 中 $B$、$A$ 两点。我们将 $A$、$B$ 两点连接成线,便可得到预算线 $AB$。

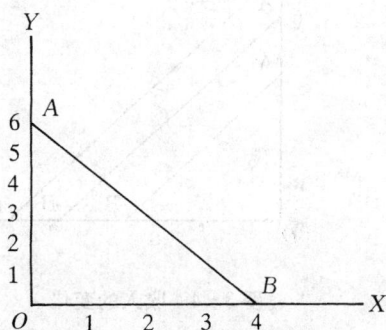

图 3-3　预算线

　　这条预算线(budget line)表示,在消费者收入和商品价格为一定的条件下,消费者所能购买的不同商品之组合。如以 $M$ 表示消费者的货币收入,如全部用来购买 $Y$,则 $M = P_Y \cdot Y$,如全部用来购买 $X$,则 $M = P_X \cdot X$。显然,$P_X \cdot X = P_Y \cdot Y$,即单独购买商品 $X$ 或单独购买商品 $Y$ 都花掉了消费者的全部收入。如果买一些 $X$,又买一些 $Y$,则所花的钱也不能超过 $M$,即 $X \cdot P_X +$

$Y \cdot P_Y = M$，或

$$Y = \frac{M}{P_Y} - \frac{P_X}{P_Y} X \tag{3.4}$$

式中，$\frac{M}{P_Y}$是图3-3中 AB 线的截距，$-\frac{P_X}{P_Y}$是 AB 线的斜率，AB 线向右下倾斜，故$\frac{P_X}{P_Y}$前面有负号。

预算线是在收入和价格为一定的条件下的消费可能性曲线，如果收入或价格变了，预算线将发生变动。

假定商品的价格不变，但消费者的收入增加或减少了，则预算线将向外或向内平行移动，见图3-4。如果消费者收入和商品 Y 的价格不变，商品 X 的价格降低了，则有图3-5，AB 线变成 AB′、AB″；同样，若消费者收入和商品 X 的价格不变，商品 Y 的价格降低了，则预算线将绕 B 点作顺时针方向转动。

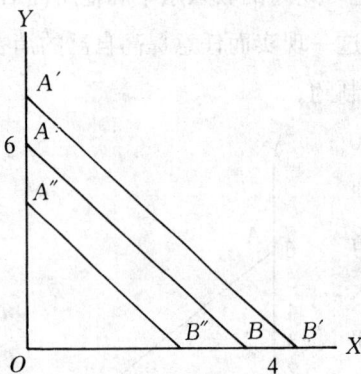

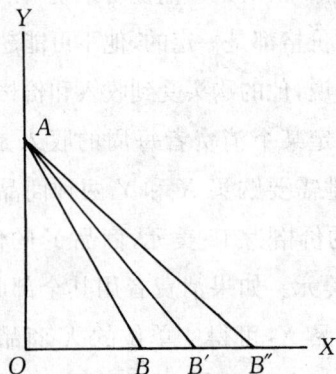

图3-4 收入的变化　　　图3-5 商品 X 价格降低

由此可以得到下述结论：假如其他条件不变，商品 X 价格下降将导致预算线绕着它与纵轴的交点向外转动；反之则向内转动。同理，假如其他条件不变，商品 Y 价格下降将导致预算线绕着它与横轴的交点向右转动，反之则向左转动。

以上讲的预算线只是指消费只受货币收入和商品价格限制。实际上，消费除了花钱，还要花时间，因此，时间也会构成人们消费的一种约束。有人不是没有钱消费，而是没有那么多时间消费。例如，假定某人仅消费 X

和 $Y$ 两种商品，$P_X=P_Y=2$ 元，他仅有 10 元收入。若仅考虑收入和价格，他就可以在 5 单位 $X$ 和 5 单位 $Y$ 之间选择。若再假定他消费 1 单位 $X$ 要花 2 小时，消费 1 单位 $Y$ 要花 4 小时，同时假定他每天至少要睡觉 8 小时，则至多只有 16 小时可用来消费，那么他事实上只能在 8 单位 $X$ 和 4 单位 $Y$ 之间来加以选择。把收入、价格和时间都考虑进来的话，他事实上只能在 5 单位 $X$ 和 4 单位 $Y$ 之间加以选择。受到收入和时间双重约束的这条预算线的图形如图 3-6。

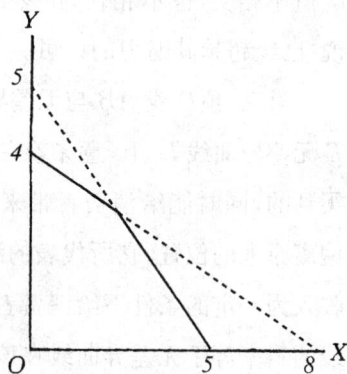

图 3-6 双重约束的预算线

· **消费者均衡**

以上我们讨论了无差异曲线和双重预算线，现在我们暂撇开时间约束，将两者结合起来，研究消费者如何使有限的收入取得最大的效用或者达到最大限度的满足，即消费者均衡问题。

消费者收入和商品价格既定，表示消费者的一条预算线被确定。同时，若消费者偏好一定，表示消费者的无差异曲线图也为一定。如果把消费者的预算线置于无差异曲线图里，它与无差异曲线的关系将有以下三种情况，见图3-7。

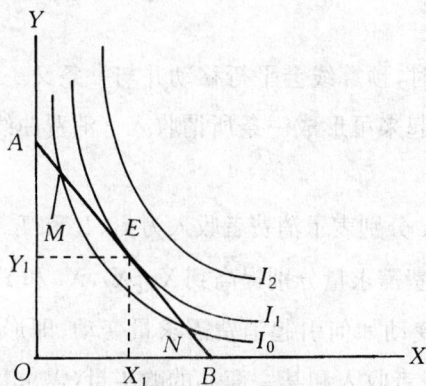

图 3-7 最大效用原则

第一，预算线 $AB$ 与无差异曲线 $I_0$ 相交于 $M$、$N$ 两点。这两点虽代表着消费者一定的满足程度，但它们并没有达到消费者支出允许的范围内所获取的最大效用水平，因点 $M$、$N$ 移动到点 $E$，可以在新的、更高的满足水平上进行消费，也即在 $I_1$ 效用水平进行消费。

第二，预算线 $AB$ 与无差异曲线

$I_2$ 既不相交,也不相切,虽然此时有较高的满足水平的存在,但对消费者来说,已经超越其财力的许可。

第三,预算线 $AB$ 与无差异曲线 $I_1$ 相切于 $E$ 点。点 $E$ 同时在预算线 $AB$ 及无差异曲线 $I_1$ 上,意味着它所代表的商品组合是消费者用现有的收入可以买到的,同时能给消费者带来最高水平的满足。显然,只要点 $E$ 沿着预算线偏离原来的位置,它所代表的满足程度都将低于 $I_1$ 水平。因此,切点 $E$ 是在收入为一定的条件下给消费者带来最大效用的商品组合 $(X_1,Y_1)$,此时预算线的斜率等于无差异曲线在该点切线的斜率。

根据我们前面对无差异曲线特点的介绍,$MRS_{XY}=-\dfrac{\mathrm{d}Y}{\mathrm{d}X}=\dfrac{MU_X}{MU_Y}$,因此预算线斜率与无差异曲线斜率的绝对值相等意味着:

$$\frac{P_X}{P_Y}=\frac{MU_X}{MU_Y} \quad 或 \quad \frac{MU_X}{P_X}=\frac{MU_Y}{P_Y}$$

可见,序数效用分析结论与基数效用分析结论是一致的。

### ·收入变动与消费需求

上述消费者均衡说的是消费者收入和消费品价格既定情况下,消费者如何根据一定偏好选购商品以求得效用最大时的商品购买(选择)组合,就是上述图 3-7 上所描述的预算线和无差异曲线相切于点 $E$ 所决定的 $X_1$ 和 $Y_1$ 的购买。如果消费者收入或消费品价格发生了变动,消费者购买量(需求量)又会发生什么变化呢?

当商品价格不变而收入发生变动时,预算线会平行移动并与一条又一条的无差异曲线相切。把这些切点联结起来可形成一条所谓收入—消费曲线,即图 3-8(a)中的 $ICC$ 线。

图 3-8(a)中 $A_1B_1$,$A_2B_2$ 和 $A_3B_3$ 分别表示消费者收入为 $I_1$、$I_2$ 和 $I_3$ 时的预算线,随着收入提高,$X$ 和 $Y$ 的消费需求量分别提高到 $X_1,X_2,X_3$ 和 $Y_1$,$Y_2,Y_3$。然后再用一个图形表示收入变动如何引起消费需求量变动,即形成图 3-8(b)中的 $EC$ 线。这条表示消费者收入和某一商品的购买量(需求量)之间关系的曲线,称为恩格尔曲线。收入和购买量的关系,实际上也是收入和

用于某方面支出的关系。恩格尔曲线是用 19 世纪德国统计学家恩格尔的名字命名的。恩格尔的统计分析表明,随着人们收入的增加,用于食品的支出部分在人们生活支出中所占的比例将下降,用于住宅和穿着方面的支出比例将基本不变,用于其他方面的支出比例会增加。这种分析的结果被称为恩格尔定律。由于**食品支出同收入的比率**会随收入提高而下降,因此,这一比率**常被用来衡量国家和地区的富裕程度。**这一比率称为恩格尔系数。

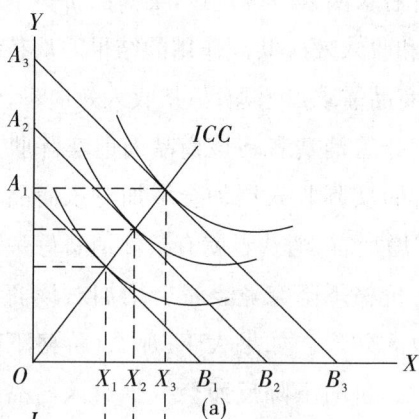

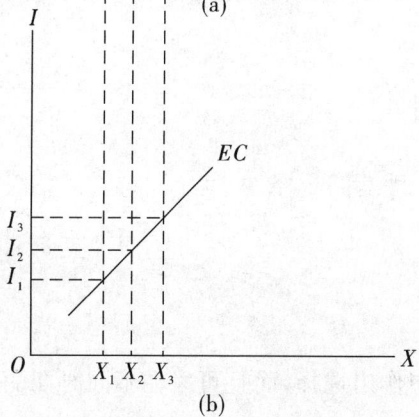

图 3-8　收入—消费曲线和恩格尔曲线　　图 3-9　价格—消费曲线和需求曲线

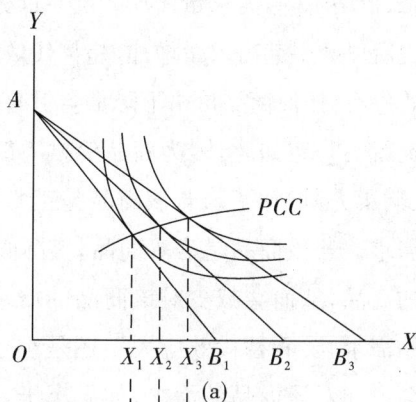

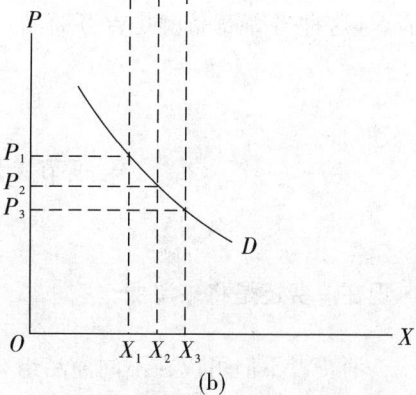

**·价格变动与消费需求**

若消费者收入不变,但商品价格发生变化,购买量如何变化,可用图 3-9 来说明。在图 3-9(a)中,若商品 $X$ 的价格从 $P_1$ 逐步下降到 $P_2$ 和 $P_3$,预算

线 $AB_1$ 将绕点 $A$ 向外逆时针方向转动到 $AB_2$ 和 $AB_3$，并分别和三条无差异曲线相切，把这些切点联结起来形成一条价格—消费曲线，即图中 $PCC$ 线。然后再用一个图形表示价格变化和消费者购买量之间的关系，即形成图 3 - 9 (b)中的 $D$ 线，这条曲线就是消费者需求曲线。把消费者需求曲线水平加总，就得到这种商品的市场需求曲线。

需求曲线表示消费者需求量和所消费的商品的价格之间的关系。一般说来，价格下降，需求量增加。上一章分析需求函数时曾说过，某商品价格下跌之所以会引起需求量增加，是替代效应和收入效应共同作用的结果。从替代效应看，任何商品价格下降都会引起该商品需求量增加；但从收入效应看，情况就不一定如此，因为商品价格下跌意味着消费者在该商品面前实际收入（购买力）增加了。若该商品是正常商品，实际收入增加会增加对该商品的需求。若该商品是劣等商品，实际收入增加时，消费者就有条件消费好一些的商品，从而会减少对该商品的需求。价格下降究竟会不会增加对该商品的需求，要看替代效应大于还是小于收入效应。如果大于，那么，价格下降会增加对该商品的需求；如果小于，那么，价格下降反而会减少对该商品的需求，这种劣等商品就是吉芬商品。

## 第三节　跨时期选择

### ·现在消费还是将来消费

消费者不但可以在不同商品组合中作出选择，而且可以在不同时期的消费中进行安排。有些人喜欢目前少消费些多储蓄些以期将来可更多消费些，有些人则喜欢寅吃卯粮，愿借钱来增加当前消费。这就涉及一个跨时期选择（intertemporal choice）问题。

现在用一个最简单的模型来说明这种跨期选择。假定消费者可以在本期（假定是今年）和下期（假定是明年）中作选择，今年和明年的收入分别为 $I_1 =$ 12000 和 $I_2 = 12600$，借贷的市场利率都为 $r = 5\%$。若今明两年收入全用于今

年消费,则由于要用5%的利率借用明年的收入来消费,故今年的消费金额总

共为$I_1+\frac{I_2}{1+r}=12000+\frac{12600}{1.05}=24000$;若今明两年收入全用于明年消费,则

由于可把今年收入放贷到明年消费,故明年的消费金额总共为$I_2+I_1(1+r)$

$=12600+12000\times1.05=25200$。如果用一个坐标图形表示上述情况,则图

3-10(a)中$OM$表示明年消费金额(25200),$ON$表示今年消费金额(24000)。

联结$M$和$N$所形成的这条直线就是跨期消费预算约束线。直线上每一点表

示今年和明年消费的所有可能的组合。这条预算约束线的斜率是$\frac{OM}{ON}=$

$\frac{I_1(1+r)+I_2}{I_1+\frac{I_2}{1+r}}=1+r$,在本例中是1.05。显然,利率越高,$MN$越陡。

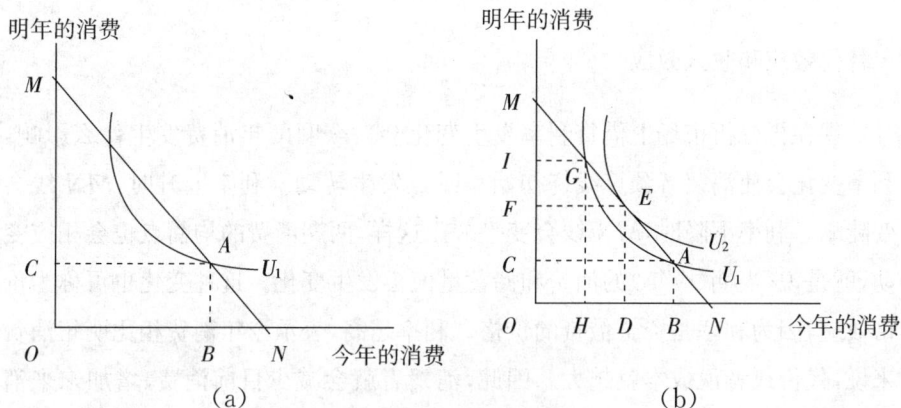

图3-10 跨期消费选择

现在假定某消费者的起初情况处于$MN$线的点$A$,这时他既不借用明年收入消费,也不储蓄钱到明年消费。他用今年的收入用于今年的消费是$OB$,用明年的收入用于明年的消费是$OC$,点$A$可称禀赋点。经过点$A$的一条无差异曲线$U_1$表示$U_1$上的每一点也是今年明年两期消费的可能组合,但这一组合不同于$MN$线上每一点表示的各种可能消费组合。$U_1$上的各种组合表示这些组合点所代表的今明两年的各种消费量对消费者而言是同样好的,即效用是无差异的,而$MN$线上各点所代表的今明两年的各种消费量都是消费者两期收入所能够消费得起的。$MN$线和$U$线都能上下平行移动。$U$线越向上移动,表示两期消费的效用水平越高,$MN$线越向右上移动,表示两期消

费的金额越大。

### ·跨期消费中的均衡

现在把图 3 - 10(a)复制到 3 - 10(b)中,并把 $U_1$ 向上移动到 $U_2$,使 $U_2$ 正好和 MN 线相切于点 E。在点 E 上,无差异曲线上的斜率和 MN 的斜率相等。这时,就说该消费者的跨时期消费达到了均衡状态。消费者今年的消费是 OD,明年的消费是 OF。图形上这种变动的经济含义是,消费者今年少消费一点(BD),储蓄一点钱到明年多消费一点(CF),可使他消费的效用水平从 $U_1$ 提高到 $U_2$。

相反,如果该消费者的初始禀赋是点 G,则该消费者应当借用一点明年的收入(IF)到今年多消费一点(HD),也可以使效用水平提高。

### ·替代效应和收入效应

现在再分析市场上借贷利率发生变化会对今明两年消费发生什么影响。利率变化会使消费者预算线绕初始禀赋点发生转动。利率上升时,MN 线会变陡峭。利率下降时,MN 线会变平缓。这样,两期消费的均衡点也会相应变动,就是说,当期(今年)的消费和储蓄量值会发生变化。这种变化也可称为价格效应,因为利率是资金借贷的价格。利率越高,表示今年消费相比明年消费来说,代价或者说成本就越大。因此,消费者就会减少目前消费,增加未来消费,即用明年消费来替代今年的消费。这就是利率提高的替代效应。同时,提高了利率,消费者实际财富增加,因此消费也会增加。这是利率提高的收入效应。价格效应就是替代效应和收入效应的合成。利率较低时,提高利率所增加的财富较少从而收入效应较小,而替代效应较大,故价格效应是减少现期消费、增加未来消费。随着利率提高到较高水平时,现期财富增加就较多,从而收入效应有可能大于减少消费的替代效应。这样,消费有可能随利率上升而增加,储蓄反而减少。

一般说来,在通货膨胀不严重的国家,实际利率都保持在较低水平,因此,利率上升的替代效应大于收入效应,就是说,储蓄会随利率上升而增加。多数消费者会以期待未来更多的消费取代当前的消费。

### 第四节 不确定情况下消费者行为 *

· 预期效用函数

上面讨论的还是人们在确定情况下的消费者行为。在不确定情况下消费者行为又如何呢? 或者说消费者如何选择以实现效用极大化呢?

举个例说,假定某人现在周薪是 360 元,工作和收入是稳定的。他现在有了另一种选择机会:按他的销售额付酬,周收入为 900 元的概率为 20%,225 元的概率为 80%。他会不会选择后一个机会呢? 由于他不知道是否一定能获得 900 元,因此,他的决策是一种不确定情况下的消费者行为决策。在此,尽管他面临的结果是不确定的,但他同样要使自己获得最大满足,即最大效用,只是这种效用是一种预期效用。在这个例子中,如果用 $p$ 和 $1-p$ 分别代表 0.2 和 0.8 的概率,$W_1$ 和 $W_2$ 分别代表高收入(900 元)和低收入(225 元),则该消费者的预期效用函数可写成:

$$E\{U[p,(1-p);W_1,W_2]\}$$
$$= pU(W_1)+(1-p)U(W_2)$$
$$= 0.2U(900)+0.8U(225)$$

假定该消费者的效用函数形式是 $U=\sqrt{W}$,则他的预期效用可以计算得:$E(U)=0.2\times\sqrt{900}+0.8\times\sqrt{225}=18$。

如果他不选择后一机会,他肯定有 360 元的周收入,这 360 元现在也正好是他在不同结果下所拥有的收入的加权平均数。这一加权平均数称为期望值,公式是:$W[p,(1-p);W_1,W_2]=pW_1+(1-p)W_2$,在本例中是 $W=0.2\times900+0.8\times225=360$(元)。需要说明的是,本例中期望值正巧是 360 元,如果 $p$ 和 $1-p$ 分别是 0.3 和 0.7,则期望值就是 427.5 而不是 360,这时,预期

---

* 这一节内容在学生学概率论与数理统计以前可以免讲,让有兴趣的学生以后自学。

效用将成为：$E(U)=0.3\times\sqrt{900}+0.7\times\sqrt{225}=19.5$。

**·消费者对风险的偏好**

在上述例子中我们提出了两个重要概念，一个是预期效用（或者说期望效用），一个是期望值。前者指消费者在不确定情况下可能得到的各种结果的效用的加权平均数，后者指消费者在不确定情况下所拥有的结果的加权平均数。例如，上例中消费者的预期效用是 18，期望值是 360。

预期效用和期望值效用也是两个不同的概念。在上例中，预期效用是 18，期望值效用则是 $U=\sqrt{360}=18.97$。

区分这两个不同的效用概念，可帮助我们判断消费者对风险的态度。

第一，当一个消费者的预期效用小于期望值效用时，他是风险规避者。在上例中，$E(U)=18$，$U=18.97$，因此，该消费者属风险规避型。但我们一看就知道，他之所以属风险规避型，与他的效用函数 $U=\sqrt{W}$ 的形式有关。假定消费者的效用函数为 $U=U(W)$，其中 $W$ 为货币财富数量，且该效用函数为增函数，即效用 $U$ 随财富 $W$ 增加而增加，在这样的假定条件下，如果效用函数是严格凹的，如图3-11所示，则是风险规避者。在图中，$pU(W_1)+(1-p)\cdot U(W_2)$ 表示有风险的财富的期望值 $[pW_1+(1-p)W_2]$ 的预期效用，$U[pW_1+(1-p)W_2]$ 表示这一期望值的效用，曲线 $U(W)$ 表示效用函数。

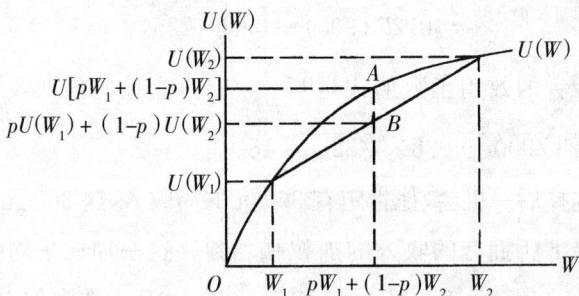

图 3 - 11　风险规避

第二，当一个消费者的期望效用（预期效用）大于期望值的效用时，他是风险爱好者。如图3-12所示，在图中，效用函数是严格凸的，因此，预期效用大于期望值效用。在上例中，假定消费者的效用函数是 $U=W^2$，预期效用就大于期望值效用,因为预期效用为:$E(U)=0.2\times900^2+0.8\times225^2=202500$,而期望值效用为$U=360^2=129600$。

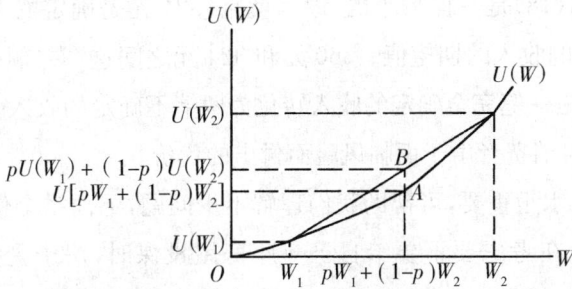

图 3-12　风险爱好

第三,当一个消费者的期望效用等于期望值效用时,他是一个风险中立者,表示该消费者对选择的两种工作机会抱无所谓态度,如图 3-13 所示。在图中,效用函数是线性的,因此,预期效用等于期望值效用。在上例中,如果消费者效用函数为$U=2W$,则他就是风险中立者,因为在这里,$E(U)=0.2\times2\times900+0.8\times2\times225=720,U=2\times360=720$。

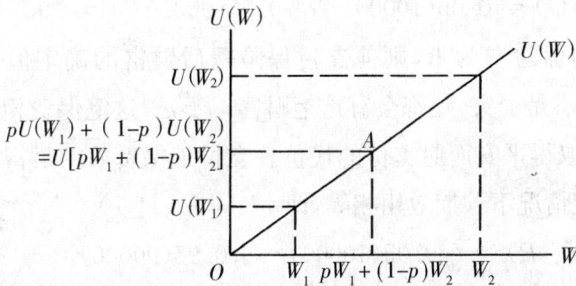

图 3-13　风险中立

从上述例子中可见,从数学上讲,如果效用函数为$U=U(W)$,且$U'(W)>0$,则当$U''(W)<0$时,消费者为风险规避者;当$U''(W)>0$时,消费者为风险爱好者;当$U''(W)=0$时,消费者为风险中立者。

· 风险升水及其应用

从上述风险规避的例子中可见,该消费者的预期效用是 18,但是要获得这一效用水平的财富(这里是收入)如果不是不确定情况下的财富,而是一笔确定性的财富或者收入的话,其实不用 360,而只要$W=18^2=324$(元)。也就

是说,现在从确定性收入 324 元中获得的效用(18),和从具有风险的两笔收入
900 元(概率是 0.2)和 225 元(概率是 0.8)加权平均所得期望值 360 元中所
获得的预期效用(18)是一样大小的,原因就是,324 元是确定的无风险收入,
360 元是有风险的收入的期望值。360 元和 324 元之间这一差额(36 元)被称
为风险升水,它是一笔完全确定的收入转化为两笔不确定的收入 $W_1$(225 元)
和 $W_2$(900 元)时消费者由于面临风险而付出的代价。

认识风险升水很重要,可帮助我们理解不少问题,下面举个例子来说明。
假定有个消费者在考虑要不要给自己一座房屋投保时,房子受火灾的概率
$p=0.05$,受火灾时损失 $A=80000$ 元,可从保险公司得到赔付,这房子本身值
$W_0=90000$ 元,消费者从房子中获得的效用函数是 $U=W^{0.5}$($W$ 代表财富),
试问,如果他参加保险,愿支付的保险费至多只能是多少?

显然,该消费者在受灾和不受灾两种情况下财产的期望值是:
$$0.05(10000)+(1-0.05)(90000)$$
其预期效用为:
$$E(U) = 0.05(10000)^{0.5} + 0.95(90000)^{0.5} = 290$$
设消费者愿付的保险费为 $R$,则他支付保险费后财富的确定值为($90000-$
$R$),因为不管是不是受灾,他都会有这笔财富。于是,这笔保费相当于一笔风
险升水,是他为取得平安而愿支付的代价。支付了保费后的财富确定值的效
用必须和不确定情况下预期效用相等,即
$$(90000-R)^{0.5} = 0.05(10000)^{0.5} + 0.95(90000)^{0.5} = 290$$
从中求得 $R=5900$(元)。

这个例子告诉我们,参加保险是人们规避或者说降低风险的有效途径之
一。当然,还有其他降低风险的途径,例如投资股票时不把资金集中在一个股
票上,也就是常说的不把鸡蛋放在一个篮子里,就会起到分散风险的作用。

### • 期货交易与风险转移

期货交易是不确定情况下消费者行为的又一典型例子。期货交易是相对
现货交易而言的。现货交易是一手交钱,一手交货,而期货交易成交后要到以
后交货。由于成交和交割不在同一时间,而市场行情瞬息万变,因而这种按事

先预定的价格成交的期货交易必然会给交易双方带来盈利或损失。交易商品涨价了,买方得利,卖方受损;反之若跌价了,买方受损,卖方得益。这样,期货交易会吸引一批投机者,利用交易时间差,赌行市涨落,赚取投机利润。但期货交易也有转移价格风险、套期保值和发现价格的作用。

例如,假定某奶牛场主需要大量玉米作饲料,为了控制成本,他就可以在他认为一个合适的价位上买进一批玉米期货。这样,就把饲料成本锁定了,即使几个月后玉米涨价,他也能按原定价格到时购进这批玉米。不仅如此,由于每宗期货交易成交价格都反映了当前交易者对该商品未来价格走势的预期,把未来价格现在就予以确认,这等于是向市场提供了未来价格如何决定的信息。可见,期货交易不仅能有效转移价格风险,还具有发现价格的功能。

**专栏** 联系中国经济的一点思考(三)

## 我国居民消费需求约束的演变

我国改革开放前,在传统的计划经济大锅饭体制下,经济缺乏活力,物资十分匮乏。居民消费品供给严重短缺,只得样样物品发票证计划供应。粮、油、糖、肉、豆制品、糕饼、烟酒等都要凭票,穿衣要布票,买家具、自行车等要凭工业品票,甚至一度连买盐、酱油、针线等都要凭票。这样,居民的消费选择不但要受到自己货币收入所形成的购买力约束,还要受计划分配到的票证约束,无法在货币收入约束下自由选购,严重影响了生活质量。后来,随着改革开放的推进和市场经济发展,这种局面才成为历史。现在,市场上琳琅满目的商品应有尽有,居民消费在收入预算约束下有了充分选择余地。

## 习 题 三

1. 简释下列概念:

效用、边际效用、无差异曲线、边际替代率、消费预算线、恩格尔系数。

2. 如果你有一辆需要四个轮子才能开动的车子上有了三个轮子,那么你有第四个轮子时,这第四个轮子的边际效用会超过第三个轮子,这是不是违背了边际效用递减规律?

3. 假定某消费者只买 $X$、$Y$ 两种商品,试用文字和图形说明当他购买时情况为 $\dfrac{MU_X}{P_X}$ 超过 $\dfrac{MU_Y}{P_Y}$,而总支出水平和 $P_X$、$P_Y$ 又既定不变,则他应当多买些 $X$ 而少买些 $Y$ 才能使总效用增加。

4. 假定消费者购买 $X$ 和 $Y$ 两种商品,最初的 $\dfrac{MU_X}{P_X}=\dfrac{MU_Y}{P_Y}$,若 $P_X$ 下跌,$P_Y$ 保持不变,又假定 $X$ 的需求价格弹性小于 1,则 $Y$ 的购买量情况如何变化?

5. 某消费者原来每月煤气开支 120 元,煤气的某些用途如取暖等可用电代替,现在煤气价格上涨 100%,其他商品价格不变,若该消费者得到 120 元因煤气涨价的补贴,试问他的处境改善了还是恶化了? 为什么? 作草图表示。

6. 若某人的效用函数为 $U=4\sqrt{X}+Y$,原来他消费 9 单位 $X$,8 单位 $Y$,现在 $X$ 减少到 4 单位,问需要消费多少单位 $Y$ 才能与以前的满足相同?

7. 假定某消费者的效用函数为 $U=XY^4$,他会把收入的多少用于商品 $Y$ 上?

8. 设无差异曲线为 $U=X^{0.4}\cdot Y^{0.6}=9$,$P_X=2$ 美元,$P_Y=3$ 美元,求:

   (1) $X$、$Y$ 的均衡消费量;

   (2) 效用等于 9 时的最小支出。

9. 已知某君消费两种商品 $X$ 与 $Y$ 的效用函数为 $U=X^{1/3}Y^{1/3}$,商品价格分别为 $P_X$ 和 $P_Y$,收入为 $M$,试求该君对 $X$ 和 $Y$ 的需求函数。

10. 行政配给制是计划经济的一大特色,试说明在其他条件相同情况下,这种制度会减少消费者效用。

11. 某消费者今年收入 11000 元,明年收入 12600 元,他可以以 5% 的市场利率借贷款进行消费。

   (1) 画出他的跨时期预算约束线。

（2）若利率上升至 6%，画出新的预算线。

（3）若他不能以任何利率借款，但可以以 5% 的利率放贷，画出他的跨时期预算约束线。

（4）试用替代效应和收入效应解释利率上升后储蓄会增加的现象。

12. 一个消费者在考虑要不要花 2000 元去买股票。如果他一年中估计有 25% 的概率赚进 1000 元，有 75% 的概率亏损 200 元，再假定这笔钱存银行的话，年利率是 5%。试问该消费者如果是风险规避者，或风险爱好者，或风险中立者，对购买股票会分别作何决策？

13. 为什么期货交易不但有发现价格的功能，还有转移风险的作用？

# 第四章　企业和生产理论

上一章考察消费者行为,研究的是产品需求。本章和下一章转入对产品供给方面的研究。

## 第一节　企业及其目标

### ·企业及其组织形式

企业又可称作厂商(firm),是指把投入转化为产出的生产经营性组织。

为什么会产生企业,企业存在的理由是什么? 经济学家有多种说法。

一种说法是,企业可实行分工合作,造成专业化生产的高效率。一个产品如果由一个人从头至尾做,效率极低,由许多人分工合作完成,你干这道工序,我干那道工序,效率会大大提高。

另一种说法是,企业可实现团队生产的规模经济,做到 1 加 1 大于 2。可以说,几乎所有工农业产品,大批量生产时成本会低得多,质量也容易有保证,而大批量生产只有企业而且常常是一定规模的企业才能做到。生产由企业来组织,才能采用先进设备,专门由能人加以管理,有专门渠道组织原材料采购和产品销售,这样,效率就能大大提高。

还有一种说法是,市场与企业是两种相互替代的资源配置方式:市场交易通过不同经济主体间的合约实现,由价格机制从外部调节,即市场价格机制这只"看不见的手"指挥着人们生产什么,生产多少,如何生产等活动;企业则把市场交易活动变成企业内部的活动,由企业家运用权威协调人们的活动,以节省交易成本,降低市场风险。因此,企业的规模也要由市场交易成本和企业内部的交易成本的对比来决定。

企业按照其法律组织形式可分为三类：

（1）业主制，即个体业主制，是一个人所有并负责经营管理的企业，盈亏都由他负责，一般规模较小，但数量极多。

（2）合伙制，是两个或两个以上的业主合伙组成的企业，收益由合伙人分享，责任和风险由他们分担，一般说来，其规模也较小。

（3）公司制，是一种现代企业组织形式，具有法人资格。法人是相对于自然人（如张三、李四等等每一个具体的人）而言的，是具有独立财产并能独立承担民事责任的组织机构。

公司制企业又按所承担的责任情况分成多种类型，其中主要是：（1）由一定人数的股东组成，股东只以出资额为限对公司承担责任，公司只以其全部资产对公司债务承担责任的有限责任公司；（2）由一定人数股东组成，公司全部资本分为等额股份，股东以其所认股份对公司承担责任，公司以其全部资产对公司债务承担责任的股份有限公司。

公司制企业实行法人治理结构，即形成由股东会、董事会、监事会和经理层组成并有相互制衡关系的管理机制。其中，股东会是公司权力机构；董事会是股东选出，代表股东利益和意志，对公司经营作决策的机构；经理层是董事会聘任的负责公司日常经营管理的人员；监事会是公司的监督机构。

目前，股份有限公司是公司制最重要的组织形式。这一组织形式具有利于筹集资金，组织大规模生产经营，分散市场风险等优点，也存在由经营权和所有权分离而带来的一些缺点。例如，由于公司日常经营管理是经理层人员负责的，他们对公司经营状况知道得最清楚，而股东和董事并不很清楚，于是，经理层人员就有可能为了自身利益去做一些不符合所有者利益和意志的事。这种情况称为"内部人控制"。

### ·企业经营目标与社会责任

企业作为生产经营性组织，总要以盈利为目标。俗话说，千做万做，亏本生意不做。追求利润极大化，是传统经济学对企业目标的一个基本假定。对于业主制和合伙制企业来说，这一目标非常明显，毫无疑问。但对股份制企业来说,这一目标似乎有些问题了。对于公司股东来说,要使红利最大化,就必须使企业经营盈利极大化。但对公司经理层来说,由于他们不是所有者,而是经营者,因此,他们直接关心的是如何把企业规模做大,实现产品销售的市场份额极大化,或者是追求他们个人效用极大化,包括他们的在职消费、个人收入等。而企业职工首先关心的则是自己的工资和奖金如何尽量高一些等等。这样,企业经营目标似乎多元化了。然而应当指出的是,这些多元化的目标从根本上说与利润极大化这一基本目标并不是矛盾的,相反,都要受这一基本目标的制约。这是因为,第一,企业规模要做大,必须建立在盈利基础上。如果不能盈利,企业缺乏效益,即使通过筹资把规模做大了,也不能持久。不仅如此,企业扩大规模本身也是为了盈利。第二,扩大产品销售的市场份额,同样是为了盈利,即使有的企业在产品销售中一时低价亏本经销,也是为了压垮竞争者,夺取市场以最终求得利润最大化。第三,经营者和职工的收入极大,更要建立在企业经营利润极大化基础上,否则,一切都是空中楼阁。

随着现代社会经济的发展,经济学家、管理学家和社会学家越来越普遍地认识到,企业在创造利润、对股东利益负责的同时,还要承担对员工、对社会和环境的社会责任,包括遵守商业道德、生产安全、职业健康、保护劳动者合法权益、环境保护、节约资源等。这就是所谓企业社会责任(corporate social responsibility,简称 CSR)。

## 第二节 生 产 函 数

### ·生产和生产函数

企业是生产经营性组织,而所谓**生产**,从经济学角度看,就**是一切能够创造或增加效用的人类活动**。生产离不开生产要素(factor of production)。生产要素是指在生产中投入的各种经济资源,包括劳动、土地和资本等。劳动是人类为了进行生产或者为了获取收入而提供的劳务,包括体力劳动和脑力劳动;土地是一个广义的概念,不仅包括泥土地,还包括山川、河流、森林、矿藏等一切自然资源;资本是指机械、工具、厂房、仓库等资本物品。除了以上传统的生产三要素,英国经济学家阿·马歇尔在《经济学原理》中又增加了一种生产要素即企业家才能。于是,就有了所谓"生产四要素"说。

生产任何一种产品都需要投入上述这些生产要素。**产品产出量与为生产这种产品所需要投入的要素量之间的关系,称为生产函数**(production function)。生产函数可用列表、几何图形或数学方程式表示。如用 $x_1, x_2, \cdots, x_n$ 表示第一、第二……第 $n$ 种生产要素的投入量,用 $Q$ 表示产品的产出量,则该产品的生产函数可表示为:

$$Q = f(x_1, x_2, \cdots, x_n) \tag{4.1}$$

例如,若 $Q = 3x_1 + 2x_2$,这个生产函数表示,如果 $x_1$ 要素投入 1 个单位,$x_2$ 要素投入 2 个单位,则可以得到该产品 7 个单位($= 3 \times 1 + 2 \times 2$)。

需要指出的是,生产函数中的产量,是指一定的投入要素组合所可能生产的最大的产品数量,或者说,生产函数所反映的投入与产出之间的关系是以企业经营管理得好,一切投入要素的使用都非常有效为假定的。

生产函数中的投入与产出关系,取决于投入的设备、原材料、劳动力等诸要素的技术水平。因此,任何生产方法(包括技术、生产规模)的改进都会导致新的投入产出关系。不同的生产函数代表不同的生产方法和技术水平。

各种产品生产中投入的各种要素之间的配合比例,称为技术系数(technological coefficient)。它可以是固定的,例如,每生产 1 单位某产品必须投入一定量的资本和劳动,随产量增加或减少,这两种要素必须按固定比例增加或减少。假定一辆汽车配一个司机,则两辆汽车要配两个司机。这种固定技术系数的生产函数称为固定比例的生产函数。反之,有些产品生产中的要素配合比例是可变的,这种生产函数就是可变比例的生产函数。

对于一种生产函数,如果投入的所有生产要素变化 $\lambda$ 倍,产量也同方向变化 $\lambda^n$ 倍,则说这样的生产函数为齐次生产函数,若 $n = 1$,就为线性齐次生产函数。例如,$Q = f(x_1, x_2, \cdots, x_n)$ 中,$x_1, x_2, \cdots, x_n$ 全部同时增加为 $\lambda x_1, \lambda x_2, \cdots, \lambda x_n$,则产量 $Q$ 会增加为 $\lambda^n Q$,即 $\lambda^n Q = f(\lambda x_1, \lambda x_2, \cdots, \lambda x_n)$。

在齐次生产函数中有一种典型的生产函数,即柯布(Cobb)和道格拉斯(Douglas)在 1928 年研究美国 1899 年到 1922 年间资本与劳动这两种生产要素对产量的影响时提出的生产函数。其形式是 $Q=AK^{\alpha}L^{\beta}$，这里 $A$ 代表技术水平，$K$、$L$ 分别代表资本与劳动，$\alpha$、$\beta$ 是指数。他们通过研究得出结论：产量增加中约有 3/4 是劳动的贡献（即 $\beta=3/4$），1/4 是资本的贡献（$\alpha=1/4$）。由于 $\alpha+\beta=1$，因此，该生产函数是线性齐次函数，它显示出本章结尾处将提到的规模报酬不变的性质。

### · 短期和长期

分析生产函数还要区分长期与短期。这里的"短期"、"长期"，不是指一个具体的时间跨度，而是指能否使厂商来得及调整生产规模（固定的生产要素和生产能力）所需要的时间长度。"长期"是指时间长到可以使厂商调整生产规模来达到调整产量的目的；"短期"则指时间短到厂商来不及通过调整生产规模来达到调整产量的目的，而只能在原有厂房、机器、设备条件下依靠多用或少用一些人工和原材料等来调整产量。例如，某产品市场需求量由于某种原因暂时一下扩大时，厂商可通过充分利用原有设备，开足马力，加班加点来增加产量以满足需求。这就是短期调整产量水平的问题。相反，如果市场对该产品的需求是由于人们对这种产品偏好普遍变大而长期地增加，则厂商要增加设备扩大生产规模来满足增长了的市场需求。这就是长期调整生产的问题。

可见，在长期中，一切生产要素都是可以变动的，不仅劳动投入量、原材料使用量可变，而且资本设备量也可变。而在短期中，只有一部分要素如劳动投入量及原材料数量是可变的，而另一些生产要素不随产量的变动而变动，如机器、设备、厂房、高级管理人才等。

"短期"、"长期"的区分是相对的。在有些生产部门中，如在钢铁工业、机器制造业等部门中，所需资本设备数量多，技术要求高，变动生产规模不容易，则几年也许算是"短期"；反之，有些行业如普通服务业、食品加工业，所需资本设备数量少，技术要求低，变动生产规模比较容易，也许几个月可算是"长期"。

生产中两种最重要的投入是劳动与资本，因此，在经济分析中，通常假定企业只使用这两种要素。在短期内，假设资本数量不变，只有劳动可随产量变化，则生产函数可表示为 $Q=f(L)$，这种生产函数可称为短期生产函数。在长期，资本和劳动都可变,则生产函数可表示为 $Q=f(L, K)$,这种生产函数可称为长期生产函数。

## 第三节　短期生产函数

### ·总产量、平均产量和边际产量

假定其他投入不变,只有一种要素如劳动投入量可变,研究这种投入要素的最优使用量(即这种使用量能使企业利润最大),就属于单一可变投入要素的最优利用问题。为了探讨这个问题,需要从总产量、平均产量和边际产量这三个概念及其相互关系说起。

**总产量**(total product)是指投入一定量的生产要素以后,所得到的产出量总和,简写为 $TP$。

**平均产量**(average product)是指平均每单位生产要素投入的产出量,简写为 $AP$,如果用 $x$ 表示某生产要素投入量,那么 $AP=TP/x$。

**边际产量**(marginal product)是增加或减少 1 单位生产要素投入量所带来的产出量的变化,简写为 $MP$,如果用 $\Delta TP$ 表示总产量的增量,$\Delta x$ 表示生产要素的增量,那么 $MP=\Delta TP/\Delta x$。

为了说明三者之间的关系,我们假定只有一种可变要素投入,生产一种产品,生产函数的具体形式设为 $Q=f(L)=27L+12L^2-L^3$(即可变的投入要素为劳动 $L$),则劳动的平均产量用 $APL$ 表示为:

$$APL = Q/L = 27 + 12L - L^2$$

劳动的边际产量表示为:

$$MPL = \lim_{\Delta L \to 0} \Delta Q/\Delta L = dQ/dL = 27 + 24L - 3L^2$$

根据上边的计算式,投入的劳动量与总产量、平均产量和边际产量可用表4-1表示。

根据表 4-1,可画出总产量、平均产量和边际产量的曲线,如图 4-1所示。

表4-1  总产量、平均产量和边际产量

| L | TPL(Q) | APL(Q/L) | MPL(dQ/dL) |
|---|---|---|---|
| 0 | 0 | | |
| 1 | 38 | 38 | 48 |
| 2 | 94 | 47 | 63 |
| 3 | 162 | 54 | 72 |
| 4 | 236 | 59 | 75 |
| 5 | 310 | 62 | 72 |
| 6 | 378 | 63 | 63 |
| 7 | 434 | 62 | 48 |
| 8 | 472 | 59 | 27 |
| 9 | 486 | 54 | 0 |
| 10 | 470 | 47 | —33 |

\*  这里的空缺不能根据平均产量函数和边际产量函数计算得到,因为 $L=0$ 时,不可能有产量 $APL$ 和 $MPL$。

图4-1中的三条产量曲线是指一定技术水平条件下的投入产出关系。前面说过,生产函数中的投入产出关系,取决于技术水平。如果技术进步了,采用了更先进的设备,同样投入这点劳动,会产出更多产品,于是这三条产量曲线都会向上作相应移动。它表明劳动生产率提高了。先进技术的采用,可使生产中的每一劳动小时,每一吨煤,每一度电,每一立方米的水等等生产资源创造出更多产品来。如果劳动者素质提高,管理改进,可使每单位资本有更多产出,就是说资本生产率大大提高。现在我们仍旧来考察既定技术水平上的产量曲线。

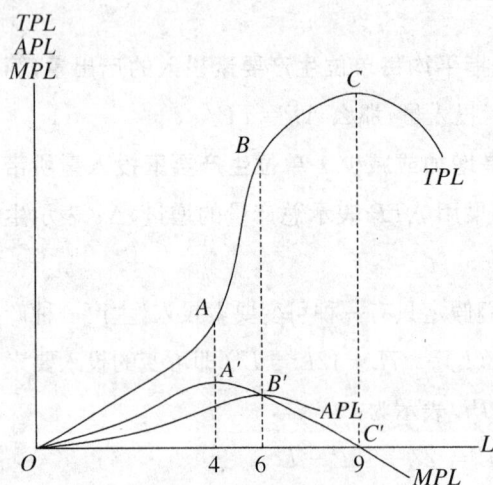

图4-1  产量曲线

从表4-1、图4-1中可以看到:

1. 随着劳动量的增加,最初总产量、平均产量和边际产量都是递增的。如当 $L=1$ 时,$TPL=APL=38$,$MPL=48$;当 $L=2$ 时,$TPL=94$,$APL=47$,

$MPL=dQ/dL\,|_{L=2}=63$。

2. 当劳动量增加到 4 个单位时,从边际产量曲线 $MPL$ 线可以看出,这时 $MPL$ 达到最大,即在点 $A'$,最大的 $MPL=dQ/dL\,|_{L=4}=75$。

3. 当劳动量增加到 6 个单位时,平均产量达到最大,为 $\max APL=(27\times6+12\times6^2-6^3)/6=63$,这时边际产量也为 63,即 $MPL=dQ/dL\,|_{L=6}=63$。可见当 $APL=MPL$ 时,即在图上点 $B'$,平均产量达最大。

4. 当劳动量增加到 9 个单位时,总产量达最大,为 $TPL=486$,这时边际产量为 0,即 $dQ/dL\,|_{L=9}=0$。这时,若再增加劳动量(如第 10 个单位),不会带来总产量的增加,而只会使总产量减少。

由上边的分析,对照图 4-1、表 4-1,我们进一步分析这三个产量之间的关系。

1. 总产量和边际产量的关系。

(1) 因为 $TPL$ 曲线上每一点的斜率 $dQ/dL=MPL$ 代表的是边际产量,所以投入劳动量在 0—4 之间,$MPL$ 不仅是正数,而且是逐渐增加的,也就是 $dQ/dL>0$,$d^2Q/dL^2>0$。几何图形上表现在 $OA$ 段,$TPL$ 曲线向上凹,在 $L=4$ 时,$MPL$ 达最大,即点 $A'$,对应 $TPL$ 曲线上的点 $A$,点 $A$ 为 $TPL$ 曲线由凹变为凸的拐点。这时总产量曲线的斜率最大。

(2) 当劳动量 $4<L<9$ 时,边际产量虽然是正数,但是递减的,即 $dQ/dL>0$,$d^2Q/dL^2<0$,$MPL$ 是逐渐变小,在 $TPL$ 曲线上表示向上凸。这一段($AC$ 段)表示每增加一个单位的劳动所引起的总产量增量小于前一单位所引起的总产量的增量;当劳动量 $L=9$ 时,总产量极大,即图形中 $C$ 点是最大值点,$MPL$ 曲线此时与横轴相交于点 $C'$,即 $MPL=0$。

(3) 当投入劳动量 $L>9$ 时,$MPL$ 为负数,即 $dQ/dL<0$,在图中 $MPL$ 曲线达到横轴以下,总产量也处于递减状态,即当再投入劳动量时,总产量会减少。

2. 总产量与平均产量的关系。

(1) 当投入劳动量 $0<L<6$ 时,总产量与平均产量都是增加的,即在 6 个单位劳动量投入以前,每增加一单位劳动所增加的平均产量大于前面投入劳动量的平均产量。当 $L=6$ 时,$APL$ 达最大,即在 $APL$ 曲线上,点 $B'$ 是

APL 的最大值点。

（2）当 $L>6$ 时，随劳动量投入的增加，总产量虽不断增加，但到 $L=9$ 总产量达到最大后，就要开始递减，而平均产量在 $L>6$ 时已处于递减阶段。

3. 平均产量与边际产量的关系。

（1）当平均产量处于递增阶段，如 $0<L<6$，即图中 $OB'$ 曲线段上，$MPL>APL$；当 $L=6$ 时，$MPL=APL$，平均产量达最大。

（2）当平均产量处于递减阶段时，如点 $B'$ 以后的 $APL$ 曲线段，这时 $MPL<APL$，说明边际产量的下降幅度大于平均产量的下降幅度。

### ·生产要素报酬递减规律

从上述投入劳动量 $L$ 的变动对总产量、平均产量和边际产量的影响中可见，在开始阶段劳动的边际产量随劳动量的增加而增加，即边际产量处于递增阶段；但当 $L=4$ 以后，即边际产量处于递减阶段，这时总产量以递减的比率上升；当 $L=9$ 时，边际产量为 0，总产量最大；此后若再增加劳动 $L$ 的投入，总产量反而逐渐减少。之所以发生这种情况，是由于固定投入的生产要素有一个容量问题。在 $L<4$ 时，固定投入和可变投入的配合比例不当，固定要素显得太多，而可变要素显得太少。比方说，一个工厂里有机器 10 台，假定至少要有 20 个操作工人，但只有 15 个工人。这时增加可变要素劳动，人的边际产量递增。当 $L=4$ 时，两者配合的比例最适当，边际产量达最大。但当 $L>4$ 时，由于固定要素的容量有限，可变要素增加时，又使两者比例失调，可变投入显得太多，固定要素显得不足。这时边际产量会递减，总产量虽然增大，但是以递减的比率上升的。当 $L=9$ 时，边际产量为 0，即可变要素已开始超过固定要素要求的比例，如再有劳动量的投入，不会带来总产量的增加，比方再投入第 10 个劳动量，不仅不增加总产量，而且会使总产量递减，这时的边际产量为负值。类似地比如：给一块地庄稼施肥，开始随着肥料的增加，土壤结构得到改善，增加了其肥力，产量会以递增的比率上升。若不断增加施肥到一定程度，肥力过大，超过庄稼的需要，产量不仅不能增加，反而会下降。

综合上述，我们可以得出如下一条规律：**在一定技术水平条件下，若其他生产要素不变，连续地增加某种生产要素的投入量，在达到某一点之后，总产**

量的增加会递减,即产出增加的比例小于投入增加的比例,这就是生产要素报酬递减规律,亦称边际收益递减规律(law of diminishing marginal return)。

边际收益递减规律要发生作用必须具备三个前提条件:

1. 生产要素投入量的比例是可变的,即技术系数是可变的。这就是说,在保持其他生产要素不变而只增加其中某种生产要素投入量的时候,要素边际收益才发生递减,如果各种生产要素的投入量按原比例同时增加时,边际收益不一定递减。

2. 技术水平保持不变。如果技术水平提高,在保持其他生产要素不变而增加某种生产要素时,边际收益不一定递减。

3. 所增加的生产要素具有同样的效率。如果增加的第二个单位的生产要素比第一个单位的更为有效,则边际收益不一定递减。

• **生产要素合理投入区域**

在边际收益递减的情况下,厂商应如何合理地选择他的要素投入进行生产呢?

现代西方经济学中,通常根据总产量曲线,平均产量曲线和边际产量曲线,把产量的变化分为三个区域,如图4-2所示,第一区域是平均产量递增阶段,第二区域是平均产量递减阶段,第三区域是负边际产量阶段。

第一区域,可变要素劳动量 $L$ 投入的增加,会使平均产量增加。这时,每增加一个单位的劳动都能提高平均产量,因而边际产量高于平均产量。这表明,和可变要素劳动量 $L$ 相比,固定要素(如资本 $K$ 等)投入太多,很不经济。在这一区域,增加劳动量投入是有利可图的,它不仅会充分利用固定要素,而且带来总产量以递增的比率增加,任何

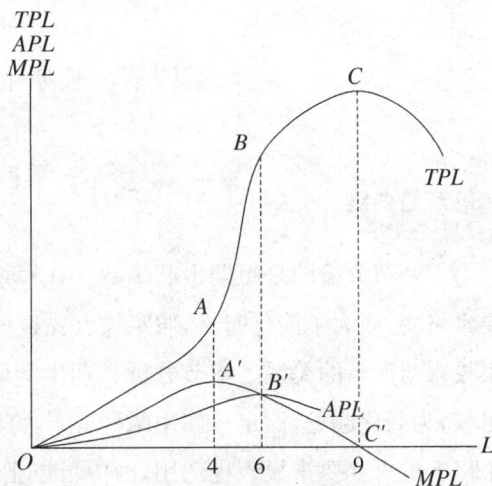

图4-2 产量三阶段

有理性的厂商通常不会把可变要素投入的使用量限制在这一区域内。

第二区域,从平均产量最高点开始,随可变要素劳动量 $L$ 投入的增加,边际产量虽递减但大于 0,故总产量仍递增,直到达最大时为止。另一方面,平均产量开始递减,因为边际产量已小于平均产量。

第三区域,从总产量达到最高点开始,随着可变要素劳动量 $L$ 投入的增加,边际产量成为负值,总产量开始递减,这时每减少一个单位的可变要素投入反而能提高总产量,表明与固定要素投入相比,可变要素投入太多了,也不经济。显然,理性的厂商也不会在这一区域进行生产。

可见,理性厂商必然要在第二区域进行生产。这一区域为生产要素合理使用区域,又称经济区域。其他区域都是不经济区域。

但是,在第二区域的生产中,生产者究竟投入多少可变要素,或生产多少,还无法解决,因为这不仅取决于生产函数,而且取决于成本函数。

假如厂商不考虑单位产品成本,而希望得到最大产量,那么劳动要素的投入量以图4-2中的点 $C'$ 为最合适,因为这时总产量最大。

假如厂商考虑的是单位产品的成本,不要求得到最大产量,那么,要素的投入,如劳动的投入量应以图4-2中的点 $B'$ 对应值为最合适,因为这时平均产量最大。

## 第四节　长期生产函数

### ·等产量曲线

上一节分析的是短期生产函数。在短期中,假定投入要素中只有一部分要素可变,而为了简化起见,假定投入要素只有一种可变,其他要素不变,来考察投入与产出的关系。本节分析长期生产函数。在长期中,一切投入要素均可变,为简化起见,假定只使用两种要素生产一种产品的情况。这种分析对两个以上的可变要素投入也适用,因为可以把这两种可变要素中的一种看成是所有其他的可变投入要素的组合。分析长期生产函数需要引进等产量曲线、等成本线等几个基本概念。

等产量曲线(isoquant curve)指其他条件不变时,为生产一定的产量所需投入的两种生产要素之间的各种可能组合的轨迹。

例如,假定有劳动 $L$ 和资本 $K$ 两种生产要素投入生产某产品,其生产函数为 $Q=\frac{1}{8}KL$,当产量 $Q_1=100$ 单位时,可采用的生产方法可如表 4-2 表示。

表 4-2 生产要素的各种组合

| 组合方式 | $L$ | $K$ | $Q$ |
|---|---|---|---|
| $A$ | 10 | 80 | 100 |
| $B$ | 20 | 40 | 100 |
| $C$ | 40 | 20 | 100 |
| $D$ | 60 | 13.33 | 100 |
| $E$ | 80 | 10 | 100 |
| $F$ | 100 | 8 | 100 |

把表 4-2 的数据描绘在以两个要素投入量为坐标轴的坐标图上,可以得出一条生产函数为 $Q=\frac{1}{8}KL$ 而 $Q_1=100$ 的曲线,这条曲线就是等产量曲线。如图4-3中的 $Q_1$ 线,这条曲线上的每一点都代表为生产 100 个单位产品时,两种生产要素可能的种种组合。

假定产量由 $Q_1=100$ 增加到 $Q_2=200$,$Q_3=300$,…,则在坐标图上可以给出无数条等产量曲线,如图 4-3 所示。等产量曲线位置愈高,代表的产量越大,愈是在左下方,代表的产量愈小,图 4-3 中的三条等产量曲线 $Q_1$、$Q_2$、$Q_3$ 中,$Q_3>Q_2>Q_1$。

从等产量曲线上一点向下作一定数量的移动,如图 4-3 中,点 $A$ 表示 $10L$ 和 $80K$ 可生产 100 单位产品,将 $L$ 增加到 $20L$,资本减为 $40K$ 的点 $B$ 时,根据等产量曲线的特性,产量不变,仍为 100 单位,增加劳动所得的产量恰恰

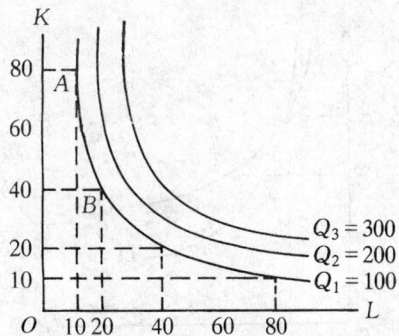

图 4-3 等产量曲线

弥补了因资本投入的一些减少而损失的产量。产量不变,正是两种投入量相互替代的结果。为了表达两种要素相互替代的能力,经济学家提出了边际技术替代率(marginal rate of technical substitution)的概念,也称为生产要素的边际替代率,或技术替代率,简写为 MRTS。

**边际技术替代率,是指在产量不变的情况下,当某种生产要素增加一单位时,与另一生产要素所减少的数量的比率。**

等产量曲线上任一点的边际技术替代率,从几何意义上看,是过该点作等产量曲线的切线的斜率。

假定这种生产函数的一般形式为 $Q = f(K, L)$,对此式进行全微分得:$dQ = f_1 dK + f_2 dL$,式中 $f_1$、$f_2$ 分别是产量 $Q$ 对投入 $K$ 和 $L$ 的偏导数,即 $f_1 = \dfrac{\partial Q}{\partial K}$,$f_2 = \dfrac{\partial Q}{\partial L}$,这就是投入要素 $K$ 和 $L$ 的边际产量($f_1 = MPK$,$f_2 = MPL$)。由于在同一等产量曲线上 $Q$ 为常数,因此 $dQ = 0$,即 $dQ = f_1 dK + f_2 dL = 0$。由此式可推出 $dK/dL = -f_2/f_1$。可见,任何一点的边际技术替代率等于这点上投入的两种要素的边际产量之比。这一推论还可以这样理解,即增加劳动所增加的产量与减少资本所损失的产量相等,才能维持总产量不变,即 $MPL \cdot \Delta L = -MPK \cdot \Delta K$,因此,$\Delta K/\Delta L = -MPL/MPK$。这里 $\Delta K$ 和 $\Delta L$ 中,一个增大,一个减少,因此两者之比率为负。这与 $dK/dL$ 为负值是相吻合的。

等产量曲线有如下性质:

1. 表示某一生产函数的等产量曲线图中,可以画出无数条等产量曲线,并且任何两条等产量曲线不能相交。否则,不合逻辑。

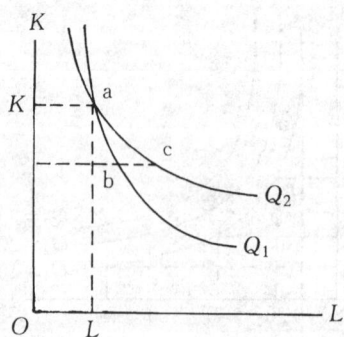

图 4-4 等产量曲线不能相交

如图 4-4,两条等产量曲线 $Q_1$、$Q_2$ 分别代表两种产出水平,若两条曲线相交于 a 点,则由于点 a 组合和点 b 组合都生产 $Q_1$,点 a 和点 c 的组合都生产 $Q_2$,因而点 b 和点 c(显然投入的劳动量不同)也应当生产同一产量,即 $Q_1 = Q_2$,这显然与 $Q_1$、$Q_2$ 代表两种产出水平矛盾。

2. 等产量曲线上的任何一点的斜率等于该点上以生产要素 $L$ 代替生产要素 $K$ 的边际替代率，即 $MRTS_{LK}=dK/dL$，其值不仅为负，而且其绝对值是递减的。

3. 由于等产量曲线斜率绝对值递减，因此等产量曲线一般都凸向原点。

由于等产量曲线的几何特点与无差异曲线相似，故它又被称为生产无差异曲线。但两者有区别，等产量曲线表示产量，无差异曲线表示效用，等产量曲线是客观的，无差异曲线是主观的。

假定用于生产的两种可变要素不能相互替代，那么等产量曲线的形状与上述不同，变成直角折线。例如，若资本和劳动的投入按 2∶1 的固定比例使用，生产 100 单位的产量必须投入 2 单位的资本和 1 单位的劳动，生产 200 单位的产量必须投入 4 单位的资本和 2 单位的劳动。要是资本为 2 单位，劳动小于 1 单位，则资本无法充分发挥作用。在这种固定比例的情况下，等产量曲线表现为图 4-5 所示的形式。联接原点与每一等产量线的直角顶点的联线的斜率为固定技术系数。

图 4-5 说明假如劳动与资本的投入只有一种增加，一种不变，则增加的劳动或资本的边际产量为零。只有两者同时同比例增加，产量才能按比例地增加。

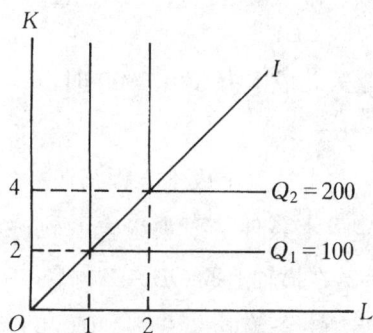

图 4-5　固定技术系数的等产量曲线

如果两种投入的要素可以完全替代，则等产量曲线为一条向右下倾斜的直线（图略）。

## · 等成本线

等产量曲线上任何一点都代表生产一定产量的两要素组合，厂商生产过程中选择哪一种要素组合才最好呢？这取决于生产这些产量的总成本。而成本还依存于要素的价格。为此，要讨论要素的最优组合，还需要引入等成本线（isocost curve）这个概念。

等成本线是生产要素价格一定时,花费一定的总成本所能购买的各种生产要素组合的轨迹。

假定单位资本(如一台机器)的使用价格(例如每月租用费)为 $P_K = 500$ 美元,每单位劳动(如生产工人)的价格(月工资) $P_L = 1000$ 美元,则总成本为 $C_1 = 3000$ 美元时的 $K$ 和 $L$ 和各种组合可如表 4-3 所示。

表 4-3　等成本的要素组合

| K(单位) | L(单位) |
|---|---|
| 0 | 3 |
| 2 | 2 |
| 4 | 1 |
| 6 | 0 |

从表 4-3 的各种组合说明,若 $C$、$P_L$、$P_K$ 已知,可有多种组合满足成本方程 $C_1 = P_L \cdot L + P_K \cdot K$,如上例中,$3000 = 500K + 1000L$,或 $6 = K + 2L$;

若总成本为 $C_2 = 4000$ 时,$K$、$L$ 多种组合满足 $4000 = 500K + 1000L$,或 $8 = K + 2L$;

若总成本为 $C_3 = 5000$ 时,$K$、$L$ 多种组合满足 $5000 = 500K + 1000L$,或 $10 = K + 2L$。

将上述三个成本方程画在一个坐标图中,可得到三条直线,每条直线代表一定成本条件下要素组合的轨迹,即等成本线。$C_1$ 的画法是:令 $K = 0$,则 $L = 3$,在横轴上取 $OB = 3$;再令 $L = 0$,则 $K = 6$,在纵轴上取 $OA = 6$,联结 $AB$ 即得第一条等成本线 $C_1$。$C_2$ 和 $C_3$ 的画法同样。如图 4-6 所示。

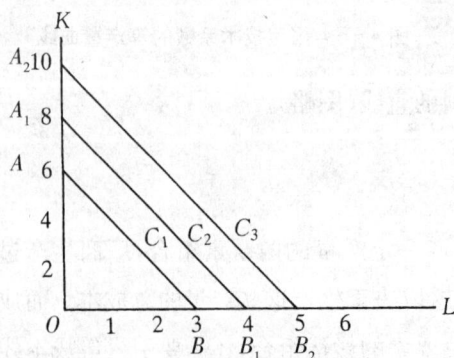

图 4-6　等成本线

从图 4-6 可以发现等成本线具有以下的特点:

1. 当成本 $C$ 一定时,如果不买劳动只买资本,则 $C = P_K \cdot K$;如不买资本,单买劳动,则 $C = P_L \cdot L$,因此 $P_K \cdot K = P_L \cdot L$,即 $K/L = P_L/P_K$。这表明等成本线斜率绝对值等于两种要素 $L$ 和 $K$ 的价

格之比。如上例当中,$P_L/P_K=2$,故 $C_1$、$C_2$ 和 $C_3$ 这三条直线的斜率相同,其绝对值都是 2。

2. 等成本方程 $C=P_K \cdot K+P_L \cdot L$ 可写为:

$$K = C/P_K - P_L/P_K \cdot L \tag{4.2}$$

式(4.2)中 $P_K$ 和 $P_L$ 是正值,则 $K = C/P_K - P_L/P_K \cdot L$ 这条直线的斜率 $-P_L/P_K$ 是负数,表示 $L$ 与 $K$ 的数值呈相反方向变化,即增加 $K$ 的购买量必减少 $L$ 的购买量,增加 $L$ 的购买量,必减少 $K$ 的购买量。

3. 在要素价格给定时,每个总成本都有一条等成本线。生产要素价格不变时,成本增加了,等成本线将向右上方平行移动。如上例,$C_2=4000$ 美元时或 $C_3=5000$ 美元时,等成本线移至 $A_1B_1$ 和 $A_2B_2$,反之,向右下方平行移动。

· 生产要素组合

上面讨论到了生产者的生产区域和生产的经济区域,这些都只表明理性生产者对生产投入的可选择范围,并没有解决最优选择问题。要解决生产要素的最优组合问题,必须将等产量曲线和等成本线结合起来。要素的最优组合可以是产量一定时成本最低的要素组合,也可以是成本一定时产量最高的要素组合。这两种情况的要素组合点表现在图形上,都是等成本线和等产量曲线相切之点。如图4-7所示的 $E$ 点,就是成本一定时产量最高的要素组合点,也叫做生产者均衡点。

在图4-7中,$Q_1$、$Q_2$、$Q_3$ 代表三条不同等产量曲线,$K_1L_1$ 代表生产者在一定资金成本约束下的等成本线。显然,生产者在此成本约束下不可能达到 $Q_3$ 的产量;生产者可以达到 $Q_1$ 的产量,如在 $A$、$B$ 两点的生产,但这种生产不能使产量最大,不符合经济原则。沿着 $K_1L_1$ 直线将点 $A$、$B$ 向点 $E$ 移动,就可以得到这一总成本水平上的最高产量。

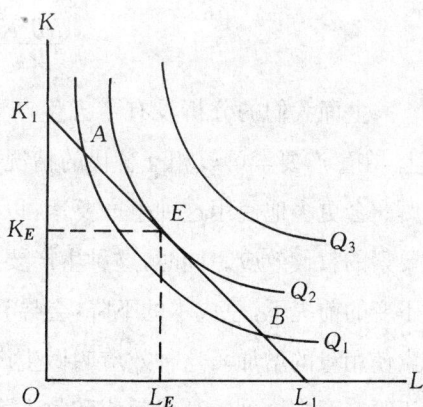

图4-7 成本一定产量最大的均衡

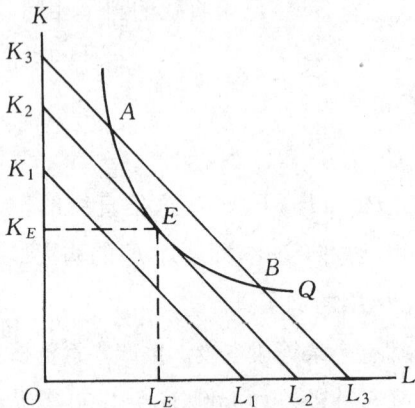

图 4 - 8  产量一定成本最小的均衡

图 4 - 8 表示的是产量一定时,成本最小的要素组合。

在图 4 - 8 中,显然生产者只能选择 $K_2L_2$ 成本线,低于 $K_2L_2$ 的成本线,如 $K_1L_1$,不能使生产达到 Q 的产量水平;高于 $K_2L_2$ 的成本线,如 $K_3L_3$,虽然可以生产 Q 产量,如 A、B 两点,但不经济;只有点 E 代表的 $K_E$ 和 $L_E$ 单位的资本与劳动的组合,才是生产 Q 产量最为节约,即成本最低的要素组合。

从以上分析看出,能满足要素投入最优组合的两个条件是:

1. 要素投入的最优组合处在等成本线上,这意味着厂商必须充分利用资金,而不让其剩余下来。

2. 要素投入的最优组合发生在等产量线和等成本线相切之点上,即要求等产量曲线的切线斜率与等成本线的斜率相等。

关于第二点,我们前面已知道,等产量曲线的斜率等于边际技术替代率,且为负数,等成本线的斜率是要素价格之比的负数,因此,$P_L/P_K = MPL/MPK$,即:

$$\frac{MPK}{P_K} = \frac{MPL}{P_L} \tag{4.3}$$

上面我们的分析没有考虑生产要素价格变动对要素组合的影响。实际上,在生产要素可以相互替代的情况下,当其中某种生产要素的价格下降时,厂商会更多地使用这种生产要素,以替代别的生产要素。这种效应叫做生产要素的替代效应。同时,这种生产要素的价格下降,导致总成本下降,在收益不变的前提下,总成本的下降,会导致厂商增加产量,从而导致对这种生产要素使用量的增加。这种效应叫做生产要素的产量效应。这两种效应完全类似于第二章中讲到的替代效应和收入效应。

下面再要提一下扩展线(expansion path)的概念。所谓扩展线,是代表不

**同产量水平的最优投入组合点的轨迹,**如图 4 - 9 所示,$E_1$、$E_2$、$E_3$ 分别表示当产量为 $Q_1$、$Q_2$、$Q_3$ 时的最佳投入组合。它们都是不同产量的等产量曲线与等成本线相切的切点,把这些切点连接起来所形成的曲线就是扩展线,它是生产函数和要素价格既定的生产扩展的路线,又称扩展轨道、规模曲线。

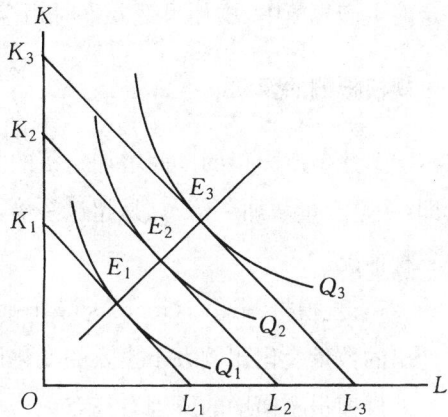

图 4 - 9 生产扩展线

若已知生产函数 $Q = f(L, K)$ 及要素价格 $P_L$ 和 $P_K$,则不难求得扩展线,方法是使边际技术替代率或两要素边际产量之比率等于要素价格之比率,即 $MRTS_{LK} = -\dfrac{MPL}{MPK} = -\dfrac{P_L}{P_K}$。

# 第五节 规 模 报 酬

· 规模报酬的含义

规模报酬(return to scale)是探讨这样一种投入—产出的数量关系,即当各种要素同时增加或减少一定比率时,生产规模变动所引起产量的变化情况。假定一个生产面包的厂商,日产面包 100 万只,需要投入资本 10 单位,劳动为 5 单位,资本与劳动的比例是 2:1,这时如果厂商扩大生产,购买 20 单位资本,10 单位的劳动,即各增加一倍,这时,每天生产面包的数量可能有三种情况,一是生产面包 200 万只,二是生产面包数超过 200 万只,三是不足 200 万只。这就是三种不同的规模报酬。

规模报酬与生产要素报酬是两个不同的概念。规模报酬论及的是一座工厂的规模本身发生变化时,产量如何变化;而要素报酬是指要素投入的边际产量收益。前者是厂商根据经营规模设计不同的工厂,属长期分析;后者是在既定的生产规模中,增加可变要素时相应产量的变化,属短期分析。

· 规模报酬的变动

上述生产面包的厂商增加一倍的资本和劳动投入,产量不外乎三种情况,即:一是产量增加一倍,二是超过一倍,三是不到一倍。可见,厂商规模报酬有三种情况。

1. 规模报酬递增(increasing return to scale)。这种规模报酬的特征是产出的数量变化比例大于投入的变化比例。如上例中的第二种情况。

规模报酬递增的原因有三点:

(1) 生产专业化程度提高。生产要素同时增加时,可提高生产要素的专业化程度,劳动分工更细了,这会提高生产效率。

(2) 生产要素具有不可分的性质。有些要素必须达到一定的生产水平,才能更有效率。这表明原有生产规模中含有扩大生产的潜力。假如一个邮递员每天原来给某地段送 100 封信,现在有 2000 封信要送时,也许只要增加 2 个或 3 个人就够了,并不需要配备 20 名邮递员。

(3) 管理更合理。生产规模扩大时,容易实行现代化管理,造成一种新的生产力,合理的、先进的管理可以更进一步充分发挥各要素的组合功能,带来更大的效率和收益。当一个生产经营单位规模过小时,就不能取得应有的效率,这种情况可称规模不经济,通过扩大规模,可提高效率,以取得规模经济。

2. 规模报酬不变(constant return to scale)。其特征是产出的数量变化比例等于投入变化比例。如上例中的第一种情况。

规模报酬不变的原因主要是由于规模报酬递增的因素吸收完毕,某种生产组合的调整受到了技术上的限制。假定一个生产面包的工人,操纵 2 台机器生产面包已达到最大效率,这时要增加产量,除非是改进机器,或采用新机器,如果只是同比例增加工人和机器产量只会与投入同比例变化,使规模报酬成为常数状态。

3. 规模报酬递减(diminishing return to scale)。其特征是产量的变化比例小于投入的变化比例。如上例中的第三种情况。

　　规模报酬递减的原因,主要是规模过大造成管理效率的下降。表现在管理上,内部机制难以协调,管理与指挥系统十分庞杂,一些重要问题只能一级一级反映给决策者,而重要的决定要由决策者一级一级传达给生产者,这样会贻误时机,造成规模报酬的递减。

### ·规模报酬、规模经济与经济规模

　　与规模报酬概念有关的另一个概念叫规模经济(economics of scale)。所谓规模经济是指随着生产规模扩大,产品平均成本下降的情况。如果产品平均成本随生产规模扩大而上升,则称规模不经济。规模经济与规模报酬递增相联系。事实上,规模经济的形成,与规模报酬递增的原因,基本是相同的,可以说规模报酬递增来自规模经济。当然,两者还不完全是一回事。规模报酬重点考察产品的数量与投入的数量变化之间的关系,重在实物形态,而规模经济重点考察产量变动过程中成本如何变动,重在价值形态。

　　与规模报酬和规模经济有关的还有一个经济规模的概念。经济规模通常指生产能力大小或企业规模大小。不少产品生产需要有一定的经济规模,才能取得规模经济,并有规模报酬递增的好处。然而,各个企业的生产究竟要多大的规模,才有规模经济,要由产品本身性质决定。一个钢铁厂,几百名职工的规模大约不可能有规模经济,但一家理发店,也许几十名职工就已经够大了。可见,经济规模不等于规模经济。

### ·规模经济与范围经济

　　大企业往往不仅有规模经济,还有一种称为范围经济(economics of scope)的优势。所谓范围经济是指有的企业同时生产基本技术和设备相同或相关的多种产品时所拥有的生产和成本的优势,从而使联合生产能超过个别生产。例如,某大型食品企业生产系列产品。这些食品在生产过程中由于能联合使用某些设备,又具有共同的知名品牌,因而可联合营销,这些系列食品的成本会低于单独生产这些食品的企业。可见,范围经济和规模经济不同。范围经济是利用相同设备或相关联的生产要素生产多种产品时形成的经济,而规模经济是大规模生产同种产品而形成的经济。

联系中国经济的一点思考（四）

## 我国企业制度的改革与变化

1956 年我国完成工商业社会主义改造以后，所有企业都成了全民或集体所有制企业，归各级政府有关管理当局统一领导和管理，失去了自主经营权。职工人员由上级安排，设备、原材料采购由有关部门批准。生产什么，生产多少，皆由上级机构决定。员工工资标准由国家统一制定。产品由国家统一包销，盈利全上缴，亏损有补贴。总之，人财物和产供销，企业全不用管，也不能管。这样的厂矿、商店，其实并非企业，既无改善经营和赢利动力，也无亏损和破产压力。这种经济体制严重束缚了生产力发展。

随着经济改革深入，企业逐步改制。除了一些关系国计民生的重要行业，竞争性行业中大部分企业都进行了改制。企业有了自主权，自我经营，自负盈亏，有了动力和压力，参与市场竞争，从而大大推动了经济发展。现在，我国企业改革中还有一大问题是国有企业，尤其是一些央企的改革如何进一步深化。本来，我国需要这些企业是因为涉及国家安全的行业、自然垄断行业、提供重要公共产品和服务的行业等，不宜由私人经营。但目前国有企业的丰厚利润大多靠国家垄断地位获得。靠此，一些垄断行业的国企员工待遇比一般企业要高。这些企业容易从银行或股市获得资金，国企领导较多是前任或未来政府官员，掌握着许多政府资源，经营容易获利，亏损可获注资，与民营企业不在一条平等线上竞争。因此，如何提高这些企业的效率，增强其活力，是中国企业改革下一步所要解决的问题。

# 习 题 四

1. 简释下列概念：

生产函数、柯布—道格拉斯生产函数、边际产量、平均产量、生产要素报酬递减、等产量曲线、边际技术替代率、等成本线、扩展线(扩展轨道)、规模报酬。

2. 规模报酬递增、不变和递减这三种情况与可变比例生产函数的报酬递增、不变和递减的三种情况的区别何在?"规模报酬递增的厂商不可能也会面临要素报酬递减的现象"这个命题是否正确? 为什么?

3. 说明下列说法是否正确:

(1) 假定生产某产品要用两种要素,如果这两种要素价格相等,则该生产者最好就是要用同等数量的这两种要素投入。

(2) 两种要素 $A$ 和 $B$ 的价格如果相等,则产出量一定时,最低成本支出的要素投入组合将决定于等产量曲线斜率为 $-1$ 之点。

(3) 假定生产 $X$ 产品使用 $A$、$B$ 两种要素,则 $A$ 的价格下降必导致 $B$ 的使用量增加。

(4) 在要素 $A$ 和 $B$ 的当前使用水平上,$A$ 的边际产量是 3,$B$ 的边际产量是 2,每单位要素 $A$ 的价格是 5,$B$ 的价格是 4,由于 $B$ 是比较便宜的要素,厂商如减少 $A$ 的使用量而增加 $B$ 的使用量,社会会以更低的成本生产出同样多产量。

(5) 扩大企业规模,可取得规模经济效益,因此,企业规模越大越好。

4. 规模经济与范围经济有何区别?

5. 某厂商使用要素投入为 $x_1$ 和 $x_2$,其产量函数为 $Q=10x_1x_2-2x_1^2-8x_2^2$,求 $x_1$ 和 $x_2$ 的平均产量函数和边际产量函数。

6. 已知某厂商的生产函数为 $Q=L^{3/8}K^{5/8}$,又设 $P_L=3$ 美元,$P_K=5$ 美元,试求:

(1) 产量 $Q=10$ 时的最低成本和使用的 $L$ 与 $K$ 的数值;

(2) 总成本为 160 美元时厂商均衡的 $Q$、$L$ 与 $K$ 之值。

7. 设生产函数为 $q=Ax_1^\alpha x_2^\beta$,$r_1$、$r_2$ 为 $x_1$ 和 $x_2$ 的价格,试求该产品的扩展线。

8. 已知生产函数 $Q=L^{2/3}K^{1/3}$ 证明:

(1) 该生产规模报酬不变;

(2) 受报酬递减规律支配。

9. 设生产函数为 $Q=2L^{0.6}K^{0.2}$,试问:

（1）该生产函数是否为齐次函数？次数多少？

（2）该生产规模报酬情况？

（3）假如 $L$ 与 $K$ 均按其边际产量取得报酬,当 $L$ 与 $K$ 取得报偿后有多少价值剩余？

# 第五章　成　本　理　论

　　俗话说,世上没有免费午餐,又说天上不会掉下馅饼。这都是说,要获得一份收获,取得一份成果,总得付出代价。正如古人说,不入虎穴,焉得虎子;一份辛劳,一份收获。这里的"入虎穴"和"辛劳"就都是付出的代价。这种代价在经济学里称成本(cost)。本章所说**成本**是指**厂商为了得到一定数量的商品或劳务所付出的代价**。换言之,成本是厂商生产一定数量的商品或提供一定数量的劳务所耗费的生产要素的价值。它等于投入的每种生产要素的数量与每种要素单位价格之乘积的总和。

　　某种产品的生产成本,是该产品供给价格的主要决定因素。前面我们讲到,厂商愿意按照一定的供给价格提供一定数量的商品。厂商如何确定其产品的供给价格,最主要、最基本的决定因素就是产品的生产成本。本章所分析的内容将揭示供给函数背后的因素。

## 第一节　成本和成本函数

### ·几种成本概念

　　针对不同的对象,或在不同的场合,成本这一概念具有不同的含义。下面我们介绍几种成本概念。

　　1. 机会成本(opportunity cost)。

　　这一概念在前面第一章中已有说明。机会成本存在需要两个前提条件。第一,生产要素是稀缺的;第二,生产要素是具有多种用途的。如果一种生产要素既能用来生产大炮又能用来生产黄油,那么,一旦该要素被用来生产大炮,它就无法用于生产黄油,也就损失了因生产黄油而可能取得的潜在的收益,这笔潜在的收益就构成了生产大炮的机会成本。

从机会成本的角度考虑问题,要求我们把每种生产要素用在取得最佳经济效益的用途上,即做到物尽其用,人尽其才,地尽其利,否则,所损失的潜在收益将会超过所取得的现实收益,生产要素的配置不合理,将造成生产资源的浪费。由于机会成本是经济分析和经济决策中常用的概念,故又称经济成本。

2. 显性成本和隐含成本。

上述机会成本只是一种对生产要素使用上的不同用途选择而产生的相对成本,并不是企业经营活动中实际发生的真实成本。企业经营活动中实际发生的成本往往包含两部分:显性成本和隐含成本。

**显性成本**(explicit cost),**指企业从事一项经济活动时所花费的货币支出,包括雇员工资,购买原材料、燃料及添置或租用设备的费用,利息,保险费,广告费以及税金等。**这些成本都会在企业的会计账册上反映出来,因此又称会计成本。

**隐含成本**(implicit cost)**是指企业使用自有生产要素时所花费的成本。**这种成本之所以称隐含成本是因为看起来企业使用企业主自有生产要素时不用花钱,即不发生货币费用支出,例如使用自有设备不用计折旧费,使用自产原材料、燃料不用花钱购买,使用自有资金不用付利息,企业主为自己企业劳动服务时不用付工资,使用自有的房产不用付房租等等。然而,不付费用使用自有要素不等于没有成本。因为这些要素如不自用,完全可以给别人使用而得到报酬。例如,厂房、设备租给别的企业用可得租金,资金借给别人用可得利息,企业主到别的企业打工就业可得工资。现在这些要素都为自己企业所用了,失去了为别的企业所用可得到的报酬,这种报酬就是企业使用自有要素的机会成本。这种成本就是隐含成本。

实际上,不仅隐含成本要核计机会成本,显性成本也应考虑机会成本,以求资源优化配置。

隐含成本加上显性成本就是厂商经营的真实成本。

除了以上几种成本概念外,还有许多不同的成本概念,例如,**生产领域中发生的成本称生产成本,销售领域发生的成本称销售成本,在短期中,支付给**

固定要素的费用叫固定成本,支付给变动要素的费用叫变动成本,支付给全部要素的费用叫总成本,平摊到每单位产品生产中耗费的成本叫平均成本,每增加 1 单位产品所增加的成本叫边际成本等等,这些在下面会进一步说到。

・**成本函数**

成本理论主要分析成本函数。成本不只是一定量货币,它总和一定数量产品相联系。这种**产品数量和相应的成本之间的依存关系称为成本函数**,记作:

$$C = \phi(Q) \tag{5.1}$$

这里 $C$ 为成本,$Q$ 为产量。

成本函数和成本方程不同,成本函数说的是成本和产量之间的关系,成本方程说的是成本等于投入要素价格的总和。如果投入的是劳动 $L$ 和资本 $K$,其价格为 $P_L$ 和 $P_K$,则成本方程是 $C = L \cdot P_L + K \cdot P_K$。成本方程是一个恒等式,而成本函数则是一个自变量为产量、因变量为成本的函数式。

成本理论之所以要讨论成本函数,是因为企业决定生产多少产量,必须比较收益和成本的关系以求利润极大化,而收益和成本都是会随产量变动的,因此,人们必须研究成本和产量的关系。

成本函数取决于两个因素,生产函数和投入要素的价格。生产函数所反映的是投入的生产要素与产出之间的物质技术关系,它揭示在各种形式下厂商为了得到一定数量产品至少要投入多少单位生产要素。生产函数结合投入要素的价格就决定了成本函数。例如,若某产品生产函数 $Q = KL^2$,$K$ 代表资本,且假定为 100,即 $K = 100$,$L$ 表示劳动,再假定劳动的价格 $P_L = 500$(美元),则从生产函数可知,$L^2 = \dfrac{Q}{K}$,亦即 $L = \dfrac{\sqrt{Q}}{10}$,由于这里已假定资本量固定,成本只和劳动投入量有关,因此,成本函数为 $C = L \cdot P_L = \dfrac{\sqrt{Q}}{10} \times 500 = 50\sqrt{Q}$ (美元)。上述例子实际上是从短期生产函数求取短期成本函数。若已知某一长期生产函数及各要素价格,也可求得长期成本函数。仍以上例说,假定生产函数为 $Q = KL^2$,且假定劳动价格仍为 $P_L = 500$(美元),资本价格(即资本使用费)为 $P_K = 250$(美元),要求得长期成本函数,只要根据生产要素最优组合

条件 $\dfrac{MP_K}{P_K}=\dfrac{MP_L}{P_L}$ 或 $\dfrac{MP_L}{MP_K}=\dfrac{P_L}{P_K}$ 来求取。从生产函数中已知 $MP_L$ 和 $MP_K$ 分

别为 $2KL$ 和 $L^2$。令 $\dfrac{2KL}{L^2}=\dfrac{500}{250}$，得 $L=K$，分别代入生产函数得 $Q=L^3=K^3$，

因此，$L=Q^{\frac{1}{3}}$，$K=Q^{\frac{1}{3}}$。代入成本方程得 $C=LP_L+KP_K=500L+250K=$

$500Q^{\frac{1}{3}}+250Q^{\frac{1}{3}}=750Q^{\frac{1}{3}}$。这就是长期总成本函数。据此，可求得长期平均成

本函数和长期边际成本函数。

## 第二节 短 期 成 本

### ·固定成本、可变成本与总成本

在短期中，投入的要素分为不变要素和可变要素。购买不变要素的费用
支出就是固定成本（fixed cost），它不随产量变动而变动，因而是个常数，即使
企业停产，也要照样支付，包括借入资金的利息，租用厂房或设备的租金，固定
资产折旧费，停工期间无法解雇的雇员（如总经理、总工程师、总会计师等）的
薪金及保险费等。购买可变要素的费用支出就是可变成本（variable cost），它
随产量变动而变动，是产量的函数，包括可随时解雇的工人的工资，原材料和
燃料的费用，水电费和维修费等。变动成本加固定成本等于总成本（total
cost），可用公式表示为：

$$TC=VC+FC \tag{5.2}$$

或
$$TC=\phi(Q)+b \tag{5.3}$$

式中 $\phi(Q)$ 为可变的成本 $VC$，是产量的函数，$b$ 等于固定成本 $FC$，是一常数。

为说明上述三种成本之间的关系，我们举一个假设的例子。假定有一成
本函数为：

$$TC=Q^3-12Q^2+60Q+40$$

在这个成本函数中，$VC=Q^3-12Q^2+60Q$，$FC=40$，产量 $Q$ 变化时，$TC$、$VC$、
$FC$ 将有表5-1中（1）列、（2）列、（3）列的关系。

表5-1 一个假设的短期成本

| 产量 Q | (1) VC | (2) FC | (3) TC | (4) $MC=\dfrac{\Delta TC}{\Delta Q}$ | (5) $MC=\dfrac{dTC}{dQ}$ | (6) $AFC=\dfrac{FC}{Q}$ | (7) $AVC=\dfrac{VC}{Q}$ | (8) $AC=\dfrac{TC}{Q}$ |
|---|---|---|---|---|---|---|---|---|
| 0 | 0 | 40 | 40 | / | 0 | / | / | / |
| 1 | 49 | 40 | 89 | 49 | 39 | 40 | 49 | 89 |
| 2 | 80 | 40 | 120 | 31 | 24 | 20 | 40 | 60 |
| 3 | 99 | 40 | 139 | 19 | 15 | 13 | 33 | 46 |
| 4 | 112 | 40 | 152 | 13 | 12 | 10 | 28 | 38 |
| 5 | 125 | 40 | 165 | 13 | 15 | 8 | 25 | 33 |
| 6 | 144 | 40 | 184 | 19 | 24 | 7 | 24 | 31 |
| 7 | 175 | 40 | 215 | 31 | 39 | 6 | 25 | 31 |
| 8 | 224 | 40 | 264 | 49 | 60 | 5 | 28 | 33 |
| 9 | 297 | 40 | 337 | 73 | 87 | 4 | 33 | 37 |

根据表5-1,我们可作成本曲线图如图5-1。

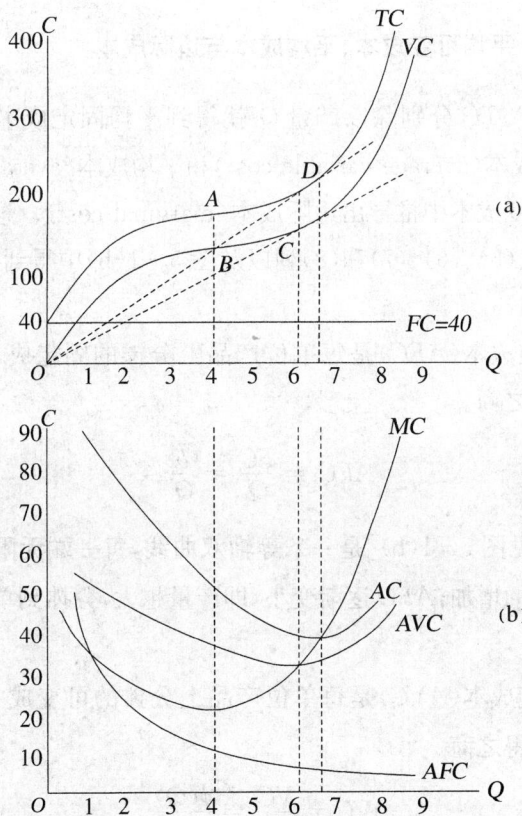

图5-1 成本曲线

图 5-1(a)中三条曲线分别为固定成本曲线、可变成本曲线和总成本曲线。固定成本曲线 FC 是一条水平线,表明固定成本是一个既定的数量(图上为 40),它不随产量的增减而改变。

可变成本 VC 是产量的函数,它从原点出发,表明产量为零时,可变成本为零,随着产量的增加,可变成本也相应增加。可变成本曲线形状主要决定于投入要素的边际生产率。从原点到产量为 4 的区间,投入可变要素的边际生产率递增,因此,可变成本 VC 虽增加但渐趋缓慢,产量超过 4 以后,可变投入要素的边际生产率递减,因此,可变成本增加渐趋加快。

总成本 TC 是固定成本与可变成本之和,其形状与可变成本曲线一样,它只不过是可变成本曲线向上平行移动一段相当于 FC 大小的距离,即总成本曲线与可变成本曲线在任一产量上的垂直距离等于固定成本 FC。

### ·平均固定成本、平均可变成本、平均成本与边际成本

上述 FC、VC、TC 分别除以产量 Q 就得到平均固定成本(average fixed cost)、平均可变成本(average variable cost)和平均成本(average cost)。还可以从总成本或可变成本中推导出边际成本(marginal cost)。这些成本也可在表 5-1 中第(4)、(5)、(6)、(7)和(8)列以及图 5-1(b)中得到反映,下面分别予以说明。

1. 平均固定成本(AFC)是每单位产品上分摊的固定成本,等于固定成本除以产量所得之商。

$$AFC = \frac{FC}{Q} = \frac{b}{Q} \tag{5.4}$$

AFC 曲线[见图 5-1(b)]是一条等轴双曲线,每一端无限趋近于纵轴或横轴。随着产量的增加,AFC 逐渐变小,即产量越大,分摊到单位产品上的固定成本越少。

2. 平均可变成本(AVC)是每单位产品上分摊的可变成本,它等于可变成本除以产量所得之商。

$$AVC = \frac{VC}{Q} = \frac{\phi(Q)}{Q} \tag{5.5}$$

AVC 曲线[见图 5-1(b)]是从图 5-1(a)中的 VC 曲线推导出来的。VC

曲线上任一点与原点的连线的斜率即该产量水平上的平均可变成本。$AVC$
曲线形状为 U 形，表明平均可变成本随产量增加先递减后递增，其成 U 形
的原因也是可变投入要素的边际生产率先递增后递减。在图中，$AVC$ 曲线
的最低点与产量为 6 的水平相对应。从图 5 - 1(a) 中可以看出，与产量 6 对
应的点 C 与原点的连线是整条 $VC$ 曲线上斜率最小的一条连线。

3. 平均成本($AC$)是每单位产品的成本，它等于总成本 $TC$ 除以产量所
得之商，也等于平均固定成本与平均可变成本之和。

$$AC = \frac{TC}{Q} = \frac{\phi(Q) + b}{Q} = AVC + AFC \tag{5.6}$$

$AC$ 曲线见图 5 - 1(b)，它也是一条二次曲线，从图 5 - 1(a) 中的 $TC$ 曲线
推导出。$TC$ 曲线上任一点与原点之连线的斜率即为该产量水平的平均成
本。$AC$ 曲线形状的决定因素与 $AVC$ 曲线相同。$AC$ 曲线的位置在 $AVC$ 曲
线之上，两条曲线之间的垂直距离即为平均固定成本 $AFC$。由于 $AFC$ 随产
量增大而递减，因此，$AC$ 曲线与 $AVC$ 曲线的垂直距离也随产量增大而渐趋
缩小。$AC$ 曲线的最低点与 $AVC$ 曲线最低点不在同一条垂直线上，前者对应
的产量在 6 和 7 之间的某一水平，后者对应的产量为 6，这是因为 $AC = AVC$
$+ AFC$，$AFC$ 是单调递减的，$AVC$ 从最低点转而上升，当其增量少于 $AFC$ 的
减少量时，$AC$ 仍是呈下降之势，只有当产量等于 6 和 7 之间的某一水平时，
$AVC$ 的增量正好等于 $AFC$ 的减少量，这时 $AC$ 才达到最低点。

4. 边际成本($MC$)是每增加 1 单位产量所增加的总成本，边际成本是总
成本对产量的导数或总成本曲线的斜率。

$$MC = \frac{\mathrm{d}TC}{\mathrm{d}Q} = \phi'(Q) \tag{5.7}$$

从上式可见，虽然总成本为可变成本与固定成本之和，但边际成本只和可
变成本有关。这是因为，在产量增加时，固定成本不变，只有可变成本才随产量
变化。用数学语言说，固定成本是常数，在求导数时为零。边际成本曲线见
图 5 - 1(b)，它从图 5 - 1(a) 中的 $TC$ 曲线推导出。每一产量的 $MC$ 都是同一产
量水平上 $TC$ 曲线的斜率，$MC$ 曲线也是 U 形，其递减部分对应可变投入要素的
边际产量递增阶段。与 $MC$ 曲线最低点相对应的产量为 4，这一最低点也是 $TC$
曲线上的拐点 A。拐点在数学上的含义是二阶导数为零的一点，它是曲线斜率

递减和递增的分界点,在拐点的左侧,$TC$ 曲线斜率递减,与之对应的 $MC$ 曲线下降,在拐点的右侧,情况正好相反,于是拐点正好对应 $MC$ 曲线的极小值点。

$MC$ 曲线和 $AVC$ 曲线、$AC$ 曲线都是 U 形的,造成这种形状的原因都是由于可变投入要素的边际收益率递增或递减,但三种成本的经济含义和几何含义不同,$MC$ 曲线反映的是 $TC$ 曲线上每一点的斜率。而 $AVC$ 曲线和 $AC$ 曲线则是 $VC$ 曲线和 $TC$ 曲线上任一点与原点连线的斜率。所以,$MC$ 曲线比 $AVC$ 曲线和 $AC$ 曲线更早到达最低点,$MC$ 曲线与 $AVC$ 曲线和 $AC$ 曲线的交点分别在后两者的最低点上。我们可以打一个比方来说明 $MC$ 曲线和 $AC$ 曲线的关系。平均成本 $AC$ 好比是某排球队队员的平均身高,边际成本 $MC$ 好比是新加入球队的队员的身高,若新队员身高低于球队的平均身高,即 $AC$ 曲线在 $MC$ 曲线之上,会使平均身高下降;若新队员的身高超过球队的平均身高,即 $MC$ 曲线位于 $AC$ 曲线之上,则会使平均身高上升;若新队员的身高正好等于球队的平均身高,则球队的平均身高不变。

对于这一点,也可用数学方法证明如下:

在 $AC$ 曲线的极值点上,必有一阶导数 $AC' = 0$

$$AC' = \left(\frac{TC}{Q}\right)' = \frac{\frac{\mathrm{d}(TC)}{\mathrm{d}Q} \cdot Q - TC}{Q^2} = 0$$

亦即

$$\frac{MC}{Q} = \frac{TC}{Q^2}$$

$$\therefore \qquad MC = AC$$

由此可知,在 $AC$ 曲线的极小值点上,$MC = AC$。

既然 $MC$ 曲线与 $AC$ 曲线的交点在 $AC$ 曲线的最低点上,那么十分明显,$MC$ 曲线与 $AVC$ 曲线的交点也必定位于 $AVC$ 曲线的最低点上。

## 第三节　长 期 成 本

在了解了短期成本后,还要进一步考察长期成本,并讨论短期成本曲线与长期成本曲线的关系。

### ·短期决策和长期决策的含义

短期和长期的不同含义已说过多次,现在要说明的是在"短期"和在"长期",厂商所作的决策是完全不同的。在短期,厂商必须在既定的生产规模下,即资本要素的数量和质量不变的前提下作出决策,这种决策是确定可变要素的投入数量或要素的组合比例,以获得每单位产品的最低的平均成本,我们称之为寻求最优出率的问题;而在长期,厂商在所有生产要素的数量和质量都是可变的条件下,它所要作的决策是寻找一个最佳的生产规模来生产事先计划的产量,在短期中确定的东西在这里是不确定的,但一旦厂商选择了一个特定的生产规模,其产量决策马上又转化成短期的决策。因此我们说,厂商的经营决策在短期,而战略规划在长期,长期计划的执行决定了该厂商未来特定的短期中运行的状况。

在长期,由于厂商的生产规模可以任意选择,因而不存在固定的生产要素和固定的生产成本,也没有长期固定成本曲线,长期成本包括长期的生产总成本 $LTC$,和依据长期总成本推出的长期平均成本 $LAC$ 及长期边际成本 $LMC$。

### ·长期总成本

长期总成本(long-run total cost)是相对于短期总成本(short-run total cost)而言,它是厂商在长期生产特定产量所花费的成本总量。$LTC$ 由产量水平和工厂规模决定。

长期总成本曲线如图 5-2 所示。

长期总成本曲线是短期总成本曲线的包络线,所谓包络线(envelope curve)是指厂商的长期总成本曲线把无数条短期总成本曲线(每条短期总成本曲线对应一个可供选择的生产规模)包围起来,每条短期总成本曲线与长期总成本曲线不相交但相切。

若厂商可任意选择生产规模,那

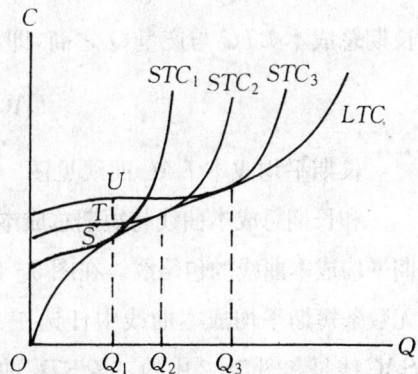

图 5-2　长期总成本和短期总成本

么,对于某个事先确定的产量水平,厂商要计算在各种可供选择的工厂规模上的生产总成本,并选择总成本最小的那个规模。在图 5-2 中,假定厂商可以在三种不同的工厂规模中选择产量为 $Q_1$ 的规模,如选择工厂规模为 $STC_1$,厂商的总成本(注意,一旦确定了工厂规模,此处的总成本就是短期总成本)为 $SQ_1$,如选择工厂规模为 $STC_2$,厂商的总成本为 $TQ_1$,如选择规模为 $STC_3$,则总成本为 $UQ_1$。厂商可用三种不同规模来生产同一产量 $Q_1$,但选择规模 $STC_1$ 时总成本最低,$S$ 点位于 $LTC$ 曲线上,是短期总成本曲线和长期总成本曲线的切点。从图形可见,若产量为 $Q_2$,则应选择 $STC_2$ 的生产规模,若产量为 $Q_3$,则应选择 $STC_3$ 的规模,所以,长期总成本曲线是一系列最低成本点的轨迹。

$LTC$ 曲线的形状与 $STC$ 曲线的形状一样,但它们有两点区别。第一,$LTC$ 曲线从原点出发而 $STC$ 曲线不从原点出发。这是因为,在长期,不存在固定成本,所以产量为零时,长期总成本也为零。第二,$STC$ 曲线和 $LTC$ 曲线的形状的决定因素是不同的。$STC$ 曲线的形状是由于可变投入要素的边际收益率先递增后递减决定的,而在长期,由于所有的投入要素都是可变的,因此,这里对应的不是要素边际收益率问题而是要素的规模报酬问题,$LTC$ 曲线的形状是由规模报酬先递增后递减决定的。

· **长期平均成本**

长期平均成本(long-run average cost)是每单位产品的长期成本,它等于长期总成本 $LTC$ 与产量 $Q$ 之商,即:

$$LAC = \frac{LTC}{Q} \tag{5.8}$$

长期平均成本 $LAC$ 曲线见图5-3(b)。

和长期总成本曲线与短期总成本曲线关系一样,长期平均成本曲线也是短期平均成本曲线的包络线。在图5-3中,我们在被长期平均成本曲线所包络的无数条短期平均成本曲线中任选三条分别记为 $SAC_1$、$SAC_2$ 和 $SAC_3$,这三条 $SAC$ 线是和图5-2中的三条 $STC$ 曲线相对应的。因此,我们把图5-2复制在图5-3中作为(a)图。从图中可以看到,$STC$ 与 $LTC$ 的切点和 $SAC$ 与 $LAC$ 的切点在同一垂直线上,表示是在同一产量水平上的,其原因是 $AC=\dfrac{TC}{Q}$。

三条短期成本曲线分别表示不同生产规模上平均成本的变化情况,越是往右,代表生产规模越大,每条 SAC 与 LAC 不相交但相切,并且只有一个切点。

由于长期平均成本曲线和短期平均成本曲线的曲率不同,因此,这两条曲线相切,但在绝大多数的场合下,不可能在两者最低点相切。在图 5‑3(b)中, $SAC_3$ 和 LAC 这两条曲线在点 E 相切,点 E 既是 $SAC_3$ 的最低点,也是 LAC 的最低点。我们把短期平均成本曲线的最低点称为最优产出率,它意味着厂商通过确定可变投入要素的

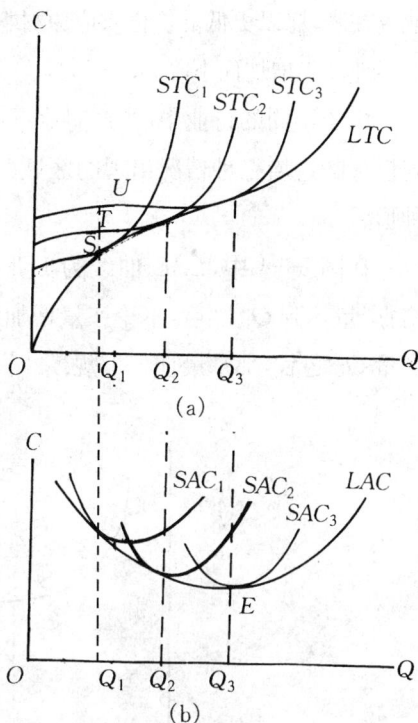

图 5‑3 短期平均成本和长期平均成本

最佳数量来使单位产品成本降到最低,这是在生产规模既定条件下厂商所能选择的最佳点。我们把长期平均成本曲线的最低点称为最佳工厂规模,它意味着厂商通过选择最适宜的生产规模来使单位产品成本降到最低。在点 E,长期和短期的两种最佳状态重合在一起,使厂商既做到 SAC 最低,又做到 LAC 最低,这是一种理想的状态。

长期平均成本曲线与短期平均成本曲线虽然都是 U 形的,但决定因素截然不同。短期平均成本曲线的形状是由可变投入要素的边际收益率先递增后递减决定的,而长期平均成本曲线的形状是由规模报酬决定的。

这里还要指出,厂商长期平均成本会下降,除了规模报酬递增这一原因外,还有另一原因,即厂商管理者和工人在长期生产工作中通过"干中学习"不断积累了经验,提高了效率。例如,工人的操作会越来越熟练,管理人员会不断改进管理,设计人员会掌握更节省和更有效率的设计方案,原材料供应商通过长期

业务往来,愿以更低的价格供应原材料。这些情况都使得产品平均成本会随企业累计产出增加而下降。

由于不同的行业中,当产量水平提高时,规模报酬递减、规模报酬不变和规模报酬递增三种情况出现的区域并不一致,所以 LAC 曲线还可能有其他两种形状。

在图 5-4 中,LAC 曲线为 L 形的,产量达到 $Q_1$ 之前,存在规模报酬递增,产量达到 $Q_1$ 之后,不论产量增加多少,规模报酬不变,LAC 曲线成为水平,产量 $Q_1$ 之后,都是最佳工厂规模。

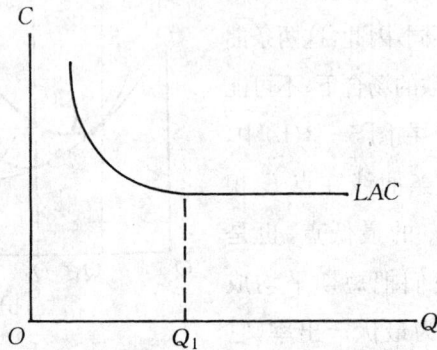

图 5-4  L 形 LAC 曲线

在图 5-5 中,LAC 曲线为锅底形的。在产量达到 $Q_1$ 之前,存在规模报酬递增,在产量 $Q_1$ 至 $Q_2$ 之间,一直是规模报酬不变,而当产量超过 $Q_2$ 后,又变为规模报酬递减,所以 LAC 曲线反翘。在 $Q_1$ 至 $Q_2$ 之间,每一产量水平都可实现最佳工厂规模。

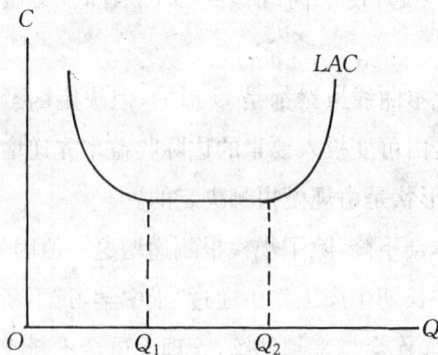

图 5-5  锅底形 LAC 曲线

当 LAC 曲线为 L 形和锅底形时,最佳工厂规模都不是单一的,而当 LAC 曲线为 U 形时,最佳工厂规模是惟一的,即只有图 5-3中的点 E 才是最佳工厂规模。由于前两者具有一系列的最佳工厂规模,因而意味着在该行业中,产量水平不同的大中小企业可以并存,大企业无法利用规模经济的优势来降低长期平均成本,从而无法达到把中小企业排挤出该行业的目的;而在 U 形的 $LAC$ 曲线中,产量水平不同生产成本也不同,只有选择最佳工厂规模才能使长期平均成本最低,所以,对于具有 U 形 $LAC$ 曲线的行业来说,竞争的最终结果必将导致垄断。

### ·长期边际成本

长期边际成本 $LMC$ 是每增加一单位产量长期总成本的增量。长期边际成本是长期总成本对产量的导数,即:

$$LMC = \lim_{\Delta Q \to 0} \frac{\Delta LTC}{\Delta Q} \quad (5.9)$$

$$= \frac{\mathrm{d}LTC}{\mathrm{d}Q}$$

$LMC$ 曲线可参看图 5-6,它从 $LTC$ 曲线中推出:因为长期边际成本 $LMC$ 是 $LTC$ 曲线上同一产量时的斜率,$LMC$ 曲线也是 U 形的。

$LMC$ 曲线与 $LAC$ 曲线的关系和 $SMC$ 曲线与 $SAC$ 曲线的关系一样,两者相交于 $LAC$ 曲线的最低点即点 $E$。在点 $E$ 点的左侧,是规模报酬递增的区域,在此区域中,每增加一单位产量所导致的长期总成本的增量(即 $LMC$)小于每单位产品的长期成本(即 $LAC$),因此 $LMC$ 曲线位于 $LAC$ 曲线的下方;而在点 $E$ 右侧,是规模报酬递减的区域,在此区域中,每增加一单位产量所导致的长期总成本的增量大于每单位产品的长期成本,因此 $LMC$ 曲线位于 $LAC$ 曲线的上方。在

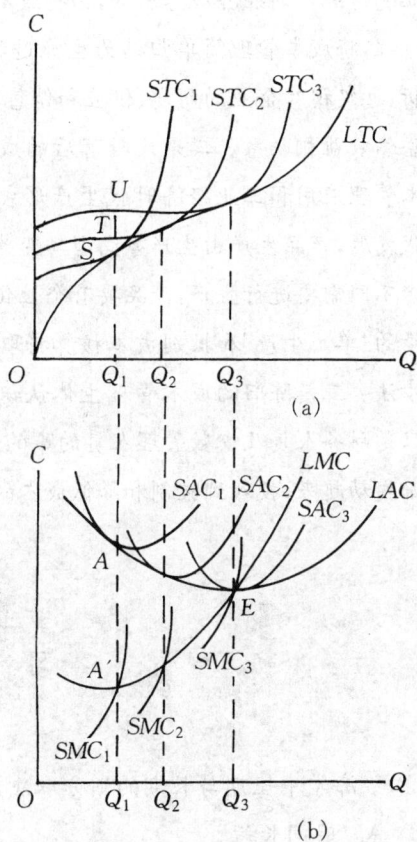

图 5-6　长期总成本、平均成本和边际成本曲线

5

观经济学简明教程

$E$ 点，$LAC$、$LMC$、$SAC_2$ 和 $SMC_2$ 四条曲线汇于一处。

---

栏 联系中国经济的一点思考（五）

## 我国企业产品成本管理有待进一步改进

改革开放以来，我国许多企业在提高效率、降低成本方面取得了长足进步。但随着国内外市场竞争进一步激烈，我国企业产品的成本管理从现代市场经济角度看，还有待改进。一是比较陈旧的成本管理观念和内容需要转变。一些企业受传统计划经济观念影响，仍将成本管理范围限于企业内部甚至只包括生产过程，将成本管理简单归结为生产过程中的节约，而忽略企业外部价值链的分析，也忽视对企业的研发、供应和销售环节的成本管理，不能把产品成本与企业整体效益相联系。二是比较落后的成本管理方法和手段需要更新。传统的成本管理采用和工业经济时代生产形式相适应的传统会计成本分类法。随着时代发展，产品生产由生产导向型转变为市场和消费者导向型。厂商要根据消费者不同需要进行生产，产品要有个性化，故产品成本分配也要作相应改变，小批量的"单元生产"和批别成本核算将取代传统会计中的成本分配的分批法和分步法。三是陈旧的成本管理主体认识需要纠偏。长期以来那种以为成本管理只是财务人员及少数管理人员的事的老观念必须纠正，而把整个企业全体员工都发动起来，投入到控制和降低成本的行动中来，成为成本管理的主体。

# 习 题 五

1. 经济学中短期与长期的划分取决于（ ）。

    A. 时间长短           B. 可否调整产量

    C. 可否调整产品价格     D. 可否调整生产规模

2. 在长期，下列成本中哪一项成本是不存在的（ ）。

A. 可变成本　　B. 平均成本　　C. 机会成本　　D. 隐含成本

3. 如果企业能随时无偿解雇所雇劳动的一部分,那么企业付出的总工资和薪水必须被考虑为(　　)。

   A. 固定成本　　　　　　　　　B. 可变成本

   C. 部分固定成本和部分可变成本　D. 上述任意一种

4. 边际成本低于平均成本时,(　　)。

   A. 平均成本上升

   B. 平均可变成本可能上升也可能下降

   C. 总成本下降

   D. 平均可变成本上升

5. 长期总成本曲线是各种产量的(　　)。

   A. 最低成本点的轨迹　　　　　B. 最低平均成本点的轨迹

   C. 最低边际成本点的轨迹　　　D. 平均成本变动的轨迹

6. 在从原点出发的直线(射线)与 $TC$ 曲线的切点连线上,$AC$(　　)。

   A. 是最小的　　　　　　　　　B. 等于 $MC$

   C. 等于 $AVC+AFC$　　　　　D. 上述都正确

7. 要素报酬递减规律与短期边际成本曲线的形状有什么样的联系? 如果投入的可变要素的边际产量开始时上升然后下降,那么短期边际成本曲线和短期平均成本曲线的形状是怎样的? 如果边际产量一开始就下降,那么这些成本曲线的形状又是怎样的?

8. 为什么短期平均成本曲线和长期平均成本曲线都可假定是 U 形? 为什么由无数短期平均成本曲线推导出来的长期平均成本曲线必有一点也仅有一点才和短期平均成本相等?

9. 说明为什么在产量增加时,平均成本 $AC$ 与平均可变成本 $AVC$ 越来越接近?

10. 在本章图 5-6 中,为什么 $S$、$A$ 和 $A'$ 点都在同一垂直线上?

11. 假定某企业将生产一件售价为 10 美元的产品,生产该产品的固定成本为 5000 美元,该产品每件可变成本为 5 美元。试问该产品生产多少时正好无盈亏?

12. 对于生产函数 $Q=\dfrac{10KL}{K+L}$,在短期中令 $P_L=1,P_K=4,K=4$。请:

(1) 推导出短期总成本、平均成本、平均可变成本及边际成本函数；

(2) 证明当短期平均成本最小时，短期平均成本和边际成本相等。

13. 对下表填空：

（单位：美元）

| Q | TC | FC | VC | AFC | AVC | AC | MC |
|---|----|----|----|-----|-----|----|----|
| 0 | 50 | | | | | | |
| 1 | 70 | | | | | | |
| 2 | 100 | | | | | | |
| 3 | 120 | | | | | | |
| 4 | 135 | | | | | | |
| 5 | 150 | | | | | | |
| 6 | 160 | | | | | | |
| 7 | 165 | | | | | | |

14. 假设某产品生产的边际成本函数是 $MC=3Q^2-8Q+100$，若生产 5 单位产品时总成本是 595，求总成本函数、平均成本函数、可变成本函数、平均可变成本函数。

15. 已知某厂商长期生产函数为 $Q=1.2A^{0.5}B^{0.5}$，$Q$ 为每期产量，$A$、$B$ 为每期投入要素，要素价格 $P_A=1$ 美元，$P_B=9$ 美元。试求该厂商的长期总成本函数、平均成本函数和边际成本函数。

# 第六章　完全竞争和完全垄断市场中
## 价格和产量的决定

前面几章讨论了消费者行为和生产者行为,即分析了消费者如何根据自己偏好和各种消费品价格花费既定的收入买进各种消费品以取得最大的满足;生产者如何根据一定的技术和既定的生产要素的价格,用一定的成本来求取各种生产要素的最佳组合,使生产达到最佳效益(或是在既定成本下取得最大产出量,或产出一定时产品所费的成本最小)。但是成本函数只是表明了厂商为可能生产的各种产量所支付的最低成本,并不能说明厂商将要确定什么样的产量水平。这是因为,厂商实现利润最大化的产量选择,不仅取决于它的成本条件,还取决于它的收益状况,或者说取决于它所面临的市场需求状况。而厂商所面临的市场需求曲线依不同的市场类型而存在着一定的差别,同样,厂商的供给曲线不仅取决于生产函数和成本函数,也与厂商所处的市场环境相关。因此,市场条件不同,供需曲线也不同,从而均衡条件不同。本章和下一章,就是要具体分析在不同的市场条件下使厂商实现最大利润的均衡产量和均衡价格是如何决定的。厂商在各种市场结构中如何决定产品价格和产量的理论称为厂商理论或市场理论。

## 第一节　有关厂商行为的几个概念

### · 市场及其类型

市场(market),一般指货物或劳务买卖的场所,买卖双方在市场上决定商品交换的价格。每一种商品有一个市场,商品在同一市场上通常只有一个价格。一个市场不一定是,甚至通常不是一个单一的地点,而是一个区域。它可能有固定场所,也可能通过电话、电传买卖成交。例如,黄金、宝石及政府担保的金边证券具有世界范围的市场,而一些价值低、重量大的商品如砂、石、砖等,其市场往往缩小到地区或地方范围。

市场可以按不同方法进行分类,西方经济学家通常按照竞争程度这一标准,从厂商数目、产品差别程度、厂商对产量和价格的控制程度及厂商进入市场的难易程度这些特点,将市场和市场中的厂商分为四类:完全竞争,完全垄断,垄断竞争和寡头垄断。这四种类型的市场和厂商的特点可列表如表 6-1 所示。

表 6-1  四种市场和厂商的基本特征比较

| 市场结构类型 | 厂商数目 | 产品差别程度 | 个别厂商控制价格程度 | 厂商进入产业难易 | 现实中接近的行业 |
|---|---|---|---|---|---|
| 完全竞争 | 很多 | 无差别 | 没有 | 完全自由 | 农业 |
| 垄断竞争 | 很多 | 有些差别 | 有一些 | 比较自由 | 零售业 |
| 寡头垄断 | 几个 | 有或没有差别 | 相当有 | 有限 | 汽车制造业 |
| 完全垄断 | 一个 | 惟一产品无替代品 | 很大,但常受政府管制 | 不能 | 公用事业 |

· 厂商与行业

**厂商是指根据一定目标(一般是追求利润极大化)为市场提供商品和劳务的独立经营单位**,不管它采取独资经营、合伙经营,还是股份公司的形式,也不管它的经营范围或业务内容是从事生产制造或提供服务,还是从事商品与劳务的推销。

**行业或产业**(industry)**是指制造或提供同一或类似产品或服务的厂商的集合**,如纺织业、机器制造业、食品加工业等,而纺织业又可分为棉织业、针织业、丝织业等。

厂商与行业是成员与集体的关系,在经济分析中必须区分厂商与行业。例如分析需求曲线,就要弄清楚它是厂商需求曲线还是行业需求曲线,因为两者并不总是相同,"行业"(或产业)这个概念有时也常常和"部门"一词的含义基本相同。

行业与市场这两个概念也要弄清楚。行业是生产或供给方面的概念,而市场则包括供求双方的关系。

· **厂商收益**

为了说明厂商在各种市场中如何决定产量和价格,需要首先介绍厂商收益及利润概念,以及实现利润极大化的条件。

**厂商收益是指厂商销售其产品所取得的货币收入。**有三个基本的收益概念应加以区分。

**总收益**(total revenue,以 $TR$ 表示),指厂商出售一定数量产品后所得到的全部收入,它等于产品单价($P$)乘以销售数量($Q$),可用公式表示为:

$$TR = P \cdot Q \tag{6.1}$$

**平均收益**(average revenue,以 $AR$ 表示),指厂商销售每单位产品所得到的平均收入,它等于总收益除以总销量,也就是单位产品的市场价格。平均收益可用公式表示为:

$$AR = TR/Q = P \cdot Q/Q = P \tag{6.2}$$

$AR = P$ 在任何市场条件下均成立。

**边际收益**(marginal revenue,以 $MR$ 表示),指每增加或减少一单位产品的销售所引起的总收益的变动量。可用公式表示为:

$$MR = \Delta TR/\Delta Q, 或 MR = dTR/dQ \tag{6.3}$$

既然厂商收益是厂商销售产品取得的货币收入,则不管产品价格在销售中是否因销售量(即产量)变动而变动,厂商收益总和销售量(产量)有关,这种关系可称收益函数。与三个收益概念相对应,有三个收益函数:总收益函数、平均收益函数和边际收益函数。

现举例说明这三个收益概念及其相互关系。

假定总收益函数为:$TR = f(Q) = 7Q + 8Q^2 - Q^3$,计算 $Q = 5$ 时,$TR$、$AR$ 与 $MR$ 之值的方法如下:

$$Q = 5 时, TR = 7 \times 5 + 8 \times 5^2 - 5^3 = 110$$

$$AR = TR/Q = 7 + 8Q - Q^2 (平均收益函数)$$

$$当 Q = 5 \text{ 时}, AR = 7 + 8 \times 5 - 5^2 = 22$$

$$MR = dTR/dQ = 7 + 16Q - 3Q^2 \text{（边际收益函数）}$$

$$当 Q = 5 \text{ 时}, MR = 7 + 16 \times 5 - 3 \times 5^2 = 12$$

**·利润及其极大**

利润是总收益与总成本的差额，当总收益超过总成本时，此超过额为厂商的利润；当总成本超过总收益时，此超过额为厂商的亏损。总收益超过总成本最大时，利润最大；总成本超过总收益最小时，亏损最小。设利润为 $\pi$，则有：

$$\pi = TR - TC \tag{6.4}$$

要注意，这里所说的利润是指经济利润或者说超额利润。在此，有三个利润概念要区分。一是**会计利润**，它是**指销售总收益（$TR$）与会计成本的差额**。二是**经济利润**，它是**指销售总收益与企业经营的机会成本或经济成本的差额**。经济成本不仅包含显性成本，还包括隐含成本。由于人们在经济活动中，不但隐含成本要合于机会成本原则，显性成本也要合于机会成本原则，因此，通常把会计成本加隐含成本就当成经济成本。但我们还是应记住，经济成本是企业经营中所使用的各种要素（不管是否自有）的机会成本的总和。三是**正常利润**，它是**指经济成本超过会计成本的部分**，亦即**厂商投入经营活动的各项资源的机会成本超过会计成本的部分之总额**。举个例说，假定某企业从一项经营活动获得销售总收益是 10 万元，会计成本是 6 万元，则会计利润就是 4 万元；如果厂商的机会成本是 9 万元，则经济利润就是 1 万元，而正常利润则是 3 万元。可见，正常利润实际上是包含在经济成本 9 万元中的，从长期来看，它是使厂商留在该市场（行业）中经营的必要条件。也就是说，厂商收益不仅要能补偿会计意义上的费用，而且要能补偿所用各项资源的机会成本，否则就是亏损。如果厂商收益正好等于经济成本，则经济利润为零。经济利润为零，不等于没有正常利润。上面说利润是总收益与总成本的差额，此总成本是指经济成本总和，利润乃指经济利润。

厂商从事经济活动的目的，在于求得经济利润极大，因此，厂商在决定产量时，一方面要考虑增加产量能增加多少收益，即边际收益（$MR$），另一方面要考虑增加产量会增加多少成本,即边际成本($MC$)。如果增加一单位产品增加的收益为 10 美元,而增加的成本为 8 美元,则增加这一单位产品的生产和销售能给该厂商带来 2 美元的利润。相反,如果他减少这一单位产品的生产,就要减少 2 美元的利润。一般来说,只要边际收益大于边际成本,厂商就会增加生产;如果边际成本大于边际收益,厂商就会缩减生产,直到边际收益和边际成本相等时为止。此时厂商的利润达到最大,或者亏损达到最小,于是,厂商的产量就确定在 $MR=MC$ 的产量点上,不再有变化的趋势,即达到一种均衡状态。因此 $MR=MC$ 可定义为利润极大化的必要条件,它适用于任何类型的厂商行为。在任何市场结构中求厂商获得利润最大时的均衡产量和均衡价格,就是求 $MR$ 与 $MC$ 相等时的产量和价格。

对 $MR=MC$ 定理可用微分法证明如下:

$$\pi = TR(Q) - TC(Q)$$

$$\frac{\mathrm{d}\pi}{\mathrm{d}Q} = \frac{\mathrm{d}TR}{\mathrm{d}Q} - \frac{\mathrm{d}TC}{\mathrm{d}Q} = MR - MC$$

利润极大化的一阶条件即必要条件为 $\frac{\mathrm{d}\pi}{\mathrm{d}Q}=0$,因此有

$$MR = MC \tag{6.5}$$

利润极大的二阶条件即充分条件为 $\mathrm{d}^2\pi/\mathrm{d}Q^2<0$,即 $\dfrac{\mathrm{d}^2\pi}{\mathrm{d}Q^2}=\dfrac{\mathrm{d}^2 TR}{\mathrm{d}Q^2}-\dfrac{\mathrm{d}^2 TC}{\mathrm{d}Q^2}$

$=\dfrac{\mathrm{d}MR}{\mathrm{d}Q}-\dfrac{\mathrm{d}MC}{\mathrm{d}Q}<0$,也就是边际收益的增加速度要小于边际成本的增加速度。

在完全竞争市场上,对单个厂商而言,价格 $P$ 是既定的常数,因而厂商的 $MR$ 也为常数,即 $MR=\dfrac{\mathrm{d}TR}{\mathrm{d}Q}=\dfrac{\mathrm{d}P\cdot Q}{\mathrm{d}Q}=\dfrac{P\cdot \mathrm{d}Q}{\mathrm{d}Q}=P$。所以有:$\dfrac{\mathrm{d}MR}{\mathrm{d}Q}=0$。因此,在完全竞争市场上,$\dfrac{\mathrm{d}MR}{\mathrm{d}Q}<\dfrac{\mathrm{d}MC}{\mathrm{d}Q}$,就是 $\dfrac{\mathrm{d}MC}{\mathrm{d}Q}>0$。$MC$ 的一阶导数大于零,说明利润极大的均衡点必须落在 $MC$ 曲线的斜率为正即 $MC$ 曲线上升的阶段。

在不完全竞争的市场上,$MR$ 为变量,利润极大化的两个条件说明的是,均衡点必须落在 $MC$ 曲线的斜率大于 $MR$ 曲线的斜率这个区间。

## 第二节 完全竞争市场中价格和产量的决定

**·完全竞争市场的特点**

本章所要讨论的是完全竞争市场条件下的价格和产量的决定,因此,首先需要对完全竞争市场的基本特征提供一个概要的叙述。**完全竞争市场是指不包含有任何垄断因素且不受任何阻碍和干扰的市场结构**。它需要有以下四个特征,缺少其中任何一个,就是不完全竞争市场。

1. 该产品在市场上有大量的卖主和买主,从而单个厂商的价格既定。由于市场上有大量互相独立的买者和卖者,他们购买和出售的产量只占市场总额中极小的一部分,因而任何一个厂商或家庭只能按照既定的市场均衡价格销售和购买他们愿意买卖的任何数量而不致对价格产生明显的影响。市场价格只能由全体买者的需求总量和全体卖者的供给总量共同决定,每一个厂商只是市场价格的接受者,而不是价格的制定者。

2. 产品同质。所有厂商提供标准化产品,它们不仅在原料、加工、包装、服务等方面一样,完全可以互相替代,而且对买者来说,根本不在乎是哪家厂商的产品。如果一个厂商稍微提高其产品价格,所有的顾客将会转而购买其他厂商的产品。

3. 投入要素可以自由流动。完全竞争的市场要求所有的资源都能在行业之间自由流动,该行业的工厂规模和厂商数目在长期内可以任意变动,不存在任何法律的、社会的或资金的障碍,以阻止厂商进入或退出该行业。

4. 信息充分。所有买卖者都具有充分的知识,完全掌握现在和将来的价格信息,因而不会有任何人以高于市场的价格进行购买,以低于市场的价格进行销售。

显然,完全竞争市场是一种理论上的理想市场,实际生活中并不存在。只有农产品市场近似地符合前面三个条件。例如,农民生产的小麦、玉米,无甚差别,各人的产量只占总销售量中极少一部分,故不能操纵价格。生产小麦亏本时,容易改种其他作物。农产品市场常被当作完全竞争的实例。但即使在上述条件中的一个或多个未被满足的情况下,经济学家也常常在许多场合利用完全竞争模型。这是因为,任何一般理论模型的用处,并不取决于其假定的准确性,而取决于其预测能力。过去二三十年所积累的大量经验已经证明完全竞争模型在说明和观测现实的经济行为方面是很有用的,它有助于对资源配置的效率作出比较准确的判断。尽管完全竞争模型所假定的条件非常严格,但从这一模型出发,我们可以对原来的假定不断作出修改补充,使之更接近于现实,从而对更复杂的市场结构中产品价格和产量的决定作出更具体的描述。因此,完全竞争的市场理论必须首先加以研究。

**·完全竞争市场的需求曲线和收益曲线**

厂商的需求曲线是指单个厂商所面临的消费者对其产品的需求曲线,它与整个行业所面临的需求曲线是不同的。

根据前面对完全竞争市场的假定,单个厂商都是市场价格的接受者,他改变销售量不会引起市场价格的变动,也就是说,他在既定的市场价格下可以出售任何数量的产品,他既没有必要降价,也不能提价,因为产品完全同质。如果他想把自己的销售价格抬至比市场价格略高一点儿,他的销售量便降为零。所以单个厂商面对的是一条具有完全价格弹性的水平需求曲线。在图6-1(b)中,当既定的市场价格为12时,产销量从0到10甚至更多都可以卖掉。故厂商的需求曲线(价格线)与横轴平行,其需求的价格弹性为无穷大,且这条线既是需求曲线,又是平均收益曲线和边际收益曲线,三条线重合在一起。

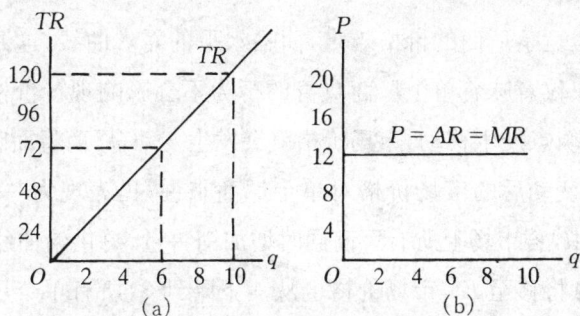

图6-1　某完全竞争厂商的收益曲线

前面我们说过,$AR=P$ 在任何市场条件下均成立,但是 $MR=P=AR$ 只有在完全竞争的市场中才能成立。因为,只有在完全竞争市场上,厂商才是价格的接受者,其产品的价格才是常数,因此厂商每销售一单位产品所获得的边际收益才等于价格。

由于完全竞争厂商面临的是由市场供求情况决定的均衡价格,厂商的总收益曲线才为从原点出发的一条向右上方倾斜的直线。如图 6-1(a)所示,$TR=P \cdot Q$,$P$ 为 $TR$ 曲线的不变斜率。

与完全竞争厂商不同,完全竞争行业的需求曲线为一条自左向右下方倾斜的曲线,它为该行业所有厂商的需求曲线之和。如图 6-2(a)所示。

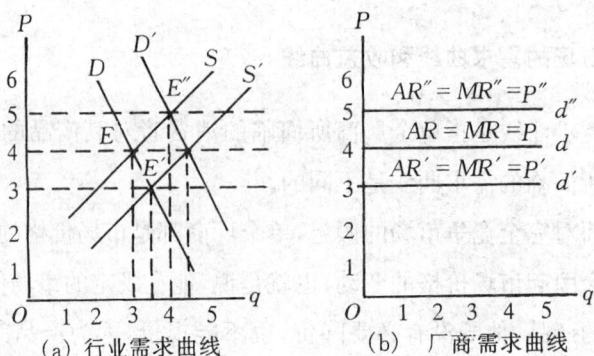

(a) 行业需求曲线  (b) 厂商需求曲线

图 6-2  完全竞争市场的行业需求曲线和厂商需求曲线

厂商面临的市场价格是如何决定和变动的呢? 是由整个行业的均衡决定的。在图6-2(a)中,$S$ 与 $D$ 相交于 $E$,决定了市场均衡价格为 4。图(b)中的 $d$ 线为厂商的需求曲线,它是一条高度为 4 的水平线。这个高度是由行业即市场的均衡决定的。

但是,完全竞争厂商的价格既定,面临水平的需求曲线,这并不意味着价格不改变,它仅仅意味着单个厂商自身的行为不会影响现行价格。如果完全竞争行业的均衡点发生移动,市场价格就会发生变动,厂商将面临新的需求曲线。但每一次变动后的市场价格对单个厂商来说,仍表现为一种既定价格。在图 6-2(a)中,若市场上所有厂商同时增加销售量,总供给曲线将从 $S$ 移至 $S'$,市场均衡点将移至 $E'$,市场价格也从 4 下降到 3,所有单个厂商将面临一条新的水平需求曲线:$d'(P=3)$。同样,如果完全竞争市场上所有买者增加购买量,则会使需求曲线 $D$ 移至 $D'$,这样,均衡价格也会变动,例如上升到5。这时所有厂商又将有一条新的需求曲线:$d''(P=5)$。

### ·完全竞争市场的瞬时均衡

瞬时,又称交易期或市场时期,它指时间极短,短到每个厂商和全行业都无法调整自己的产销量,因而厂商和行业的供给量是固定的。供给曲线是一条垂直于横轴的直线。例如,已经收获后的农产品数量在新的季节到来之前,是固定不变的;商店里某种商品的现货也是既定的,要从生产厂家得到更多的该产品,则需要一段时间。如图 6-3 所示,供给曲线和需求曲线共同决定的市场均衡,在这种情况下,实际上是由需求曲线单独决定均衡价格,供给曲线单独决定均衡数量。当市场需求曲线为 $D_1$ 时,市场价格为 $P_1$,相应地,厂商需求曲线为 $d_1$;当 $D_1$ 移至 $D_2$,市场价格则上升为 $P_2$,相应地,厂商的需求曲线也随之移动到 $d_2$。而市场的均衡产量 $Q$ 以及厂商的均衡产量 $q$ 都始终不变。

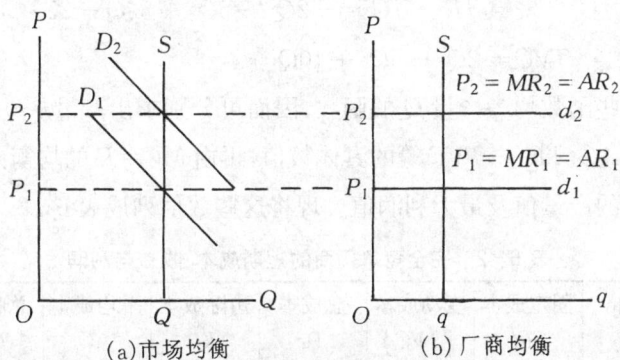

图 6-3 完全竞争市场的瞬时均衡

在交易期内,价格作为配给手段的作用特别明显,这是价格的主要功能。当市场均衡价格达到时,现有的供给得到了合理的分配,既不需要政府的干预,也不会发生消费者之间的争斗。那些能够并愿意支付均衡价格的消费者得到了商品,此价格则保证恰好有如此足够数量的消费者能把现有的供给量全部买尽。

### ·厂商短期均衡

我们已经介绍过,短期是指厂商只来得及变动可变成本,但来不及调整固定成本的时期。短期内,厂商可随需求情况的变化,在一定范围内调整可变投入和产销量,以求利润最大或亏损最小。当利润极大时,厂商将不再调整其产销量,从而达到极大化经济分析所说的均衡状况;当每个厂商都达到均衡时,整个行业也达到均衡状态。

完全竞争条件下,厂商短期均衡即取得最大利润或最小亏损的必要条件仍然是 $MC = MR = P$。前面我们已经对 $MR = MC$ 定理进行了数学论证,以下我们将用图形和表格进一步说明该定理。

假设某厂商的成本函数和价格分别为:

$$TC = 2Q^3 - 5Q^2 + 10Q + 25, P = 66$$

据此,我们可求得下列函数:

$$MC = dTC/dQ = 6Q^2 - 10Q + 10$$

$$AC = TC/Q = 2Q^2 - 5Q + 10 + 25/Q$$

$$TR = P \cdot Q = 66Q$$

$$\pi = TR - TC = -2Q^3 + 5Q^2 + 56Q - 25$$

$$TVC = 2Q^3 - 5Q^2 + 10Q$$

以上这些函数均为产量 $Q$ 的函数,因而可分别求出产量从 0 增加到 6 时的 $TC$、$MC$、$AC$、$TR$、$\pi$、$TVC$ 等的具体数值,再由 $MC = P$ 的均衡条件,可求得利润最大时的产量值及最大利润值。现将这些数值列成表 6-2。

表 6-2 完全竞争厂商的短期成本、收益与利润

| 产量 $Q$ | 价格 $P$ | 固定成本 $TFC$ | 变动成本 $TVC$ | 总成本 $TC$ | 边际成本 $MC^*$ | 平均成本 $AC$ | 总收益 $TR$ | 利润 $\pi$ |
|---|---|---|---|---|---|---|---|---|
| 0 | 66 | 25 | 0 | 25 | — | — | 0 | -25 |
| 1 | 66 | 25 | 7 | 32 | 6 | 32 | 66 | 34 |
| 2 | 66 | 25 | 16 | 41 | 14 | 20.5 | 132 | 91 |
| 3 | 66 | 25 | 39 | 64 | 34 | 21 | 198 | 134 |
| 4 | 66 | 25 | 88 | 113 | 66 | 28.25 | 264 | 151 |
| 5 | 66 | 25 | 175 | 200 | 110 | 40 | 330 | 130 |
| 6 | 66 | 25 | 312 | 337 | 166 | 56 | 396 | 59 |

*边际成本数字是按边际成本函数计算出来的。

根据表 6-2,我们可以画出 $TC$ 与 $TR$,$MC$ 与 $AC$ 以及利润 $\pi$ 曲线,如图 6-4 所示。通过总收益与总成本分析,边际收益与边际成本分析,可以说明短期利润最大化的决定。

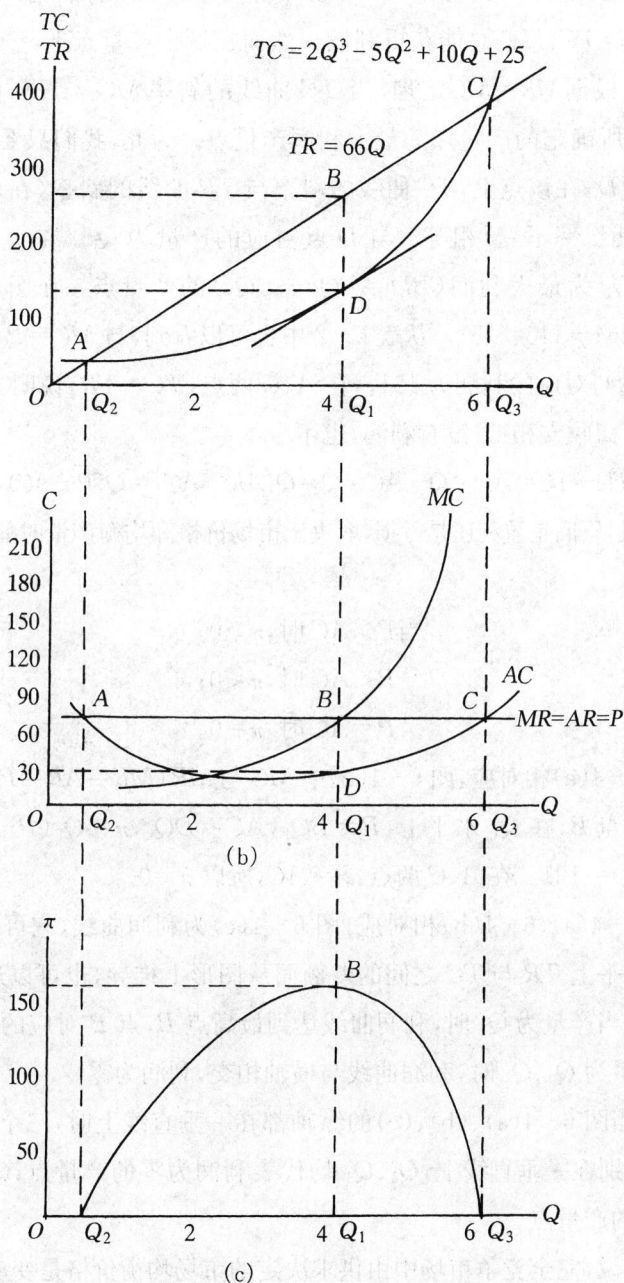

$TC = 2Q^3 - 5Q^2 + 10Q + 25$

$TR = 66Q$

(b)

(c)

图6-4 完全竞争厂商短期均衡产量的决定

在图 6-4(a)中,$TR$ 曲线与 $TC$ 曲线相交于 $A$、$C$ 两点,当产量在 $Q_2$、$Q_3$ 之间时,$TR > TC$,厂商总能获得利润。然而在哪个产量点上,厂商获得的利润最大呢? 根据 $MR = MC$ 定理,当 $TC$ 曲线的斜率 $MC$ 与 $TR$ 曲线的斜率 $MR$ 相等时所确定的产量点为最大利润产量点。为此,我们只要在 $TC$ 曲线上找到一点 $D$,在该点上,$TC$ 曲线的斜率与 $TR$ 曲线的斜率(在此,$TR$ 曲线是直线,故其斜率不变)相等。与 $D$ 点对应的产量为 $Q_1$。在 $Q_1$ 产量点上,$MC = MR$,$Q_1$ 为最大利润($BD = BQ_1 - DQ_1$)的产量点。在图 6-4(a)上,$Q_1 = 4$,$\pi = 264 - 113 = 151$。从表 6-2 中也可以看到,与 $MC = P = 66$ 对应的产量单位为 4,对应的利润为 151。在 $A$、$C$ 两点,$TC = TR$,说明当产量为 $Q_2$ 和 $Q_3$ 时,厂商收支相抵,没有利润,也不亏本。

由 $\pi = TR - TC = AR \cdot Q - AC \cdot Q = Q(AR - AC) = Q(P - AC)$,当 $\pi = 0$ 时,$P = AC$,可见,厂商是盈利还是亏损,取决于市场价格和均衡产量时的平均成本的对比:

$$当 P > AC 时,\pi > 0;$$
$$P < AC 时,\pi < 0;$$
$$P = AC 时,\pi = 0。$$

与图 6-4(a)相对应,图 6-4(b)中 $MC$ 与 $MR$($MR = AR = P$)在 $Q_1$ 产量点上相交于点 $B$,在 $Q_1$ 水平上,$P = BQ_1$,$AC = DQ_1$,$\pi = Q_1(P - AC) = 4 \times (66 - 28.25) = 151$。在 $A$、$C$ 两点,$P = AC$,所以 $\pi = 0$。

与图 6-4(a)、6-4(b)相对应,图 6-4(c)为利润曲线,它可以通过画出每一产量水平上 $TR$ 与 $TC$ 之间的差额而从图形上推导,也可以通过表 6-2 描点作出。当产量为 $Q_1$ 时,利润曲线达到最高点 $B$,点 $B$ 对应的最大利润为 151。当产量为 $Q_2$、$Q_3$ 时,利润曲线与横轴相交,利润为零。

注意:当图 6-4(a)、(b)、(c)的纵轴都在一垂直线上时,三个图中的 $Q_1$、$Q_2$、$Q_3$ 也分别在一垂直线上,$Q_2$、$Q_3$ 均代表利润为零的产量点,$Q_1$ 代表利润最大(151)的产量点。

一般来说,完全竞争市场中由供求决定的市场均衡价格是变动的,而厂商在短期内随价格变动而调整平均成本是困难的,因此,$P$ 与 $AC$ 常常不相等,也就是说,完全竞争厂商在短期内既可能有盈余,也可能出现亏损。那么厂商如何根据盈亏分析来安排自己的生产,以使利润最大或亏损最小呢? 我们可以用图 6-5 来描述几种情况。

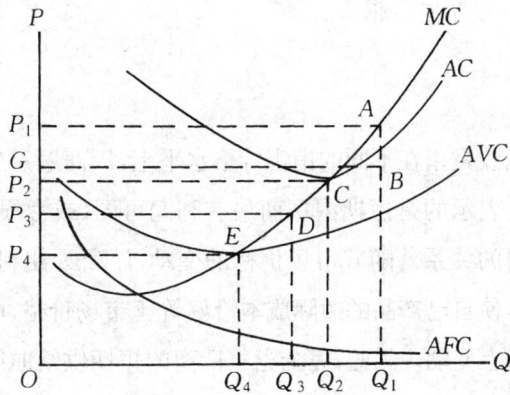

**图 6-5　完全竞争厂商的盈亏**

图 6-5 表示,当市场价格为 $P_1$ 时,$MR$ 与 $MC$ 交于 $A(P_1=MR)$,这时 $P_1>AC$,厂商可获得超额利润,$\pi=Q_1(P_1-AC)=OQ_1 \cdot AB$,即矩形 $ABGP_1$ 的面积。所以厂商将按 $MR=MC$ 所确定的产量点 $Q_1$ 进行生产,以获得最大利润。

当市场价格为 $P_2$ 时,$MR$ 与 $MC$ 交于 $AC$ 的最低点 $C$,在点 $C$,$P_2=AC$,$\pi=0$,厂商收支相抵,既无盈余也无亏损。$AC$ 的最低点 $C$ 称为利润零点、短期收支相抵点或扯平点。此时,厂商按 $MR=MC$ 所确定的产量 $Q_2$ 进行生产,在其他产量点上,厂商都将出现亏损。

当价格为 $P_3$ 时,$MR$ 与 $MC$ 交于点 $D$,这时 $AC>P_3>AVC$,厂商亏损,但厂商仍可生产。因为价格大于平均可变成本,说明厂商在补偿全部的可变成本外,尚可收回部分固定成本,使亏损总额减少一些。因此,厂商按 $MR=MC$ 的原则,决定产量 $Q_3$,其亏损最小。

当市场价格为 $P_4$ 时,$MR$ 与 $MC$ 交于 $AVC$ 的最低点 $E$,这时 $AC>P_4=AVC$,厂商亏损全部固定成本,生产只能补偿可变成本。厂商停止生产也只亏损全部固定成本。因而平均可变成本曲线的最低点 $E$ 称为短期停止营业点。当市场价格等于或低于 $P_4$ 时,厂商不再生产。

可见,即使在价格下降出现亏损时,厂商仍应遵循 $MR=MC$ 的原则进行生产,这样厂商的亏损才能最小。

这里要注意,以上所说理论,是假定产品全都卖掉的,如卖不掉,则不管产品价格为多高,都会亏损,不仅固定成本收不回,变动成本也收不回。在这种情况下,生产越多,亏损也会越多。

### ·短期供给曲线

厂商的供给曲线是指在不同的销售价格水平上,厂商愿意生产和销售的产量变动的曲线。它表示的是短期内厂商最有利润可图(或亏损最小)的产量水平与产品价格之间的关系。随着市场价格的变动,厂商为使利润最大,必将遵循 $MR=MC$ 定理,使自己产品的边际成本恰好等于市场价格,即均衡的产量点总在边际成本曲线上变动。因此,完全竞争厂商的短期供给曲线即为该厂商边际成本曲线停止营业点以上($P>AVC$)的那部分线段。如图 6-5 中,当价格为 $P_1$ 时,厂商把产量定在 $Q_1$ 水平上,当价格为 $P_2$ 时,厂商把产量定在 $Q_2$ 水平上,其他价格水平上依此类推,所有的均衡点均落在 $MC$ 曲线上。显然厂商的短期供给曲线就是厂商位于 $AVC$ 曲线最低点以上部分的那段 $MC$ 曲线。供给曲线上的每一点均为对应市场价格利润最大或亏损最小的产量点,即均衡产量点。

完全竞争行业的短期供给曲线为所有厂商的短期供给曲线之叠加,即由所有厂商的停止营业点以上部分的 $MC$ 线段在水平方向相加而成。它表示相对于各种价格水平来说,行业内所有厂商将提供的产量之总和。为简化起见,假设市场由两个厂商组成,则行业的供给曲线 $S=\sum MC_n=MC_1+MC_2$。如图 6-6 所示,图6-6(a)、(b)为甲乙两厂商的供给曲线,若甲厂商的供给曲线

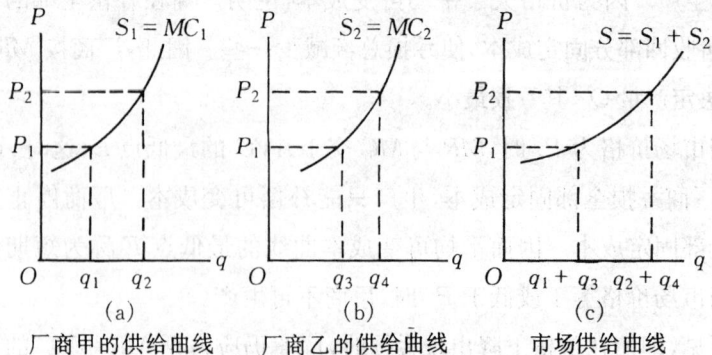

(a) 厂商甲的供给曲线  (b) 厂商乙的供给曲线  (c) 市场供给曲线

**图6-6  完全竞争厂商和行业的短期供给曲线**

方程为 $S_1=MC_1=6Q^2-10Q+10$，乙厂商的供给曲线方程为 $S_2=MC_2=15+2Q$，则行业供给曲线为 $S=S_1+S_2=MC_1+MC_2=6Q^2-8Q+25$。要注意的是，这里的 $S_1$ 与 $S_2$，都已假定是最低平均可变成本以上的厂商供给曲线。

· **长期均衡**

这里所说的长期，既指厂商可根据市场需求变化而调整生产规模的时期，还指厂商有时间进入或退出行业的时期。就是说，一个行业在长期中可通过两种方式进行调整：一是行业中厂商数量变动，二是原有厂商经营规模变动。

先看行业中厂商数量变动。假定某行业有经济利润，就会吸引新厂商进入，于是该行业供给就增加，在需求没有变化的情况下，产品价格会下跌，一直跌到利润消失时厂商停止进入。反之，若某行业产品价格使厂商经营有亏损，则厂商会退出行业，该行业供给就减少，在需求不变情况下，产品价格会上升，直到不亏损时厂商停止退出。因此，厂商进入退出的结果必然是厂商只能获得正常利润而经济利润为零，即产品价格等于平均成本。

再看厂商经营规模的变动。假如厂商扩大规模可降低成本并获得经济利润，厂商就会扩大规模。当所有厂商都这样做时，行业供给就会扩大，在市场需求不变时，产品价格会下降，直到经济利润消失时，厂商变动规模的行动才会停止。这时候，产品价格也等于长期平均成本。厂商收缩规模的情况，同样如此。

可见，在一个完全竞争市场上，长期均衡就是既无经济利润又无亏损的状态。这时，再没有厂商进入或退出该行业，再没有厂商扩大或收缩经营规模。

· **长期供给曲线**

我们已经知道，完全竞争厂商的短期供给曲线是停止营业点以上那部分边际成本曲线，而行业的短期供给曲线为厂商供给曲线之和，因而是自左向右上方倾斜的曲线。那么，长期中行业供给曲线的情况又怎样呢？或者说，整个行业的产量增加或减少时，产品价格将会怎样变动？是否一定像短期中那样整个行业产量增加时产品价格也一定相应上升？理论和实践告诉人们，在完全竞争市场中，长期行业供给曲线可能有三种形状：向上倾斜、向下倾斜以及一条水平线。这三种形状是由任一完全竞争行业中产量增加时,产品的长期平均成本究竟是上升、下降还是不变决定的。这是因为,在完全竞争行业中,各厂商的产品是完全同质的,价格是完全相同的,行业长期均衡时,产品价格都等于长期平均成本,既无经济利润,也不亏损。因此,从长期看,如果整个行业产量(是所有厂商产量之和)增加时,产品平均成本上升,则产品价格上升;平均成本下降,则产品价格下降;平均成本不变,则产品价格不变。当行业产量随需求增长时,产品平均成本会由于不同的外部经济情况和生产要素价格变动的不同情况,而呈递增、递减和不变三种情况,因而供给曲线也出现三种不同情况。

1. 成本递增行业的长期供给曲线。

如果投入于某一行业的生产要素的需求量在整个社会对这种要素的需求量中占很大比重,或者这种投入的要素是专用性的,即只有这种要素才可生产这种产品,没有别的要素可替代,在这些情况下,行业产量扩大,将引起所需生产要素价格的上涨,从而单位产品平均成本将提高。另外,如果行业产量扩大时,即使所需投入生产要素的价格没有什么变化,但发生了外部不经济情况,例如,运输产品的交通路线更拥挤了,引起运输成本上升,也会使产品成本和价格上升。或者即使发生了外部经济,但其影响不及要素价格上升的影响大,也会引起产品平均成本和价格上升。凡此种种,都会形成一条向右上倾斜的行业长期供给曲线。这种产品平均成本随产量增加而上升的行业称为成本递增行业(increasing-cost industry)。

2. 成本递减行业的长期供给曲线。

在现实生活中,由于存在外部经济和规模经济以及技术进步,有些行业会在增加产量时使产品平均成本下降,这种行业称为成本递减行业(decreasing-cost industry)。例如,某一行业扩大了生产规模,附近地区会建立起辅助性行业,专门供给生产工具和原材料,或作维修,还可组织联合运输,使用高效率的机械和人力等,这些都会节省该行业内各企业的生产成本,提高效率。这种情况就是外部经济。由于存在这些情况,这类行业的长期供给曲线表现为一条自左上向右下倾斜的曲线。如果外部经济效果很大,那么,即使在行业产量增加时投入要素的价格有一定程度上升,也可能出现产品的长期平均成本下降的情况,从而供给曲线仍向右下倾斜。

3. 成本不变行业的长期供给曲线。

如果行业产量扩大对生产要素需求增加并不会引起要素价格上涨,或者要素需求增加引起了要素价格上涨,正好被产量扩大时取得的规模经济和外部经济影响所抵消,则产品的平均成本从而产品价格不会随产量扩大而上升,这样的行业就称为成本不变的行业(constant-cost industry),其行业长期供给曲线呈现为一条水平线,其供给的价格弹性为无穷大。

以下举例说明成本不变、成本递增和成本递减这三种情况。

假定某完全竞争行业中市场需求函数与供给函数原来分别为:$Q_d=70000-5000P$,$Q_s=40000+2500P$,由 $Q_d=Q_s$,可求得均衡价格 $P=4$。如果这时该行业中各厂商的 $LAC$ 曲线的最低点价格也为 4,则该行业中所有厂商及行业本身在 $P=4$ 的价格水平上达到长期均衡。如果市场对该产品的需求增加,需求曲线变为:$Q_d'=100000-5000P$,由 $Q_d'=Q_s'$,可求得该行业新的均衡价格提高到 $P=8$。如果这时有新厂商加入,从而使市场供给曲线变为:$Q_s'=70000+2500P$,由 $Q_d'=Q_s'$,可求得该行业新的均衡价格仍为 $P=4$。这说明此行业属成本不变行业。若新厂商加入使供给函数变为 $Q_s''=55000+2500P$,由 $Q_d'=Q_s''$,可求得该行业新的均衡价格为 $P=6$,这说明该行业为成本递增行业。若新厂商加入使市场供给函数变为:$Q_s'''=85000+2500P$,由 $Q_d'=Q_s'''$ 可求得该行业的均衡价格为 $P=2$,说明该行业属成本递减行业。

## 第三节　完全垄断市场中价格和产量的决定

### · 垄断的特点和条件

**垄断也称卖方垄断,是市场上只存在一个厂商的一种市场结构**。垄断(monopoly)一词来自希腊文 monospolem, monos 是单个的意思,polem 是众多的意思,合起来可理解为单个生产者面对众多的消费者。从理论上讲,产品市场完全垄断具有以下特点:

1. 在一种产品市场上,该产品的全部销售量只由一家企业供给,企业就是行业。市场上没有任何可与之替代的产品存在,因而它不面临任何别的企业的竞争威胁。

2. 垄断企业是价格的制定者,它可自行决定自己的产量和销售价格,并因此使自己利润最大化。

3. 垄断企业可根据获取利润的需要在不同销售条件下实行不同的价格,即实行差别价格或者说价格歧视(price discrimination)。

在现实经济中完全垄断是很少存在的。除了文物、古董等少数产品外,大多数产品在某种程度上都可以找到替代品,因而很难在一个行业中只存在一个供给者。例如,市内只有一种报纸,我们将倾向于称报纸出版商为垄断者。但如果市内还有其他报纸,那么报纸就不是市内报刊新闻业中惟一的企业了。这样,垄断应被认为是一个相对的概念,而不是绝对的概念。

垄断者如何才能将其他企业排斥在外,以保证自己永远是行业内惟一的供给者呢? 这可以从垄断存在的三方面原因来分析。

第一,规模经济的需要。当一个行业具有规模经济时,它的平均成本会随着产量的扩大而降低。也就是说它生产得越多,它的平均成本就越低。这样,由多个企业同时生产,每个企业的平均成本就会大于所有产量由一个企业来生产的平均成本。换句话说,一个行业内,只要有一个企业能够比别的企业提供更多的产出,那么它的平均成本就会低于其他企业;这个企业就能在不断扩大生产的同时降低自己的价格,最终使其他企业在本行业内无利可图,从而该行业被这个企业所垄断。由规模经济引起的垄断,一般称为"自然垄断"。如自来水、煤气、电力供应和污水处理等行业都存在明显的规模经济性,它们的成本会随着使用人数的增加,即供应量的增加而减少。在这些行业,很容易形成自然垄断。

第二,某一企业可能控制着某些稀缺资源,如控制了某种原料的供应,或者拥有受专利保护的知识。这就使其他企业无法参与,与之竞争。

第三,垄断还可能因为拥有某种商品的专卖权而产生。如在烟、酒业的垄断。如果国家拥有专卖权,则称政府垄断,如邮政业务,铁路国有化条件下的铁路运输业务等。如果私人拥有专卖权,称私人垄断,如城市中独家经营的自来水公司等。

## ·需求曲线、边际收益、需求弹性

完全垄断行业只有一个供给者,因此完全垄断行业的需求曲线就是完全垄断企业的需求曲线。这是一条向下倾斜的曲线,垄断者可以通过降低价格来增加销售量。

### 表6-3　某厂商的价格和产量

（单位：美元）

| 价格(P) | 产量(Q) | 总收益(TR) | 边际收益(MR) | |
|---|---|---|---|---|
| | | | $MR_1$ | $MR_2$ |
| 12 | 0 | 0 | — | 12 |
| 11 | 1 | 11 | 11 | 10 |
| 10 | 2 | 20 | 9 | 8 |
| 9 | 3 | 27 | 7 | 6 |
| 8 | 4 | 32 | 5 | 4 |
| 7 | 5 | 35 | 3 | 2 |
| 6 | 6 | 36 | 1 | 0 |
| 5 | 7 | 35 | −1 | −2 |
| 4 | 8 | 32 | −3 | −4 |
| 3 | 9 | 27 | −5 | −6 |
| 2 | 10 | 20 | −7 | −8 |
| 1 | 11 | 11 | −9 | −10 |
| 0 | 12 | 0 | −11 | −24 |

注:表中的边际收益给出两种近似:$MR_1$ 是离散近似,它用 $TR_{Q+1} - TR_Q$ 之差作为产量为 $Q+1$ 时的边际收益;边际收益的连续点计算值是 $MR_2$,它是在需求函数为 $P=12-Q$ 时,根据边际收益函数 $MR=12-2Q$ 求出的。图6-7是根据 $MR_2$ 的数据画出的。

表6-3是一个假设的完全垄断企业的价格和收益表。设企业的需求曲线为 $P=12-Q$,$P$ 是价格,$Q$ 是产销量。垄断企业的价格是其产量的一个递减函数。这不同于竞争企业,垄断者每多出售一单位的产品都将导致其价格有所下降。如产量从 3 单位增加到 4 单位时,价格从 9 美元下降到了 8 美元。总收益 $TR$ 是价格与产量的乘积,从表中可以看出,它随着产量的扩大先增加,后减少,在产量为 6 单位时达到最大为 36 美元。企业的平均收益 $AR$ 即每单位产出的收益等于价格:$AR=P \cdot Q/Q=P$,也就是说,企业的需求曲线就是它的平均收益曲线。对垄断者而言,随着产出的增加,它的平均收益在递减。边际收益 $MR$ 是追加销售一单位的商品所增加的总收益。当出售 2 个单位的商品时,每个单位商品的售价是 10 美元,总收益为 20 美元;再增加一单位的商品销售,即出售 3 单位的商品时,每个单位的商品售价下降为 9 美元,

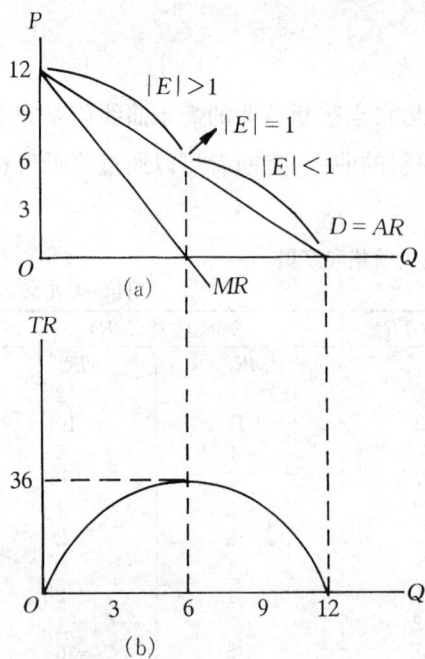

图 6-7　边际收益、总收入与需求弹性

总收益为 27 美元,边际收益(在增加第 3 单位商品出售时)为 27 - 20＝7 美元。与完全竞争企业不同,它小于单价 9 美元。这是因为,当垄断者要使产量从 2 单位增加到 3 单位时,价格水平从 10 美元下降到 9 美元;这样,虽然追加出售一单位的商品可获得 9 美元的收益,但原来 2 单位的商品都需按 9 美元出售,而不是原来的 10 美元。这就使垄断者在这 2 单位的商品上每单位损失 1 美元,其总收益的增量,或边际收益为 9－1×2＝7 美元。

在表 6－3 中,为什么产量在 6 单位时总收益为最大呢? 这是因为,总收益是产品价格与产量的乘积,在产量扩大过程中,价格在下降,因而总收益是增是减,取决于产量增加幅度(比率)是大于还是小于价格的减幅,即 $\Delta Q/Q$ 的绝对值是大于还是小于 $\Delta P/P$ 的绝对值,若 $|\Delta Q/Q| > |\Delta P/P|$,则总收益增加,否则,总收益减少。从绝对值看,若 $|\Delta Q/Q| > |\Delta P/P|$,即 $|E| = \left|\dfrac{\Delta Q}{Q} \Big/ \dfrac{\Delta P}{P}\right| > 1$。可见,$|E| > 1$ 时,销售总收益随价格下降而增加,随价格上升而减少;$|E| < 1$ 时,情况则相反;$|E| = 1$ 时,总收益与价格变动无关。这种关系可用图 6－7 表示。

价格变动时,总收益是增还是减,实际上是边际收益大于零还是小于零的问题,$|E| > 1$ 时,总收益随价格下降而增加,即边际收益大于零;$|E| < 1$ 时,总收益随价格下降而减少,即边际收益小于零。可见,边际收益和需求的价格弹性是有关系的。这种关系可以写成:

$$MR = P\left(1 + \frac{1}{E}\right) = P\left(1 - \frac{1}{|E|}\right) \tag{6.6}$$

价格、边际收益和需求弹性三者的关系,可以用几何图形方法,也可以用数学推导来证明，如何证明，留给读者自己解决。①

从总收益、边际收益、价格、产量及需求弹性这些变量的相互关系中可以看出，尽管垄断厂商可以决定价格，但并不是说它可以任意把产品价格抬高。当价格定得过高时，销售量可能会变得很小，从而使总收益很小。再说，即使垄断厂商的产品与别的厂商的产品有很大差别，如果定价过高，消费者依然会寻找替代品，这不利于垄断产品销售。还有，政府也会加强对垄断产品生产和定价的管理，这在下面还要说到。

## ·价格与产量的决定

在短期，垄断企业和完全竞争企业一样，为了谋求最大利润，必须遵循边际收益等于边际成本的原则来确定产量并在相应的需求曲线位置上确定产品的价格。

如果垄断企业的成本状况与其他企业一致，如图 6-8，随着产量的增加，它的边际成本逐渐增加，而边际收益逐渐变小，当边际成本曲线与边际收益曲线相交时，垄断企业的均衡产量就决定在 $Q_1$ 的水平。我们可以对此进行考证。在 $Q_1$ 的左侧如 $Q_2$ 的产量上，$MR > MC$，即增加单位产出的边际收益大于其边际成本，那么增加单位产量的总收益的上升幅度就大于总成本的上升幅度，企业利润就会增加，企业

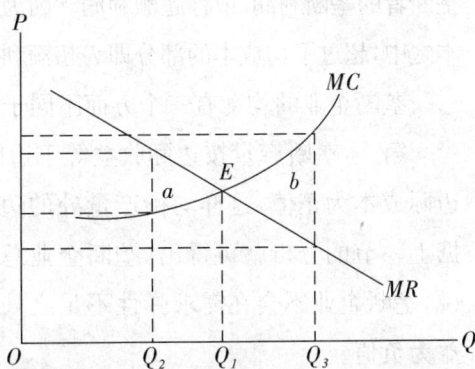

图 6-8　完全垄断厂商的 $MR$ 和 $MC$ 线

将继续扩大其产量。如果在 $Q_3$ 的产量上，$MR < MC$，即多生产一单位的产品企业利润就会下降，企业必定选择减少其产量。因此均衡产量就在 $MR = MC$ 处决定。

① 在笔者主编的《现代西方经济学习题指南》(微观经济学)(复旦大学出版社 2009 年版)第六章中也有证明。

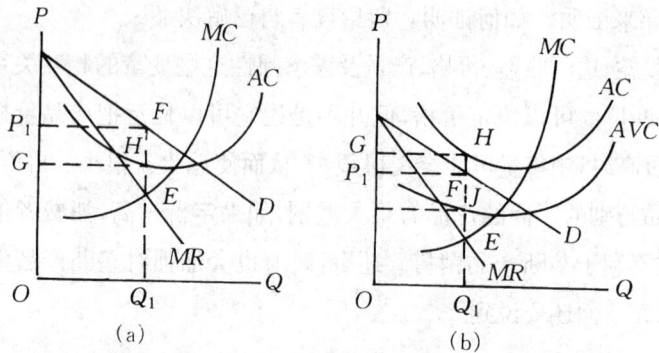

图6-9  垄断厂商短期均衡盈利和亏损的两种情况

与竞争企业不同,这里的价格水平并不是按 $MC=MR=P$ 来确定的。对于垄断企业,如图 6-9(a),它将按需求曲线上对应于产量 $Q_1$ 的价格水平 $P_1$ 来确定其销售价格。这时价格不仅超过了边际成本 $MC$,即点 $E$,而且还超过了平均成本,即点 $H$,平均成本为 $G$,价格为 $P_1$。长方形 $P_1GHF$ 即 $(P_1-AC)Q$ 就表示垄断者的垄断利润,或称超额利润。因为企业经营的正常利润已包含在平均成本之中,超过平均成本的部分即为超额利润。

垄断企业的均衡有三个方面不同于其他企业。

第一,垄断产量按边际收益等于边际成本,或称边际原则来决定。由于边际成本为正值,这样均衡产量处的边际收益也为正值,$MR=MC>0$。依据上一节的分析就可得出:垄断企业总在需求弹性大于 1 处生产。换句话说,垄断企业不会在需求弹性不足之处生产,因为需求弹性不足时,边际收益为负值。

第二,在短期,垄断企业能否盈利,取决于其销售价格与平均成本的大小。如果无利可图,垄断企业就可能停业。如图 6-9,图(a)是盈利的情况,垄断者获得超额利润;图(b)是亏损的情况,垄断价格 $P_1$ 低于其平均成本 $G$。在这种情况下,垄断企业是否还会继续生产? 这就要看价格水平是否超过它的平均可变成本 $AVC$。当然,这是一种理论上的分析。事实上,由于垄断厂商控制了市场和价格,因此,即使短期内会出现亏损,但长期内厂商总会设法把价格提高到平均可变成本之上。能获得垄断利润是一种通常情况,也是厂商之所以要维持垄断地位的基本动力。

第三,**垄断势力**(monopoly power)**可以用价格超出其边际收益(或边际成本)的大小来衡度。**它也是垄断企业对其价格的控制程度的一种指标。价格高出其边际成本越多,表明垄断势力就越大。垄断势力可用 $P-MC$ 来测量,也可用 $P/MC$ 来测量。运用(6.6)式就可推导出[①]:

$$P-MC = \frac{P}{|E|} \text{ 或者} \frac{P}{MC} = \frac{|E|}{|E|-1} \quad (6.7)$$

这样,需求弹性越大时,垄断势力就越小。对于完全竞争的企业,它是价格的接受者,它的需求弹性无限大,价格等于它的边际成本,因而市场上不存在垄断势力。反过来说,需求弹性越小的市场,垄断势力就越大。

· **价格歧视**

垄断企业是价格的制定者。在以上分析中,我们都假定垄断者对所有购买者制定一个单一价格。但在现实生活中,垄断者为获得更大利润,它会对不同的市场和不同的消费者实行价格歧视(price discrimination)或称差别定价(discrimination pricing)。**所谓价格歧视,是指垄断者在同一时间内对同一成本的产品向不同的购买者收取不同的价格,或是对不同成本的产品向不同的购买者收取相同的价格。**具体有三种表现:一是垄断者可以对市场进行分割,对不同群体的顾客收取不同的价格,如根据顾客的类别定价,对军人、妇女、儿童实行优惠等。二是对给定的消费者,依据其购买数量的多少来确定价格水平,这称为多重定价(multi-part pricing)。如根据产品销量定价,对成批购买者实行优惠。三是一种极端的例子,即垄断者对每一个消费者所购买的每一单位的产品分别定价,这称为完全差别定价。下面对前两种情况作一说明。

市场分割的价格歧视,又称为三级价格歧视(third-degree price discrimi-

--------

[①] 厂商均衡时有 $MR=MC=P\left(1-\frac{1}{|E|}\right)=P-\frac{P}{|E|}$,从中得:

$MC-P=-\frac{P}{|E|}$,即 $P-MC=\frac{P}{|E|}$

$MC=P\left(\frac{|E|-1}{|E|}\right)$,即 $\frac{P}{MC}=\frac{|E|}{|E|-1}$

nation)。它指垄断者把不同类型的购买者分割开来,形成各子市场;然后把总销量分配到各个子市场出售,根据各子市场的需求价格弹性分别制定不同的销售价格。例如,我们可以假定,垄断者可以把消费者分为两类,正如航空公司可以在一条飞机航线上,把它的乘客划分为公务乘客和旅游休假乘客,然后对这两类乘客分别制定不同的价格。要实现市场分割,需有两个条件:第一,垄断者能够把不同市场或市场的各个部分有效地分割开来。否则,不仅全部顾客会集中于低价市场进行采购,而且低价市场的顾客很可能会将低价购得的产品转向高价市场再出售。第二,各子市场或消费群体,必须具有不同的需求价格弹性。如果两个市场的需求弹性相同,价格歧视就不会存在。只有需求弹性不同时,垄断者才能在需求弹性较大的市场制定较低的价格(因为定价过高,消费者就不买了);在需求弹性较小的市场制定较高的价格(因为即使价格高些,消费者也不得不购买)。在飞机航线的例子中,对公务乘客(需求弹性不足)就可收费高一些,而对度假乘客收费可能低一些,因为对这部分需求弹性充足的乘客索取高价会使需求量较大幅度下降。

依据不同需求弹性来定价的机制,可参看下面的例子。假定两个独立的市场,其平均收益函数或需求函数分别为 $AR_1(Q_1),AR_2(Q_2)$;边际收益函数分别为 $MR_1(Q_1),MR_2(Q_2)$。$Q_1,Q_2$ 是两个市场的销售量,垄断企业的垄断产销量即为 $Q=Q_1+Q_2$,其边际成本函数为 $MC(Q)$。

在 $Q$ 的产量水平,如果两个市场的边际收益不相同的话,即 $MR_1 \neq MR_2$,那么垄断者就会把产品从边际收益较低的市场转移到边际收益较高的市场出售,以实现利润最大化,最终结果将会使两个市场的边际收益均等,即 $MR_1=MR_2$。另一方面,企业根据利润最大化原则,又要求边际成本等于边际收益。这样,对于市场分割的垄断者,它的均衡条件为:

$$MC(Q) = MR_1(Q_1) = MR_2(Q_2) \tag{6.8}$$

这里 $Q=Q_1+Q_2$。把边际收益与需求弹性之间的关系式(6.6)代入以上均衡条件,得到:

$$P_1\left(1+\frac{1}{E_1}\right) = P_2\left(1+\frac{1}{E_2}\right) \tag{6.9}$$

其中,$P_1,P_2$ 分别是两个市场的销售价;$E_1,E_2$ 是两个市场的需求价格弹性。

这样,我们就可以清楚地看到:如果一个市场的需求弹性大于另一个市场的需求弹性,如 $|E_1|>|E_2|$,那么,为保持式(6.9)的均衡条件成立,在 $\left(1+\dfrac{1}{E_1}\right)=$ $\left(1-\dfrac{1}{|E_1|}\right)>\left(1+\dfrac{1}{E_2}\right)=\left(1-\dfrac{1}{|E_2|}\right)$ 时,必然有 $P_1<P_2$。这就是说,具有较高需求弹性的市场会有较低的价格;反之,需求弹性较低的市场会有较高的价格。这就是垄断者可以在不同市场分别定价的原因。

垄断者通过分割市场以获取更多的利润,也可通过一个简单的例子来说明。假定在没有进行市场分割以前,某个垄断企业所面临的需求函数和成本函数分别为:

$$P = 100 - 4Q$$
$$C = 50 + 20Q$$

按照边际收益等于边际成本的原则,决定垄断企业的均衡产量 $Q$:

$$MR = 100 - 8Q = MC = 20$$

得到 $Q=10$。在需求曲线上对应该产量的价格水平 $P=60$。计算垄断者的利润 $\pi$:

$$\pi = P \times Q - C = 60 \times 10 - (50 + 20 \times 10) = 350$$

这就是说,在未进行市场分割前,垄断者可以获得 350 美元的利润。它以 60 美元的价格出售 10 单位的产品。

如果垄断者可以把市场分为两个独立的市场,并假定在两个市场它所面临的需求曲线分别为[①]:

$$P_1 = 80 - 5q_1$$
$$P_2 = 180 - 20q$$

成本函数为:　　　　　$$C = 50 + 20(q_1 + q_2)$$

按照市场分割的均衡条件:

$$MC = MR_1 = MR_2$$

计算后可得两个市场的价格、产量及弹性 $E$:

---

① 可以证明这两个需求函数之和即为未分割市场时的需求函数。把 $P=100-4Q$ 转化为产量关于价格的函数 $Q=25-0.25P$。加总的需求函数是在任一给定的价格水平 $P$ 上,各子市场需求量的加总,即对于价格 $P,Q=q_1+q_2=16-0.2P+9-0.05P=25-0.25P$。反过来就是市场未分割时的需求函数 $P=100-4Q$。

当 $MC=MR_1$，即 $20=80-10q_1$ 时得：

$$q_1=6 \quad P_1=50 \quad |E_1|=1.67$$

当 $MC=MR_2$，即 $20=180-40q_2$ 时得：

$$q_2=4 \quad P_2=100 \quad |E_2|=1.25$$

垄断企业的利润 $\pi^*$ 为：

$$\pi^*=P_1q_1+P_2 \cdot q_2-c$$
$$=50 \times 6+100 \times 4-[50+20 \times (6+4)]=450$$

这样，我们就可以清楚地看到：第一，垄断者在进行市场分割后，把 10 单位的产量分配到两个市场出售。在具有较高弹性的市场，制定较低的价格；在具有较低弹性的市场，制定较高的价格。与市场未分割之前比较，垄断者在市场分割后，可以以高于 60 美元的价格即 100 美元在市场 2 中出售 4 单位的产品；同时以低于 60 美元的价格即 50 美元在市场 1 中出售 6 单位的产品。这种产量与价格重新规定的结果就会增加其总收益 $P_1Q_1+P_2Q_2=700>PQ=60 \times 10=600$。第二，在成本相同的情况下，垄断者分割市场后利润就提高了 100 美元（$\pi^*-\pi=450-350$）。进一步市场分割，如分为 4 个或 8 个，垄断者的利润还会提高。这就是垄断者分割市场的目的。

## ·二级价格歧视

二级价格歧视（second-degree price discrimination）即上述的多重定价。它指垄断者对某一特定的消费者，按其购买商品数量的不同制定不同的价格，以此获利的一种方法。如图 6-10，垄断企业为了鼓励顾客多消费，它规定购买量为 $Q_1$ 时，每单位产品价格为 $P_1$；购买量扩大为 $Q_2$ 时，单位价格可降到 $P_2$；购买量增加到 $Q_3$ 时，价格还可降到 $P_3$。这种定价方式与在 $Q_3$ 处实行单一价格 $P_3$ 相比，垄断者的利润会因此而增加。因为在实行单一价

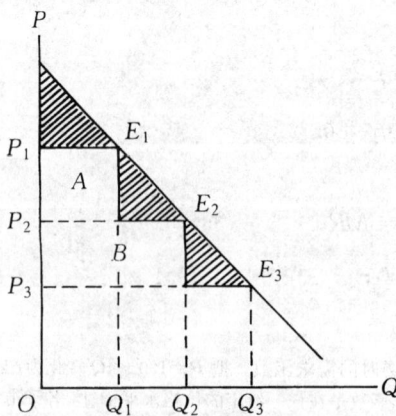

图 6-10 二级价格歧视

格 $P_3$ 时,总收益为 $P_3Q_3$;实行差别价格后,销售 $Q_1$ 单位的产品,收益为 $P_1Q_1$;扩大销售 $(Q_2-Q_1)$,收益为 $P_2(Q_2-Q_1)$;继续增加销售 $(Q_3-Q_2)$,收益为 $P_3(Q_3-Q_2)$,这样实行差别定价后的总收益即这三部分收益之和:$P_3Q_3+(P_2-P_3)Q_2+(P_1-P_2)Q_1$。从图上看,它的总收益就增加了面积 $A$ 加面积 $B$ 的部分。很显然,这部分收益的增加是由于消费者在低产量时面临高价格而带来的。这也是垄断者对消费者的剥削。

### ·竞争和垄断的利弊分析

通常认为,竞争与垄断相比,有更高的经济效率,因为垄断厂商是在价格高于边际成本处生产,从而垄断产量比竞争产量低,而垄断价格比竞争价格高。于是,垄断使消费者受到了损失,在现实生活中,确实也存在这种现象。例如,1998 年前加拿大电话被几个大公司控制,国内外话费异常昂贵。如著名的贝尔公司线路,打到中国的话费每分钟 1.2 加元(当时合人民币 6.72 元/分钟)。后来,加拿大引入竞争机制,几家公司竞相降价争夺客源。贝尔公司无奈地也推出话费新方案。话费从每分钟 1.2 加元下降到 0.08 加元(合人民币 0.556 元)。可见,竞争增加了消费者福利。如果政府人为干预竞争,有时不仅会损害消费者利益,还会伤害企业利益。例如我国的邮政延伸服务收费长期实行政府指导价管理,铁路的货运价格实行政府定价,都在一定程度上导致公有的邮政和铁路企业很难和民营物流企业竞争,因为民营物流企业运价低于公有企业的政府定价。可见,凡是有竞争的地方,政府就该放手让市场起作用。当然不是说政府可以对市场竞争放任自流,市场竞争要充分、公平、有序,就需要政府起作用。

总之,竞争通常会比垄断更有效率。然而,如果就此认为垄断就绝对不如完全竞争,那就错了。首先,大企业垄断市场的局面有利于发挥规模经济的优势,因而使产品价格下降而不是提高。大批量生产的企业与小批量生产的企业相比,成本更低,质量更稳定,这是众所周知的。其次,技术进步的需要也许是垄断存在的一个更重要的理由。正如美国经济学家约瑟夫·熊彼特所说,经济发展的本质在于创新,而垄断实际上是资本主义经济技术创新的源泉。这是因为,投资于开发和研究常常有很大风险,只有大企业才能承担这种风险,才有能力筹措投资所需巨额资金。当然,它们必须有权利在一段时间内独享技术创新的成果,这就是专利权之所以成为导致垄断存在的一个重要因素。在熊彼特看来,垄断的缺陷——产量不足——完全可以通过用垄断利润来进行的研究与开发所带来的好处得到弥补。

可见,对垄断和竞争的利弊得失及功过是非问题,不能作过分简单的结论,具体问题还得具体分析。

**专栏** 联系中国经济的一点思考(六)

## 我国的《反垄断法》

为与国际市场接轨,预防和制止垄断行为,维护市场竞争秩序,促进市场经济体制进一步完善,我国于 2007 年通过了《反垄断法》,并于次年正式实施。我国《反垄断法》吸收了国际反垄断法的一些有益经验,在总体框架和内容上与大多数国家反垄断法基本一致,同时也立足国情,反映了中国目前经济发展阶段和水平。参照国际通行做法,该法规制的不是垄断状态,而是垄断行为,包括经营者达成垄断协议(例如达成固定价格、限制产量、划分市场及串通招投标协议等)、拒绝交易、强制交易、搭售、差别价格待遇等行为,具有或可能具有排除、限制竞争效果的经营者集中。同时,也禁止行政机关和公共组织滥用行政权力限定交易、妨碍商品流通、限制招投标、限制跨地区投资经营等排除、限制竞争的行为。应当说,《反垄断法》的颁布与实施,有助于遏制经济生活中各种垄断行为,为建立和完善统一、开放、竞争有序的市场体系奠定了一定法律基础。当然,该法也存在一定局限性,特别是对国有垄断企业的规制还不够,对管制行业(如银行、电力、电信等)和独占企业(如石油、烟草)的反垄断法的适用问题及一些关系问题并未作出明确规定。这表明,中国竞争政策体系的建设还需要有一个过程。尽管如此,《反垄断法》的颁布对于增强企业对市场竞争规则的认知能力,增强消费者对竞争文化的认同,增强政府对市场经济法则的理解,都将是一个有力推动。

# 习　题　六

1. 简释下列概念：

   完全竞争、总收益、平均收益、边际收益、会计利润、经济利润、正常利润、利润极大化必要条件、垄断、自然垄断、垄断势力、价格歧视、厂商短期均衡、厂商长期均衡、行业长期均衡。

2. 利润最大、亏损最小的原则为什么是边际收益等于边际成本定理？为什么在完全竞争条件下，该定理可以表述为 $MC = P$？

3. 为什么完全竞争厂商的需求曲线为一条水平线，且有 $P = AR = MR$？

4. 厂商的 $MC$ 曲线在产量增加时常可以画成向下倾斜然后向上倾斜。市场供给曲线是在单个厂商的 $MC$ 曲线基础上作出的，为什么当产量增加时，市场供给曲线从不画成向下倾斜然后再向上倾斜？

5. 为什么企业在短期内亏本还会继续经营？企业短期内在什么情况下应当关门？企业能否长期亏本经营？

6. 解释为什么垄断企业总在需求曲线上弹性充足的地方进行生产。

7. 试说明垄断企业的边际收益与价格之间的差距会随着产量增大而增大。

8. 为什么垄断企业不能把产品价格任意抬高？

9. 与产品销售相比，劳务的销售中价格歧视的现象更普遍，如医疗服务可按人们收入的不同收取不同的费用；交通运输服务可按年龄不同分别进行定价。试解释这种现象。

10. 完全竞争厂商的短期成本函数为 $STC = 0.1Q^3 - 2Q^2 + 15Q + 10$，试求厂商的短期供给函数。

11. 某成本不变的完全竞争行业的代表性厂商的长期总成本函数为 $LTC = q^3 - 60q^2 + 1500q$，产品价格 $P = 975$ 美元，试求：

    (1) 利润极大时的产量、平均成本和利润。

    (2) 该行业长期均衡时的价格和厂商的产量。

(3) 用图形表示上述(1)和(2)。

(4) 若市场需求曲线是 $P=9600-2Q$,试问长期均衡中留存于该行业的厂商数是多少?

12. 假定一个垄断者的产品需求曲线为: $P=50-3Q$,成本函数为 $TC=2Q$,求垄断企业利润最大时的产量、价格和利润。

13. 某垄断者的需求与成本函数分别为: $P=100-3Q+4\sqrt{A}$, $C=4Q^2+10Q+A$,这里 $A$ 为垄断者的广告费用支出。求解利润最大时的产量 $Q$,价格 $P$ 和广告费用 $A$ 值。$\left(\text{提示:} \pi \text{ 为利润,利润最大时满足} \frac{\partial \pi}{\partial A}=0。\right)$

14. 已知垄断者成本函数为 $TC=6Q+0.05Q^2$,产品需求函数为 $Q=360-20P$,求:

(1) 利润最大的销售价格、产量和利润。

(2) 如果政府试图对该垄断企业采取规定产量的措施使其达到完全竞争行业所能达到的产量水平,求解这个产量水平和此时的价格,以及垄断者的利润。

(3) 如果政府试图对垄断企业采取限价措施使其只能获得生产经营的正常利润,求解这个限价水平以及垄断企业的产量。

15. 假设某垄断者的一家工厂所生产的产品在一个分割的市场出售,产品的成本函数和两个市场的需求函数分别为:

$$TC=Q^2+10Q, q_1=32-0.4P_1, q_2=18-0.1P_2$$

试问:

(1) 若两个市场能实行差别定价,求解利润极大时两个市场的售价、销售量和利润;并比较两个市场的价格与需求弹性之间的关系。

(2) 计算没有市场分割时垄断者的最大利润的产量、价格和利润;并与(1)比较。

16. 一垄断企业生产某产品的总成本函数为: $TC=\frac{1}{3}Q^3-30Q^2+1000Q$,产品在实行差别定价的两个市场上出售。第一个市场的需求函数为 $P_1=1100-13q_1$,在利润极大时产量为 48;在第二个市场需求曲线上,当价格为均衡价格时的弹性为 $-3$。试问该企业的纯利润为多少?

# 第七章　垄断竞争市场与寡头垄断市场中价格和产量的决定

完全竞争和完全垄断是市场结构的两种极端情况。比较现实的市场是既存在竞争因素又存在垄断因素，介于完全竞争和完全垄断之间，竞争和垄断混合在一起的市场。根据竞争因素和垄断因素的程度，这种市场又可区分为垄断竞争市场和寡头垄断市场。前者竞争的因素多一些，是比较接近于完全竞争市场的市场结构，而后者垄断的因素多一些，是比较接近于完全垄断市场的市场结构。本章将在考察完全竞争和完全垄断市场的基础上，进一步考察在垄断竞争市场和寡头垄断市场条件下，厂商均衡价格和产量的决定。

## 第一节　垄断竞争市场中价格和产量的决定

### ·垄断竞争市场的特点

**垄断竞争**(monopolistic competition)**是一种商品有许多买卖者且卖者商品之间有一定差别从而形成不完全竞争格局的市场结构**。其基本特点是：

1. 存在产品差别(product differentiation)，即同一类产品有不同之处。不同种类的产品固然存在差别，但这里的产品差别主要是指同一类产品之间的差别。这种差别的产生主要有以下原因：一是产品之间的内在品质不同，如由于技术或原材料等不同；二是产品的外观形象不同，如由于包装、商标等不同；三是产品的经济空间不同，如产品的产地和销售地的地理位置及产品市场距消费者的远近不同；四是产品的推销方式不同，如广告、售后服务、服务态度等方面的不同。另外还有消费者对客观上完全相同的产品存在的主观评价不同等等。总之,产品差别可来自产品有形的或无形的差别。

既然存在产品差别,产品之间难以完全替代,那么垄断竞争市场必然具有一定的垄断性,垄断程度与产品差异程度呈同方向变动关系;既然这里的产品差别是同类产品之间的差别,产品之间必然存在一定的替代关系,那么垄断竞争市场也必然具有一定的竞争性,竞争程度与产品的替代程度呈同方向变动。因此,产品差别是垄断竞争市场形成和存在的重要因素。

2. 厂商进出行业比较容易,从而厂商数目也较多。在垄断竞争行业内,产品的性质决定了厂商规模一般不是很大,投资建厂所需资金也不是太多。建设一个生产皮鞋的工厂与建设一个生产汽车的工厂相比,所需投资和建设规模是大不一样的,因而前者处于垄断竞争行业而后者处于寡头垄断行业。

应当说,行业内厂商数目和产品差别程度一样是决定市场竞争程度的因素。厂商越易进入行业,行业内厂商越多,市场的竞争性就越强。

3. 厂商对产品价格略有影响力。垄断性使厂商能够有一些定价自主权,竞争性又使厂商的定价权十分有限。当他提高产品价格时,他会失去一部分但不是全部原有的顾客;当他降低产品价格时,他会得到更多但远远不是全部的顾客。

垄断竞争厂商一般存在于日用品工业、食品工业、零售商业、手工业等行业中。

### · 垄断竞争厂商利润最大化的行为

如上所说,垄断竞争是一种既非完全竞争又非完全垄断的市场结构。垄断竞争厂商的产品与其他厂商产品既有一定差别,又有很大替代性。同时,由于厂商进出行业比较容易,因此,一个垄断竞争厂商面临的需求曲线很可能比一个完全竞争厂商(其产品与同行业内其他厂商产品完全相同)的需求曲线弹性要小;同时,它又很可能比垄断者(其产品与其他厂商产品完全不同)面临的需求曲线弹性要大。即垄断竞争厂商面临着一条向右下倾斜但斜率比垄断厂商需求曲线要平坦得多的需求曲线。

垄断竞争厂商也谋求利润最大化,其产量和价格决策的基本原则同样是使边际收益等于边际成本。在短期,均衡的图形与垄断厂商的均衡十分相似,若价格高于平均成本,有超额利润;若低于平均成本,则会亏损。如图 7-1 和图 7-2。

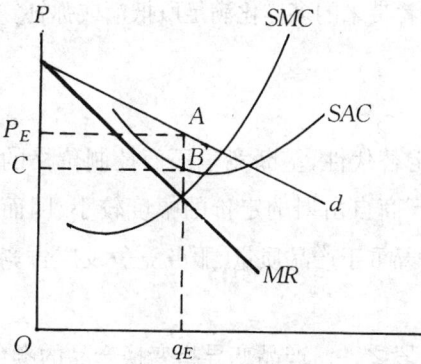

图7-1　获利的垄断竞争厂商均衡　　图7-2　亏损的垄断竞争厂商均衡

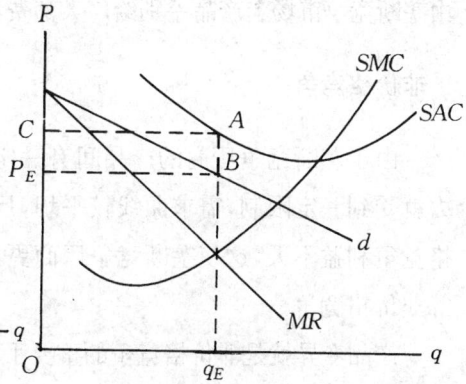

在长期内,垄断竞争厂商进出行业较自由。若获利,新厂商进入行业,提供相替代的产品与原来的厂商竞争,使原厂商市场份额缩小,产品价格下降,直到超额利润消失;反之,若亏损,行业内一些厂商逐渐退出,未退出的厂商的市场份额增加,产品价格上升,直到不亏损为止。因此,垄断竞争厂商达到长期均衡时,其产品价格和平均成本相等,如图7-3。

　　从图7-3可见,垄断竞争厂商长期均衡时,不但要求 $MR=LMC$,而且要求 $P=LAC$,而对于垄断厂商来说,完全有可能在 $P>LAC$ 的情况下实现长期均衡,因为它独占了市场。

　　从图7-3还可看到,垄断竞争厂商长期均衡必然处于平均成本曲线最低点的左边,即点 $A$ 处于点 $B$ 左边。而完全竞争厂商长期均衡时 $P=LAC$,就是说,如果该厂商要按完全竞争厂商均衡条件那样行动,则均衡点应当在点 $C$ 而不是点 $A$,即价格应是 $P_2$ 而不是 $P_1$,产量应是 $q_2$ 而不是 $q_1$。从 $q_1$ 到 $q_2$ 这段距离,表现出垄断竞争厂商没有被利用的"超额生产力",它是价格超过边际成本而造成的效率损失。看起来这是垄断竞争市场结构的一个缺陷,然而,这种缺陷或者说损失,可以

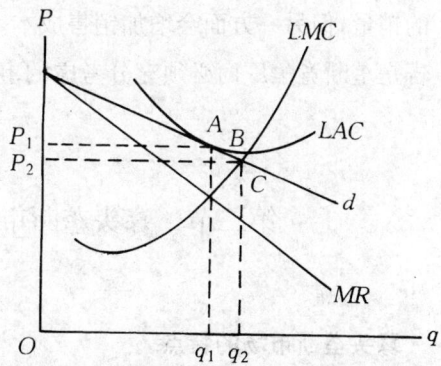

图7-3　垄断竞争厂商的长期均衡

由垄断竞争市场上产品差别给广大消费者带来的多样化满足所抵消或弥补。

### ·非价格竞争

由于垄断竞争厂商的产品间有一定替代性,垄断竞争厂商控制价格的能力就受到一定限制,需求曲线较平坦,厂商自由斟酌定价的幅度较小,因而价格竞争利益不大,这使垄断竞争厂商更着重于产品质量、服务竞争及广告竞争等非价格竞争。

产品变异就是非价格竞争的重要手段之一。产品变异指变换产品的颜色、款式、质地、做工和附带的服务等来改变原有的产品,以形成产品差别,影响市场均衡。产品变异会影响产品成本和产量,但关键是要看经过变异,能否形成较大的需求从而给垄断竞争的厂商带来更大的超额利润。如果经过变异之后,在新的均衡条件下超额利润高于原来均衡时的超额利润,这种变异是优化的变异。

服务竞争包括做好售后服务、及时回访等,也是垄断竞争厂商争取客户的常见手段。

推销活动的竞争是又一种非价格竞争的重要手段。推销活动会引起销售成本的变化。销售成本(selling costs)是用来增加产品需求的成本,包括广告开支、各种形式的推销活动,如送货上门、陈列样品、举办展销、散发订单之类的开支。其中以广告最为重要。

与完全竞争和完全垄断市场不同,广告对垄断竞争厂商具有十分重要的作用。它是垄断竞争厂商扩大产品销路的重要手段。广告一方面会增加产品的销量,但另一方面会增加销售成本,因此是否做广告以及花费多少费用做广告是垄断竞争厂商必须充分考虑的事情。

## 第二节　寡头垄断市场中价格和产量的决定

### ·寡头垄断市场的特点

**寡头垄断**(oligopoly)是指少数厂商垄断了某一行业的市场,控制了这一

**行业的供给,其产量在该行业总供给中占有很大比重的市场结构**。其基本特点是:

1. 厂商数极少,新的厂商加入该行业比较困难。势均力敌的少数厂商,已经控制了这一行业的市场,其他厂商难以介入并与之抗衡。

2. 产品既可同质,也可存在差别,厂商之间同样存在剧烈竞争。

3. 厂商之间互相依存。与完全竞争、垄断竞争和完全垄断的厂商不同,寡头垄断厂商之间存在着实际的、可以觉察到的互相依赖关系,以致每个厂商在作出决策时都必须特别注意这一决策对其对手的影响;每一个厂商的价格和产量的变动都会影响其对手的销售量和利润水平。

4. 厂商行为具有不确定性。由于厂商之间相互依存,因而厂商不能像完全竞争、垄断竞争和完全垄断厂商那样独立决策。任何一个厂商作出决策,其结果自己不能左右,而取决于竞争对手的反应。这种反应是厂商无法预测的,这就产生了厂商行为的不确定性。厂商行为的不确定性,使厂商的决策面临着很大的困难,也给寡头理论分析出了一个难题,致使寡头垄断厂商的均衡产量和价格难以有一确定的解。

下面根据寡头厂商是独立行动还是相互勾结来介绍几种重要的寡头理论模型。先简单列出图示,再依次简介。

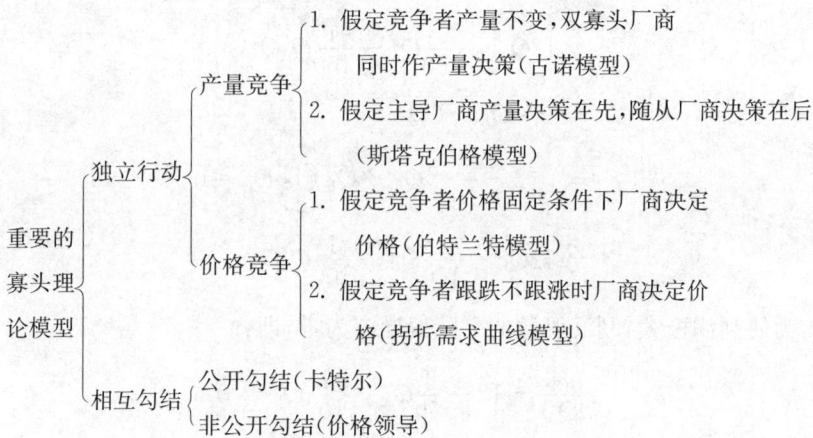

重要的寡头理论模型
- 独立行动
  - 产量竞争
    1. 假定竞争者产量不变,双寡头厂商同时作产量决策(古诺模型)
    2. 假定主导厂商产量决策在先,随从厂商决策在后(斯塔克伯格模型)
  - 价格竞争
    1. 假定竞争者价格固定条件下厂商决定价格(伯特兰特模型)
    2. 假定竞争者跟跌不跟涨时厂商决定价格(拐折需求曲线模型)
- 相互勾结
  - 公开勾结(卡特尔)
  - 非公开勾结(价格领导)

图 7-4　几种重要的寡头理论模型

### ·古诺模型

来看一下法国数理经济学家古诺(Augustin Cournot)在 1838 年出版的《财富理论的数学原理研究》一书中首次提出的寡头垄断模型。古诺分析了两个生产成本为零的出售同质矿泉水的厂商。这两个厂商产品的边际成本都为零。他们面临相同的线性需求曲线,采用同样的市场价格出售产品,并且都认为不管自己的产量如何变化,对方的产量都保持不变。在此假设下古诺认为,两个厂商都会根据利润最大化原则不断地调整产量,直到各自的产销量正好等于市场为完全竞争市场时矿泉水产销量的三分之一。

古诺模型可用反应函数加以说明。

假定 $A$、$B$ 两厂商面临的共同需求函数和成本函数分别为:

$$P = 12 - \frac{1}{100}(Q_A + Q_B)$$

$$C = 0$$

因此,厂商 $A$、$B$ 的利润函数分别为:

$$\pi_A = P \cdot Q_A - CQ_A$$
$$= \left[12 - \frac{1}{100}(Q_A + Q_B)\right] \cdot Q_A - 0$$
$$= 12Q_A - \frac{1}{100}Q_A^2 - \frac{1}{100}Q_AQ_B$$

$$\pi_B = P \cdot Q_B - CQ_B$$
$$= \left[12 - \frac{1}{100}(Q_A + Q_B)\right] \cdot Q_B - 0$$
$$= 12Q_B - \frac{1}{100}Q_B^2 - \frac{1}{100}Q_AQ_B$$

为使利润极大,利润函数的一阶偏导应为零,即:

$$\frac{\partial \pi_A}{\partial Q_A} = 12 - \frac{1}{50}Q_A - \frac{1}{100}Q_B = 0$$

从中得:

$$Q_A = 600 - \frac{1}{2}Q_B$$

同样，
$$\frac{\partial \pi_B}{\partial Q_B} = 12 - \frac{1}{50}Q_B - \frac{1}{100}Q_A = 0$$

从中得：

$$Q_B = 600 - \frac{1}{2}Q_A$$

这两个式子，即 $Q_A = 600 - \frac{1}{2}Q_B$ 和 $Q_B = 600 - \frac{1}{2}Q_A$ 分别被称为厂商 $A$ 和厂商 $B$ 的反应函数。

反应函数（reaction function）表明每个厂商的均衡产量都是其竞争对手的产量的函数。一个厂商产量的增加会导致另一个厂商最优产量的下降。上述厂商 $A$ 的反应函数表明对应于 $Q_B$ 的任何特定值，$Q_A$ 是使 $\pi_A$ 最大化的产量；厂商 $B$ 的反应函数表明对应于 $Q_A$ 的任何特定值，$Q_B$ 是使 $\pi_B$ 最大化的产量。利润最大化的 $Q_A$ 和 $Q_B$ 的值，必须同时满足两个反应函数。

如果在直角坐标系中画出两个反应函数的曲线，则如图7-5所示，其中 $AB$ 为厂商 $A$ 的反应函数曲线，$CD$ 为厂商 $B$ 的反应函数曲线，两条反应函数曲线的交点 $E$ 对应的 $Q_A$ 和 $Q_B$ 的值，则是两个厂商的均衡产量：

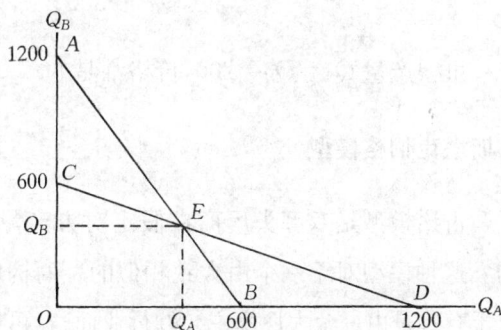

图 7-5　反应曲线与古诺均衡点

$$Q_A = 400$$
$$Q_B = 400$$

代入需求函数：

$$P = 12 - \frac{1}{100}(Q_A + Q_B) = 12 - \frac{1}{100}(400 + 400) = 4$$

代入利润函数：

$$\pi_A = 12Q_A - \frac{1}{100}Q_A^2 - \frac{1}{100}Q_A Q_B$$

$$= 12 \times 400 - \frac{1}{100} \times 400^2 - \frac{1}{100} \times 400 \times 400$$

$$= 1600$$

$$\pi_B = 12Q_B - \frac{1}{100}Q_A^2 - \frac{1}{100}Q_AQ_B$$

$$= 12 \times 400 - \frac{1}{100} \times 400^2 - \frac{1}{100} \times 400 \times 400$$

$$= 1600$$

要注意的是,古诺模型的厂商的边际成本不一定要假设为零。如不为零,仍可根据上述方法求得两家厂商的产量、价格和利润。假定上例中两个厂商的边际成本和平均成本都是 6,则用上述同样方法可计得 $A$、$B$ 两厂商的反应函数为:

$$Q_A = 300 - \frac{1}{2}Q_B$$

$$Q_B = 300 - \frac{1}{2}Q_A$$

可得产量 $Q_A = Q_B = 200$,价格都是 8。

### ·斯塔克伯格模型

古诺模型是双寡头厂商在假定对方产量一定条件下同时作产出量决策的。这种模型对于一个由大致相似的厂商构成的产业来说可能比较适宜。但对于有些是由一个大厂商主导的行业而言,可能斯塔克伯模型更适用些。这一模型由德国经济学家斯塔克伯(Stackelberg, Heinrich Von, 1905—1946)提出。其基本意思是:行业中有一个主导厂商(比方说是 A),其他是随从厂商(比方说是 B)。A 先根据利润最大化要求决定一个产量,B 看到 A 的产量决策后再决定自己的产量,就是说,B 的产量要随 A 而变,或者说 B 的产量是 A 产量的函数。这样,在求 A 和 B 的产量时,应当先求得 B 的反应函数,然后再把此反应函数代入 A 的利润最大化方程从而求得 A 的产量,再按 B 的反应函数求得 B 的产量。

### ·伯特兰特模型

上述古诺模型是假定通过产量进行竞争的。在寡头垄断市场上,厂商也可以通过选择价格实现利润最大化而进行竞争,一种是同质产品的价格竞争,还有一种是差别产品的价格竞争。上述古诺模型中的例子是同质产品,现在也分析同质产品的价格竞争。同质产品价格竞争模型是法国经济学家伯特兰特(J. Bertrand)在 1883 年提出的。现在仍用上述例子加以说明。如果竞争对手不变动其价格,则任一厂商都可通过选择降价来争取顾客,而对手则会失去大量顾客。价格竞争的结局一定是两个厂商都按边际成本来定价。拿上述两厂商边际成本都是 6 的例子来说,即 $P=MC=6$,整个市场的产量可通过将价格代入市场需求函数求得:$6=12-\frac{1}{100}(Q_1+Q_2)=12-\frac{1}{100}Q$,得 $Q=1200-600=600$,因此每个厂商产量都是 300,与古诺均衡相比,价格低了($6<8$),产量高了($600>400$)。

如果是差别产品的价格竞争,那么,即使一个厂商的价格比其对手更低,也不可能争取到所有顾客,因此,厂商的需求曲线仍会向下倾斜,但比较平缓,即比古诺模型中需求曲线更有弹性,但绝不像同质产品价格竞争模型中那样每个厂商面临一条水平的需求曲线。

## ·斯威齐模型

斯威齐模型是美国经济学家保罗·斯威齐(P. M. Sweezy)于 1939 年提出的用以说明寡头垄断市场价格刚性的寡头垄断模型。寡头厂商的价格在相当长时期不变称为价格是刚性的。价格刚性表明当需求或成本发生适度变动时,或两者都发生适度变动时,价格却保持不变。对此,斯威齐从一个价格已经确定的寡头垄断市场出发,用拐折需求曲线(kinked demand curve)加以说明。

斯威齐断言,寡头垄断厂商推测其他厂商对自己价格变动的态度是:跟跌不跟涨,即预期自己降价时,其他厂商也会采取同样的降价行为,以免丧失自己的市场;而涨价时,其他厂商却不跟着涨价,以夺取客户。因此寡头垄断厂商的需求曲线是折线需求曲线。如图 7-6 所示,$P_0$ 是已经确定的价格,$Q_0$ 是与之对应的产量。$D_1ED_2'$ 为折线需求曲线,它由两条需求曲线 $D_1D_1'$ 和 $D_2D_2'$ 各一部分组成。$D_1E$ 是需求曲线 $D_1D_1'$ 的一部分,表示当某厂商涨价时,其他厂商不予理会,该厂商的销售量会大幅度地减少。例如,当该厂商把

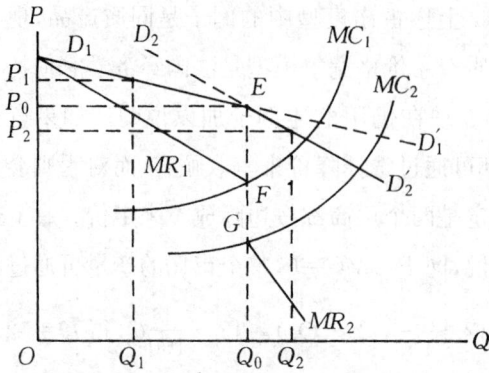

图 7-6　斯威齐模型

价格从 $P_0$ 上升到 $P_1$ 时,其需求量会从 $Q_0$ 减少到 $Q_1$。$ED_2'$ 是需求曲线 $D_2D_2'$ 的另一部分,表示当厂商降价时,其他厂商也跟着降价,该厂商的销售量不会大幅度地增加。例如,当该厂商把价格从 $P_0$ 降到 $P_2$ 时,其需求量只从 $Q_0$ 增加到 $Q_2$。$MR_1$ 和 $MR_2$ 是根据 $D_1D_1'$ 和 $D_2D_2'$ 分别得出的边际收益曲线。由于需求曲线 $D_1ED_2'$ 在 $E$ 点拐折,因而与 $E$ 点相对应,边际收益曲线间断,$MR_1$ 和 $MR_2$ 间出现空隙。$MC_1$ 和 $MC_2$ 是两条边际成本曲线,它们在 $MR_1$ 和 $MR_2$ 的间断处与边际收益曲线相交。实际上,可以设想在 $MC_1$ 和 $MC_2$ 之间存在许多条边际成本曲线,它们都可以与 $MR$ 不连续部分相交。这表明在 $MR_1$ 和 $MR_2$ 的空隙区间内,边际成本有较大的变动范围,在这一范围内的厂商可保持价格不变,因而价格是具有刚性的。

斯威齐模型对寡头垄断市场的价格刚性作了一定的解释,但由于其他厂商价格"不跟涨"的假设在现实中难以成立,也由于其对如何确定已定的价格没有作出解释,因此受到了一些经济学家的批评。斯威齐模型只能是关于寡头定价行为的未完成的模型。

## ·卡特尔

上面简要介绍了几种寡头独立行动的竞争模型,下面再介绍一些公开和不公开勾结的行为模型。先说卡特尔。寡头垄断市场厂商数很少,并且它们之间相互依存,这就足以使厂商意识到,如果相互之间展开竞争,势必两败俱伤,同归于尽,因而厂商之间就会互相勾结。

卡特尔(cartel)就是寡头垄断厂商用公开或正式的方式进行勾结的一种形式。它是一个行业的独立厂商之间通过就有关价格、产量和市场划分等事项达到明确的协议而建立的垄断组织。卡特尔的主要任务,一是为各成员厂商的产品规定统一的价格；二是在各成员厂商之间分配总产量。

卡特尔制定统一价格的原则是使整个卡特尔的利润最大化，因此，必须使边际收益等于边际成本，即 $MR=MC$。为此，卡特尔要根据有关资料确定在每一可能的价格水平上对该行业产品的需求量，以确定卡特尔的需求曲线，从中计算出边际收益曲线，同时，将各厂商的边际成本曲线水平加总形成卡特尔

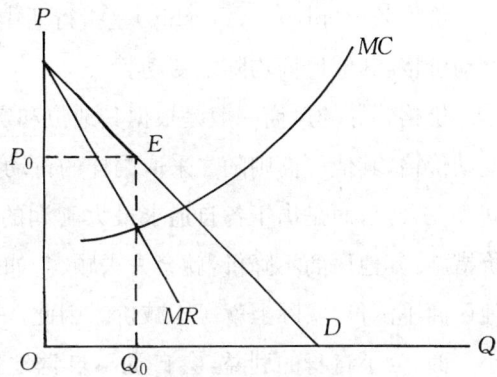

图 7-7　卡特尔的价格和产量的决定

边际成本曲线，$MR$ 和 $MC$ 曲线的交点所确定的产量水平和价格水平即卡特尔的利润最大化的均衡产量和价格。如图 7-7 所示，$D$ 是卡特尔的需求曲线，$MR$、$MC$ 分别是从各个厂商的边际收益曲线和边际成本曲线求出的卡特尔的边际收益曲线和边际成本曲线。$MR$ 与 $MC$ 的交点确定了卡特尔的总产量 $Q_0$ 和统一价格 $P_0$。

卡特尔的价格和产量的决定同完全垄断厂商的价格和产量的决定是一样的。其实，在这里可以把卡特尔看成一个完全垄断厂商。

卡特尔在统一了产品价格以后，通常要规定生产限额，以支持该价格。卡特尔分配产量定额的原则是使各个厂商的边际成本与卡特尔均衡产量水平的边际成本相等。上述的产量分配方式，往往被认为是一种理想的分配方式，现实中很难实现。因为卡特尔内部成员厂商之间产量的分配受到各厂商的地位、争议能力、厂商已有的生产能力和销售规模以及地区划分的影响。同时，卡特尔的各成员厂商还可以通过广告、信用、服务等非价格竞争手段拓宽销路，增加产量。因此，卡特尔是不稳固的。各个厂商为了追求最大化的利润，往往会避开卡特尔的规定而另做手脚。

· **价格领导**

公开勾结和协议在有些国家常常被认为是非法的，因此寡头垄断厂商更

多是采取暗中默契的非公开方式互相勾结。价格领导是其主要形式之一。

价格领导(price leadership)是指行业中的一个或极少数几个大厂商开始变动价格,其他厂商均随之变动。

价格领导的厂商一般是根据其地位和实力或市场行情预测能力来确定或变动价格,其他厂商则随之采取同样的行动。其所以如此,并不是因为它们之间存在合谋,而是出于各自追求最大利润的需要。如果价格领导厂商推出降价措施,其他厂商不降价,就会失去顾客;如果价格领导厂商推出涨价措施,其他厂商不涨价,实际上就等于减价。因此,一些竞争能力弱或预测能力差的较小厂商,为了自身的利益,会自觉不自觉地接受价格领导厂商确定或变动的价格。

根据价格领导厂商的具体情况,价格领导可分为晴雨表型的价格领导和支配型的价格领导。

晴雨表型的价格领导是指晴雨表型厂商(barometric firm)根据市场行情首先宣布能够合理而准确反映整个行业成本和需求情况变化的价格,其他厂商则按这一价格对自己的价格进行调整。晴雨表型厂商并不一定是行业中规模最大、效率最高的厂商,但它熟悉市场行情,能代表其他厂商的愿望,所以其他厂商愿做它的追随者。

支配型的价格领导是指销售占市场容量较大比重、地位稳固、具有支配力量的大厂商,根据自己利润最大化的需要和其他厂商希望销售的全部产量确定和变动价格,其他中小厂商则以这一价格作出它们的需求曲线,并按照边际成本等于价格的原则确定均衡产量。在这种情况下,中小厂商可以出售他们所能提供的一切产量,市场需求量与小厂产量的差额全由支配型厂商提供。

## · 成本加成定价法

**成本加成定价(cost-plus pricing)是在估计的平均成本的基础上,加上一个赚头,据以确定价格的定价方法。**它是寡头垄断厂商不按照$MR=MC$原则追求利润最大化的一种常见的定价形式。其基本方法是,先根据厂商生产能力的某一百分比确定一个"正常的"或标准的产量数字,然后根据这个产量计算出相应的包含固定成本与可变成本的平均成本 $AC$,并加上一个按平均成

本的一定百分比 $r$ 计算的赚头 $AC \cdot r$，就得出销售价格 $P$，即 $P = AC(1+r)$。当同行业的全部厂商都采用统一的会计制度，它们的投入要素的价格和生产函数都相同，并用相同的百分比加成，这些厂商产品的价格就是一致的，否则，它们的价格就会不一致。但不管各厂商的价格是否一致，成本加成定价法会使它们的价格变动方向一致。

成本加成定价法尽管不是按 $MR = MC$ 原则追求利润最大化的定价形式，但它可以避免价格随产量变动而频繁变动，从而使价格比较稳定，这就减少了寡头垄断厂商因价格竞争可能带来的不利后果，巩固了寡头垄断厂商的地位。

**专栏** 联系中国经济的一点思考（七）

## 我国寡头企业的行政性垄断

我国的铁路、石油、电信、邮政、电力、城市供水供气、银行、保险等企业中都存在着一些规模巨大的垄断或寡头垄断企业。这些企业有的属自然垄断性质，有些则完全是出于某种人为考虑，由政府行政性地规定某些企业在某个行业从事垄断性经营。即使是某些自然垄断性质的企业，也具有明显的行政性垄断特征，因为这些企业的垄断行为是直接来自法律或政府行政力量，并始终受到行政权力的支持和保护。与市场公平竞争中自然形成的经济性垄断相比较，它们大多为国有或国家绝对控股。这些企业即使不由政府直接经营，其人事权尤其是主要领导人的任免权都掌握在政府手里。这些企业的市场力量来自法律和行政的合法性。政府想通过掌握这些企业来控制国家经济命脉，兴建大量基础设施，占有重要自然资源，以保障国家安全，稳定社会政治、经济大局，推进社会主义现代化建设进程。这些企业在拥有庞大的经济、金融和政策资源的情况下，要承担创新型国家建设的使命，多在拥有自主知识产权和核心技术方面投入，以实现政府对国有大企业的战略性定位，而不应挤到竞争性领域去和其他企业尤其是和民营企业去争夺一些暴利（如进入房地产行业获暴利）。这些寡头垄断企业的利润主要来自垄断地位，它们和民营企业不处于平等竞争地位。因此,一方面,这些企业要坚守自己的战略定位,规范自己的经营行为;另一方面国家要进一步加大对这些企业的改革力度,确保其他竞争型企业的利益和广大消费者的福利。

# 习 题 七

1. 简释下列概念:

垄断竞争与寡头、价格竞争与非价格竞争、拐折需求曲线、卡特尔、价格领导、成本加成定价、上策均衡、纳什均衡、静态博弈、动态博弈、极大极小化策略。

2. 问题讨论:

(1) 为什么需求的价格弹性较大会导致垄断竞争厂商进行非价格竞争?

(2) 假定一个卡特尔由三家厂商组成,其总成本函数如下:

| 产品单位 | 总 成 本 | | |
| --- | --- | --- | --- |
| | A厂商 | B厂商 | C厂商 |
| 0 | 20 | 25 | 15 |
| 1 | 25 | 35 | 22 |
| 2 | 35 | 50 | 32 |
| 3 | 50 | 80 | 47 |
| 4 | 80 | 120 | 77 |
| 5 | 120 | 160 | 117 |

如果卡特尔决定生产 11 单位产量,产量如何在三个厂商之间分配才能使成本最低?

(3) "一个垄断厂商面临一条拐折需求曲线。他像其他厂商一样,利润极大化时将有:$MC=MR=P\left(1-\dfrac{11}{E_d}\right)$,因此,如果知道了厂商的边际成本和价格水平,就能计算出该厂商面临的需求曲线上的点弹性值。"你认为这说法对吗?

(4) 在有支配厂商的价格领导模型中,除支配型厂商外,其他所有厂商的行为是否都像完全竞争市场中厂商的行为一样?

(5) 为什么参加卡特尔的各厂商会按相同的价格出售产品,而不会要求生产相等的产量?

3. 计算:

(1) 假设某垄断竞争厂商的产品需求函数为 $P=9400-4Q$,成本函数为 $TC=4000+3000Q$,求该厂商均衡时的产量、价格和利润(单位:美元)。

(2) 在垄断竞争市场结构中的长期(集团)均衡价格 $P^*$,是代表性厂商的需求曲线与其长期平均成本(LAC)曲线相切之点。已知代表性厂商的长期成本函数和需求曲线分别为:

$$LTC = 0.0025Q^3 - 0.5Q^2 + 384Q$$

$$P = A - 0.1Q$$

其中,$A$ 是集团内厂商人数的函数。求解长期均衡条件下代表厂商的均衡价格和产量;$A$ 的数值。

(3) 假设有两个寡头厂商行为遵循古诺模型,其成本函数分别为:

$$TC_1 = 0.1Q_1^2 + 20Q_1 + 100000$$

$$TC_2 = 0.4Q_2^2 + 32Q_2 + 20000$$

这两个厂商生产同一质量产品,其市场需求函数为:

$$Q = 4000 - 10P$$

根据古诺模型,试求:①厂商1和厂商2的反应函数;②均衡价格以及厂商1和厂商2的均衡产量;③厂商1和厂商2的利润。

(4) 假定上题中的厂商1为领导者(先行动的主导厂商),厂商2为随从者,试求斯塔克伯格解。

(5) 假定上题中这两个厂商同意建立一个卡特尔,以求他们总利润极大,并同意将增加的总利润在两厂商中平均分配,试问①总产量、价格及两厂商产量各为多少? ②总利润增加多少? ③一方给另一方多少利润?

(6) 某公司面对以下两段需求曲线:

$$P = 25 - 0.25Q(当产量为 0 \sim 20 时)$$

$$P = 35 - 0.75Q(\text{当产量超过 } 20 \text{ 时})$$

公司成本函数为: $$TC_1 = 200 + 5Q + 0.25Q^2$$

试:①说明该公司属何种市场结构的行业;②公司最优价格和产量是多少? 这时利润(亏损)有多少? ③如果成本函数改为 $TC_2 = 200 + 8Q + 0.25Q^2$,最优价格和产量是多少?

(7) 一个实行支配型价格领导的寡头垄断行业中,行业的需求曲线为 $P = 300 - Q$,其中 $P$ 是支配型厂商制定的能为其他厂接受的产品价格(按单位美元计),$Q$ 是总需求量,其他厂商的总供给量为 $Q_r$,$Q_r = 49P$。支配型厂商的边际成本是 $2.96Q_b$,$Q_b$ 是该厂商的产量。若该厂商想达到最大利润,应生产多少? 产品价格应为多少? 在这一价格上整个行业的产量将是多少? ($Q$、$Q_b$、$Q_r$ 都以百万单位表示)

# 第八章 博弈论和信息经济学

上面说过,完全垄断和完全竞争的市场结构在现实经济生活中绝无仅有,而普遍情况是垄断竞争和寡头垄断。后两种情况下厂商之间都存在较密切的相互依存关系。这种依存关系其实存在于现代市场经济体系中的任何经济活动主体之间,如生产者之间、生产者和消费者之间、政府和公民之间以及国家与国家之间等。相互依存的经济主体在作经济决策时必须考虑自己的决策会给对手造成什么影响,对手会作出什么反应,自己又该如何应付,好像下棋时每走一步都要考虑对方可能作出什么反应一样。于是,经济学家越来越重视用博弈论(又称对策论)来研究相互依存的经济主体的决策行为,而这种决策又离不开对信息的分析和利用。

## 第一节 博 弈 论

### ·博弈论与传统经济学

博弈论(game theory)与传统经济学中的决策理论有重大区别。在传统理论中,经济主体(个人或机构)作决策时并不考虑自己的决策(选择)对别人的影响,也不考虑别人的选择对自己的影响。例如,在传统经济学那里,任何消费者的选择都是在给定商品价格和自己收入约束条件下最大化自己的效用,任何厂商的决策都是在给定生产技术和成本约束条件下最大化自己的利润。消费者效用函数和生产者利润函数只依赖于自己的选择,不依赖于他人的选择。尽管在这里经济作为一整体,其中每个人的选择是相互作用的,但对单个消费者和生产者来说,所有其他经济主体的行为都被总结在一个参数中。

经济学在这样的前提下研究理性人如何根据一定约束条件来实现效用、利润或收入最大化,从而进行稀缺资源的配置。博弈论本质上也是研究理性的经济主体的最大化行为的,但比传统经济学更进一步,认为自己的效用(以及利润或收入)函数不仅依赖于自己的决策,也依赖于他人的决策。

博弈论与传统经济学之间的关系,还可以通过考察传统的新古典经济学的两个基本假设而获得更深刻的认识。在新古典经济学中有两个基本假设:第一,市场是充分竞争的;第二,局中人之间信息充分,不存在信息不对称现象。但是,在现实经济生活中,这两个假设均难满足:第一,市场是不完全竞争的,市场局中人之间往往是相互影响的,因此,一方在决策时必须考虑对方反应,而这一扩张恰恰是博弈论主题。第二,现实市场局中人间信息通常是不充分的。在信息不对称条件下,要作一项有效的制度安排,就必须满足"激励相容"和"个人理性约束"条件,而这一扩张又恰恰是信息经济学研究的范畴。可见,传统经济学必须融入博弈论和信息经济学,才能真正成为符合现实生活的现代经济学。

## ·博弈论的基本要素

为了说明博弈论研究的是经济活动主体在充分考虑对方反应的情况下如何进行决策,可先举一个"囚犯的困境"的例子。

假定有甲乙两个作案嫌疑犯分别被关押审讯。如果两人都坦白,各判 3 年;都抵赖,各判 1 年(也许因无实据);一人坦白一人抵赖,坦白者释放,抵赖者判 6 年。这些结果可列一矩阵,如表 8-1 所示。

表 8-1　囚犯的困境

| | | 乙 | |
| --- | --- | --- | --- |
| | | 坦　白 | 抵　赖 |
| 甲 | 坦　白 | −3,−3 | 0,−6 |
| | 抵　赖 | −6,0 | −1,−1 |

在表 8-1 中,甲、乙两囚犯称为**局中人**(player),他们是**参与博弈(对策)并承担后果的利益主体**,有时也称参与人。这两个**局中人**在给定条件下可能坦白也可能抵赖的行动方案称为**策略**(strategy)。**所有局中人可能采取的行动方案总和称为策略集合**(strategy set),在本例中是"都坦白"、"都抵赖"以及

"甲坦白、乙抵赖"、"甲抵赖、乙坦白"这样四种策略组合。在每种组合情况下**局中人采取特定策略得到的结果称为收益**（payoff）。本例中判 3 年、6 年、1年及释放都是收益,有时也称报酬或支付。

在所有博弈中,局中人、策略集合和收益,是三个最基本的要素。

· **上策均衡和纳什均衡**

在上述表 8-1 中,甲乙各有两种策略:坦白或抵赖。表中每一格内的前后两个数字分别代表甲、乙的收益。显然,不管乙坦白还是抵赖,甲最好的策略是坦白。这是因为,乙如果坦白,甲坦白判 3 年,而抵赖要判 6 年;乙如果抵赖,甲坦白可不判刑而释放,而抵赖要判 1 年。对乙来说,情况同样如此。结果,甲乙都坦白。这种策略组合称为上策均衡。在此,**上策指不管其他局中人采取什么策略,某一局中人都采取自认为对自己最有利的策略。均衡指博弈中所有局中人都不想改变自己策略的一种相对静止状态。**上例中的均衡,由于是**不管其他局中人采取什么策略,每个局中人都选择了对自己最有利的策略所构成的一个策略组合**,因此称上策均衡。

因犯的困境中的均衡(坦白,坦白)是上策均衡,也是纳什均衡。**纳什均衡**是美国数学家纳什(John Nash)于 1951 年提出来的一种均衡理论。这种均衡**是指参与博弈的每一局中人在给定其他局中人策略的条件下选择上策所构成的一种策略组合。**例如,乙坦白时,甲最好也坦白;乙抵赖时,甲最好也是坦白。乙的情况同样如此。故双方都坦白不但是上策均衡,也是纳什均衡。所有上策均衡都是纳什均衡,但不能反过来说所有纳什均衡都是上策均衡。例如,假定甲乙二人在博弈中有如表 8-2 的收益矩阵。

表 8-2　纳什均衡

| 甲 | 乙 | |
|---|---|---|
| | 策略 A | 策略 B |
| 策略 A | 2,1 | 0,0 |
| 策略 B | 0,0 | 1,2 |

显然,该博弈没有上策均衡,因乙选 A 时,甲最好也选 A(2>0);乙选 B时,甲最好也选 B(1>0),不存在不管乙采取策略 A 或 B,甲总应采取某一策略的情况。对乙来说,同样如此。总之,在本例中,只存在给定对方某一策略

时,甲或乙才能有正确的策略。这种策略组合构成纳什均衡。例中的左上(策略 A,策略 A)和右下(策略 B,策略 B)都是纳什均衡,但不是上策均衡。

上策均衡和纳什均衡在经济生活中大量存在。例如,卡特尔的价格和产量协议就是一个类似囚犯困境的上策均衡。假定甲乙二厂商组成一个卡特尔,结成价格和产量协议,它们在不同策略组合下的收益矩阵如表 8-3 所示。

表 8-3  卡特尔的困境

| 甲 | | 乙 | |
|---|---|---|---|
| | | 合 作 | 不合作 |
| | 合 作 | 1800,1800 | 1000,2000 |
| | 不合作 | 2000,1000 | 1500,1500 |

在表 8-3 中,甲乙合作(守约),各得利 1800;一方合作,另一方不合作(例如扩大产量)时,不守约一方可得利 2000,守约一方只能得 1000。由于双方都想欺骗对方以获更多利润,结果大家不守约,卡特尔瓦解,大家只能各得利 1500。从这里可看到合作的集体利益与不合作的个体利益之间存在矛盾。

再看前面讲到的古诺模型,就是一个典型的纳什均衡模型,因为竞争双方都必须在对方有一既定产量前提下来决定自己利润最大化的产量。自己的最优产量因对方产量变动而变动的关系就是反应函数。两条反应函数曲线相交产生了均衡价格与产量。

### ·重复博弈和序列博弈

上述囚犯困境和卡特尔例子中的博弈都是一次性博弈。如果博弈重复多次,结果就会不同。若一方欺骗了另一方,会受到另一方"以牙还牙"的报复和惩罚。例如,在卡特尔例子中,一方毁约会受到其他局中人的报复从而不仅得不到毁约好处,还可能利益受损。为了长期利益,局中人可能会选择合作以免受报复。这样,双方就有可能都得利 1800 而不再是 1500。但是,如果一旦他们知道了博弈的次数(例如价格和产量联盟的年份),就可能在最后一次博弈中采取欺骗即不合作的策略,因为它们认为,反正对方再没有机会惩罚自己了。可见,无限重复博弈和有限次重复博弈的结果不一样。

上述重复多次的博弈是动态博弈的一种特殊情况。动态博弈是相对于静态博弈而言的。**静态博弈指局中人同时决策或虽非同时决策,但后决策者不**

知道先决策者采取什么策略的博弈。**动态博弈指局中人决策有先有后,后决策者能观察到先决策者决策情况下的博弈。**例如上例中,卡特尔各方都知道对方欺骗了自己,就采取报复性策略。下面再举个例子来说明这种动态博弈。假定某寡头市场上已占领市场的在位者甲,面临一个想进入市场的竞争者乙。若进入者先行一步,则双方博弈结果可用图 8-1 所示的博弈的扩展形式来表示。

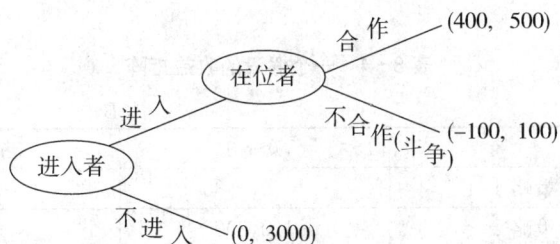

**图 8-1 市场进入博弈树**

进入者有进入和不进入两种策略。如果进入,在位者有合作和斗争两种策略。括号中前后两个数字分别表示进入者和在位者的收益。显然,只有进入者作出了进入或不进入策略后,才有在位者作出合作还是斗争的策略。一种对策导致另一种对策,是动态的,有先后次序的序列博弈,其结果像一棵枝又生枝的树,称博弈树(game trees)。在本例中,进入者肯定会进入,因为不进入收益为 0。进入后,在位者会选择合作策略(因为 500>100),于是(进入,合作)是一个纳什均衡点。

· **威胁和承诺的可信性**

在上例中,在位者希望进入者最好别进入,以坐收 3000 的垄断性收益,问题是他能否有效阻止对方进入。在位者可能威胁说,你若进入,我会采取断然措施(如扩大生产规模以大削价)使你血本无归。进入者会不会相信这种威胁呢? 在位者要使进入者相信这一威胁并不是空头恐吓,就必须作出承诺。承诺是在位者使自己的威胁策略变成可以置信的行动。例如,在位者事先采取扩大生产的准备性措施,作出你进入我就大规模增加生产以大削价的姿态,从而进入者会感到进入实在不值得。当然,潜在的竞争者究竟进入还是不进入,取决于进入者对进入的成本和收益的估计。在本例中,在位者斗争的威胁不可信,因为斗争的收益(100)比合作(500)要小。

· 极大极小化策略

以上所讨论的对策均衡均假定局中人都具有追求最大利益的理性。但实际决策中,一些局中人可能会犯不理性的错误。假定有如表8-4所示的一个博弈收益矩阵。

表8-4 一个假设的收益矩阵

| A | | B | |
|---|---|---|---|
| | | 策略 1 | 策略 2 |
| | 策略 1 | −20,−30 | 900,600 |
| | 策略 2 | 100,800 | 50,50 |

从表8-4看,A、B间博弈尽管无上策均衡,但有纳什均衡,即左下(策略2,策略1)和右上(策略1,策略2)。然而,如果B在选策略1时,A没有选策略2,或者A在选策略1时,B没有选策略2,这时A和B的损失就可惨了:A的收益会是−20,B的收益会是−30。为了避免这类最大的损失,一些**局中人往往采取比较保守的策略,即不管对方选择何种策略,我总选择自己所能选择的最坏策略中最好的策略**,即首先找出各策略中自己能获得的最小的收益,然后选择其中最大者作为自己的策略。这被称为**极大极小化策略**(maxmin strategy),在本例中,从A的收益看,策略1的最小收益是−20,即 $\min a_1 b_j = a_1 b_1 = -20$,同理,$\min a_2 b_j = a_2 b_2 = 50$,因此极小收益中的极大收益是 $\max\min a_i b_j = a_2 b_2 = 50$;同理可知,$\max\min b_j a_i = b_2 a_2 = 50$。因此,双方极大极小化策略的均衡解是(策略2,策略2)。这一均衡解虽不是利益最大,但可确保不是损失极大。显然,与假定局中人都是理性人的纳什博弈均衡解相比,这种极大极小化的策略是一种比较保守的策略,因为无论哪一个纳什均衡,A和B的收益均大于50。在这里要再次强调,双方选择(策略2,策略2)是因为彼此都不清楚对方的选择。如果A确切知道B要选策略2,他就一定要选策略1,然而,这样一来,它们的策略组合就会回到(策略1,策略2)的纳什均衡了。如果A确知B要选策略1,则势必选策略2,于是出现另一纳什均衡(策略2,策略1)。

## 第二节　信息经济学

### ·信息完全和不完全

与博弈论联系最密切的是信息经济学,因为人们如何决策,取决于他们所掌握的信息。

信息经济学是一门研究信息不完全条件下的市场行为及其对资源配置影响的一门学科。所谓信息不完全,是指经济活动主体(个人或机构)不能充分了解所需要的一切信息。与此相联系的还有一个信息不对称的概念,这是指经济交易双方对有关信息了解和掌握得不一样多。上述情况都是信息不充分,信息不充分的原因是多方面的。

第一,认识能力有限。人们不可能知道在任何时候、任何地方发生的或即将发生的任何情况,尤其在社会分工越来越细的时代,每个人只从事某一方面的工作,不可能成为什么都知道的"百科全书"。

第二,掌握信息的成本太高。人们要把与自己经济活动有关的信息都掌握并非不可能,但与掌握这些信息后的收益相比,成本太高了。例如,保险公司要时刻弄清参加保险的汽车司机是否当心开车,就必须派人整天跟着汽车走,然而,这样做成本太高了。

第三,信息商品特殊。信息商品与普通商品不同,无法事先了解其价值。人们之所以愿掏钱买信息,是因为不知道它,一旦知道它,就再不愿掏钱购买了。因此,信息出卖者不可能让买者在购买之前就充分了解所售信息。

第四,机会主义倾向。交易双方在信息掌握上一般处于不对称地位,卖者掌握较多信息,买者则掌握较少的信息。为了自己的利益,卖方往往故意隐瞒一些信息。

### ·委托—代理理论

前面说过,博弈论与信息经济学联系在一起。信息经济学把博弈论中拥有私人信息的局中人(即参与博弈的人)称为代理人,不拥有私人信息的局中人称为委托人。而所谓私人信息是指被一些局中人自己知道,而不被其他局中人知道的信息。信息经济学的所有理论模型都可以在委托—代理理论的框架下进行分析。委托—代理理论的基本模型大致可以分成四类:(1)逆向选择模型,(2)道德风险模型,(3)信息传递模型,(4)信号显示与信息甄别模型。

逆向选择指在信息不对称条件下,参与交易(博弈)的一方隐藏只有自己所掌握的信息(私人信息)而导致对自己有利而对方受损的现象。由于隐藏信息发生在交易合同签订之前,因此,逆向选择也可以说是合同签订前的不对称信息所产生的欺诈。例如,在人寿保险市场上,投保人对自己健康状况的信息要比保险公司掌握的多得多,而保险公司向投保人索要的保险费却是建立在投保人身体健康水平的平均值基础上的。如果最想购买保险的人是最不健康的人,亚健康者次之,最健康者最不想买保险,保险公司面临的风险就要大大高于和保费相对应的风险水平。保险公司的亏损会导致下一轮保费的上升,可能使一些亚健康者也退出保险市场,最终市场交易会趋于零,保险市场走向瓦解。旧车交易市场是逆向选择的另一著名例子。假定有若干质量不同的旧车主在市场上出售,车主知道自己车的质量,质量好的索价高些,质量差的索价低些。但买主不知每辆车的质量如何,仅大约知道各类质量在所售旧车中所占比例,比方说好差各占一半。于是,他们至多只肯按好车和差车索价的加权平均价来购买。于是,好车就会退出市场,差车留在市场中。一旦发生此情况,买车人只愿出更低的价格来购买。于是,质量差的旧车中质量稍好一些的车又退出市场,直至旧车交易无法展开。可见,信息不对称会导致市场失灵。

道德风险不同于逆向选择。道德风险是交易合同签约以后交易一方的行为不易为另一方觉察而导致另一方利益受损的现象。在这里,不易为另一方觉察的行为也是私人信息,是私人行为信息。掌握私人行为信息的一方隐藏了自己行为信息欺骗交易的另一方,是一种损人利己的行为。这种情况之所以称道德风险(有时也译为败德行为),是因为受损者的风险是交易合同成立后由隐藏行动造成一些参与人的行为变得不道德,不合理所引起的。例如,买了车险的人不再非常当心保管自己的车子,买了医疗保险的人总要医生多开些不必要的贵重药品。道德风险同样会导致市场失灵。

　　由信息不对称而产生的逆向选择和道德风险问题可以说在经济生活中经常出现并阻碍市场对资源的优化配置。例如,企业向银行申请贷款时,很难弄清楚每个借贷者的还贷能力。怎么办? 一个办法是提高利率以补偿一部分贷款得不到偿还的损失。这样,就会使一些信用好、风险低的借款人退出信贷市场(因为嫌利率高),这就是逆向选择。银行提高利率的行为还会诱使一些借款人选择有更高收益但同时有更高风险的投资项目,这就是道德风险。结果都会使银行的平均风险上升,降低预期收益。在这样的情况下,银行宁愿采用另一个办法:选择给那些只愿接受较低利率但风险较小的客户放贷,而不选择在高利率水平上满足所有借款人的申请,这就是所谓信贷配给。

　　信息不对称所引起的逆向选择问题如何解决? 一种办法是信息较多一方向信息较少一方提供有关信息,这便是信息传递。**在信息不对称情况下,拥有信息的一方通过某种能观察到的情况或行为向缺乏信息的一方传递一定信息,就是"信号显示"或发信号**,并要使对方识别真假,即甄别信息。例如,旧车市场高质量车卖主乐意买主试车;优质产品设置防伪标记,或向消费者作产品质量有问题可包退、包修、包换的"三包"承诺;人才应聘市场上应聘者显示自己学历证书、资格证书以及经历证书等,都属于信号显示。品牌、声誉等无形资产也是重要的信号显示器。

### · 激励相容和机制设计

　　如果说信息传递和信号显示是对付逆向选择的,那么,设计一些满足"激励相容"的制度则主要是为了解决道德风险问题。由于道德风险是事后(交易合同签订后)隐藏行动引起的,因此,要解决道德风险风险问题,缺乏信息的一方(委托人)需要在事先设计出一些有效的制度,来激励掌握私人行动信息的一方(代理人)克服道德风险倾向,即不发生败德行为或不合理、不道德行为。例如,为防止参加车险后用车人不当心保管和使用车子问题,保险公司可设计和实行一种由保险公司和车主双方共同承担事故损失的保险合同。再如,为了克服股份公司中经理人员损害股东利益的"内部人控制",需要设计和建立一种机制,使经理人员为自己利益所作努力也正好是满足委托人(投资者或股东)的利益和要求,这就是所谓"激励相容"的机制。如设计和实行多种多样使经理人员的收入与公司经营业绩挂钩的制度(如工资奖金制度、股票期权制度等)。

**激励相容**是委托代理理论中一个重要概念,其基本意思是指,**委托人要设计和选择一种办法或者说制度,使代理人能选择一种也能使委托人利益最大化的行为**。激励相容必须同时满足个人理性约束条件,在这里就是指经理人员签订这样一份制度性合同以后,照了去做所得利益比不签订这样的合同或不按合同去做能得到的利益肯定要大,否则就不足以激励代理人(经理人员)去努力,也约束不了他们的行为。这就是说,一份合同或一项制度,必须既满足委托人最大利益要求,又满足代理人最大利益要求,才会是一种真正有效率的机制设计。激励相容就是交易双方的利益都能满足。显然,这种激励相容其实就是博弈均衡的条件。事实上,健康、正常的市场经济制度就是一种最重要、最根本的激励相容的制度。商品生产者为了在经营中能取得最大的利润,必须生产出能让购买者最满意的产品,这不是激励相容吗?

还可以认为,所有合同或者说契约从某种意义上说,都是用来对付信息不对称所可能造成的不确定后果的一种制度设计。例如,一份有关贸易的合同,之所以要在商品名称、品质规格、数量、包装、价格、运送方式、交货期限、付款方式、检验、索赔、仲裁等各方面作出明确规定,就是因为交易双方深恐在信息不完全、不对称情况下不按谈判时的承诺行事。合同既是克服不确定性的一种制度安排,也是防止和克服信息不对称带来问题的一个途径。

**专栏** 联系中国经济的一点思考(八)

## 我国上市国企内部人控制的特点

信息不对称导致的现代股份制企业经营管理中的内部人控制问题在股权越分散时越严重,而在股权比较集中时,由于大股东有动力也有能力加强对经营者行为的监督,就会比较容易防止内部控制问题。但在我国,股权高度集中(国有股一股独大)的上市国企中,经营高管侵害股东利益的内部人控制问题时有发生,原因何在?在于上市公司国有股的所有者缺位:国企财产实际上是层层委托给各级政府管理,政府再委托给某一机构经营管理。作为国有股代表的董事会成员本身是大股东(国有股)的代理人,而并非真正的资产委托方角色。他们既然也只是代理人,就必然和经理人员一样有偏离全体股东利益的动机。事实上不少上市公司的董事会成员和经理层人员几乎就是企业高层管理人员的原班人马。因此在我国,内部人控制表现为董事会成员和经理层人员一起作为代理人去违背、侵犯所有者(股东)的利益和意志。如何解决这个矛盾乃是改革和改进我国企业法人治理结构中需要解决的一大问题。

# 习 题 八

1. 简释下列概念:

   上策均衡、纳什均衡、静态博弈、动态博弈、极大极小化策略、信息不对称、私人信息、逆向选择、道德风险、信号显示、激励相容。

2. 假定某博弈的报酬矩阵如下:

| $a,b$ | $c,d$ |
|-------|-------|
| $e,f$ | $g,h$ |

   (1) 如果(上,左)是上策均衡,那么,$a>$?  $b>$?  $g<$?  $f>$?

   (2) 如果(上,左)是纳什均衡,上述哪几个不等式必须满足?

   (3) 如果(上,左)是上策均衡,那么,它是否必定是纳什均衡?为什么?

3. 设两厂商 $A$、$B$ 间博弈的收益矩阵是:

| | | B | |
|---|---|---|---|
| | | 1 | 2 |
| A | 1 | 100,40 | 70,50 |
| | 2 | 80,90 | 60,80 |

   (1) $A$、$B$ 间有无上策均衡?

   (2) $A$、$B$ 间有无纳什均衡?

   (3) 如果 $A$、$B$ 间不是静态博弈,而是动态博弈,且 $B$ 先行一步,试画出博

弈的扩展形式,并找出该序列博弈的纳什均衡点。为什么静态博弈中
不存在纳什均衡而在序列博弈中存在纳什均衡?

4. 下面是两个厂商选择的策略所依据的收益矩阵:

| | | B 的策略 | |
|---|---|---|---|
| | | 遵守协议 | 违背协议 |
| A 的策略 | 遵守协议 | A 的利润　500 万美元<br>B 的利润　500 万美元 | A 的利润　−200 万美元<br>B 的利润　800 万美元 |
| | 违背协议 | A 的利润　800 万美元<br>B 的利润　−200 万美元 | A 的利润　200 万美元<br>B 的利润　200 万美元 |

试问:(1) 哪一种策略使 A 的最大可能损失为最小? B 的是哪一种?

(2) 如果你是 A,你会选择哪一种策略?为什么?如果 A 采取欺骗手
段,B 会做什么?如果 B 采取欺骗手段,A 会做什么?

(3) 这一对策最可能出现的结果是什么?为什么?

5. 简述逆向选择和道德风险的联系和区别。

6. 列举你熟悉的两个激励相容的例子。

7. 请从信息传递视角说明品牌和声誉的意义。

8. 在一个小镇上有两种居民,一种是谨慎行事的,另一种是粗心大意的,两种
居民各占一半。每一户居民都有价值 200000 元的相同的房屋,且有以下
类型的效用函数:$U(0)=0,U(50000)=4.5,U(75000)=6.5,U(100000)=10,U(200000)=15$。房屋面临火灾的风险,如果火灾发生,会有两种损
失:一种是全部损失,另一种是部分损失(100000)。谨慎行事的居民不发
生火灾的概率是 40%,发生全部损失的概率是 40%,发生部分损失的概率
是 20%。粗心大意的居民发生全部损失的概率是 60%,发生部分损失的
概率是 30%,不发生火灾的概率是 10%。不考虑其他条件(例如保险手续
费以及利润等)时,

(1) 如果所有居民都想购买保险,那么保险公司愿意以什么样的价格出售
保险?

(2) 是否所有居民都会愿意以上述价格购买保险?如果不是,哪类居民会

购买? 计算保险公司因此会遭受的损失。

9. 假设工人产量 $X$ 与劳动成本 $C$ 之间的函数关系为 $C(X)=X^2/2$；产品的单位价格和单位工资都为 1，工人不工作或到别处工作的效用为零。在完全信息条件下，最优激励机制 $S(X)=WX+K$ 应如何设计? 如果工人工作或到其他地方工作的效用是 1 呢?

# 第九章　要素价格与收入分配

　　前面几章分析了产品市场的均衡价格和均衡产量的决定,回答了微观经济学的基本问题——生产什么、生产多少和如何生产。在那里,我们的分析是以生产要素价格已知为前提条件的。本章则要探讨生产要素的价格是如何决定的。如前所述,生产要素包括土地、劳动、资本和企业家才能,生产要素的价格就是要素所有者的收入,因此,生产要素价格如何决定的问题也就是国民收入如何分配的问题,从微观经济学基本问题角度来说,即为谁生产的问题。

　　为谁生产的问题同生产什么、生产多少、如何生产的问题密切相关。要素价格一方面是作为要素所有者(消费者)的收入而存在,另一方面又是生产者使用要素的成本。作为成本,它影响生产者使用要素的品种和数量,进而影响产品产量和价格水平;作为收入,它影响着消费者的商品需求数量和需求结构。可见,成本和由收入引起的供求两者共同决定着生产什么、生产多少、如何生产的问题。就此而言,完成了对要素价格的研究,才算彻底回答了微观经济学的基本问题:一个社会既定的生产资源总量怎样最有效率地分配使用于各种不同的用途。

　　本章所分析要素价格决定的理论基础是美国经济学家克拉克(J. B. Clark)的边际生产力论(marginal productivity theory of distribution)和马歇尔(A. Marshall)的均衡价格论。


## 第一节　生产要素的需求

### ·生产要素需求的特点

　　生产要素市场的需求来自厂商。厂商购买生产要素不是为了满足自己的消费需要,而是为了满足生产上的需要。能直接满足消费者需要的是各种消费物品和服务,但这些物品和服务要依靠运用生产要素才能制造出来。例如,服装、面包等生产离不开劳动、资本、土地和企业家才能。厂商之所以需要生产要素就是为了用这些生产要素生产各种可供消费的物品以满足消费者的需要。如果消费者不需要各种可供消费的物品,生产者也不会需要生产要素了。因此,对生产要素的需求是由对消费物品的需求派生出来的,因而是一种"派生需求"(derived demand)。

要素需求不仅是一种派生需求,也是一种"联合需求"(joint demand)。这是因为,任何一种产品都不是一种生产要素单独所能生产出来的,而必须有许多生产要素共同合作才行。各种生产要素之间还存在互相替代或补充的关系,因此,厂商对某一生产要素的需求,不仅要受该要素价格的制约,还要受其他要素价格的制约。如果人工很便宜,使用昂贵的机器不如用人工合算,厂商就会更多地使用人力来替代机器,反之亦然。

## ·边际生产力

同消费者对产品的需求相类似,厂商对生产要素的需求是指厂商对应于一定的要素价格愿意并且能够购买的要素数量,或者说是指厂商为购买一定数量要素所愿支付的价格。那么,厂商在一定的要素价格水平上,对要素需求量的大小是由什么决定的呢? 或者说,厂商购买一定数量生产要素所愿支付的价格水平是由什么决定的呢? 一般说来,它是由要素的边际生产力决定的。

边际生产力(marginal productivity)概念是由美国经济学家克拉克于 19 世纪末首先提出来的。这一概念和理论的提出被认为有助于解决由于多种生产要素相互作用共同生产产品时,究竟各种要素在生产中作出了多少贡献,从而应当分配到多少收入这样一个难题。边际生产力指的是在其他条件不变的前提下,**增加 1 单位某种要素的投入所增加的产量,即边际物质产品**(marginal physical product,MPP),**有时被简称为边际产品**(MP)**或边际产量。而增加 1 单位某种要素投入带来的产量所增加的收益叫做边际收益产品**(marginal revenue product,MRP)。边际收益产品 MRP 等于要素的边际物质产品和边际收益 MR(指增加 1 单位产品所增加的收益)的乘积。用公式表示即

$MRP = MPP \times MR$。

显然,要素的边际收益产品 $MRP$ 的变化取决于:(1)增加 1 单位要素投入带来的边际物质产品 $MPP$ 的变化;(2)增加 1 单位产品所增加的收益 $MR$ 的变化(见表 9-1)。

关于 $MPP$ 的变化,我们在前面曾指出,一种要素投入量不断增加,而其他要素不变,可变要素的边际产量在一个时期内可以增加或保持不变,但是最终还是会递减。这个规律也称为边际生产力递减规律。

$MR$ 的变化,取决于产品的市场结构。如果该要素生产的产品属完全竞争市场的产品,则 $MR$ 不变且等于产品的价格,即 $MR = P$;如果该要素生产的产品属不完全竞争市场的产品,则 $MR$ 随产量增加而递减且总小于产品价格 $P$。

厂商在决定使用多少生产要素投入时,必须考虑成本和收益的比较,即追加 1 单位生产要素所获得的收益 $MRP$ 能否补偿他为使用该单位要素所需支付的成本。这种成本即**增加 1 单位投入要素所增加的成本支出可称为边际要素成本**(marginal factor cost, $MFC$)。同使用要素的收益情况相类似,$MFC$ 的变化也取决于要素的市场结构。如果要素市场是完全竞争的市场,则 $MFC$ 不变且等于要素的价格,比如说劳动的价格($W$),即 $MFC = W$;如果该要素市场为不完全竞争的市场,则 $MFC$ 将随要素需求量的增加而递增且总大于要素价格[①]。总的来说,在其他条件不变的情况下,出于利润极大化的目的,厂商对某种生产要素的需求量将会被确定在这样的水平上:在该水平上,最后增加使用的那单位生产要素所带来的收益恰好等于为使用它所支付的成本,即 $MRP = MFC$。如果边际收益产品大于边际要素成本,厂商就会雇用或购买更多的生产要素;如果边际收益产品小于边际要素成本,厂商则会减少对要素的雇用或购买,一直到边际收益产品等于边际要素成本时为止。

**·完全竞争产品市场中的要素需求**

由于对生产要素的需求是一种派生需求,所以本小节的研究同产品市场

---

① 不完全竞争要素市场的典型情况是买方垄断,即要素购买者是一个厂商。这时垄断买主若要增加要素使用量,就必须增加对单位要素的价格支付,即要素价格上升,从而要素供给曲线向右上倾斜,并使 $MFC$ 也上升,且大于要素价格。

关系密切。但生产要素市场的类型对整个分析也并非没有影响。为使问题简单化和容易理解,本小节在对要素需求的分析中,假定要素市场属于完全竞争市场,即在要素市场中买卖双方人数众多,没有一个卖者或买者可以控制要素价格,因而要素价格不随要素需求数量的变动而变动,是一个常数。

在这里我们首先假定其他要素使用量固定不变,只考察厂商对一种可变要素(例如劳动力)的需求。由于假定产品市场是完全竞争的,所以对使用要素生产产品的任何一个厂商而言,其产品销售价格不随产量的变动而变动,厂商可以按既定价格卖出任何数量的产品。换句话说,对任何一个厂商来说,每增加1单位产品的销售所带来的边际收益($MR$)始终不变且等于产品价格,即 $MR=P$。从而要素劳动($L$)的边际收益产品($MRP$)就等于边际物质产品乘以该产品的价格,即 $MRP=MPP\times P$。这里的 $MPP\times P$ 被称为劳动的边际产品价值(value of the marginal product,$VMP$),指的是增加1单位要素所增加的产量的销售值。在产品市场为完全竞争的情况下,$MRP=VMP$;在产品市场是非完全竞争的情况下,产品销售价格不再固定不变,而是销售量的一个减函数,那时,增加1单位要素所得到的边际收益产品($MRP$)将不再等于边际产品价值($VMP$)。

现在假设某厂商在完全竞争市场上销售产品,某一种可变要素($L$)的投入量、边际物质产品、边际收益产品如表9-1。

表9-1 厂商边际物质产品和边际收益产品

| 要素数量<br>($L$) | 边际物质产品<br>($MPP$) | 产品价格<br>($P=MR$) | 边际产品价值<br>($VMP=MRP$) |
|---|---|---|---|
| 1 | 18 | 10 | 180 |
| 2 | 16 | 10 | 160 |
| 3 | 14 | 10 | 140 |
| 4 | 12 | 10 | 120 |
| 5 | 10 | 10 | 100 |
| 6 | 8 | 10 | 80 |
| 7 | 6 | 10 | 60 |
| 8 | 4 | 10 | 40 |

表中产品价格等于边际收益,是既定的常量。边际产品价值和边际收益产品相等,并且由于边际生产力递减规律的作用,它们是递减的。

本书前面在分析商品市场均衡时指出,$MR=MC$ 是达到产品市场均衡或者说利润最大化的条件。在完全竞争的产品市场中,这个条件表现为 $MR=P=MC$。这一思路对于考察和描述厂商对要素的需求也是适用的。在完全竞争的产品市场条件下,厂商通过调整可变要素投入量以实现利润最大化的条件,是最后增加的那单位可变要素带来的收益恰好等于购买这单位要素所付出的成本。当要素市场假定也为完全竞争且可变要素为劳动时,这一条件可表述为 $VMP=W$。实际上,$VMP=W$,也就是 $P=MC$,因为 $VMP=MPP \cdot P$,从而 $MPP \cdot P=W$,即 $P=\dfrac{W}{MPP}$,$W$ 是要素价格,即使用劳动的成本,$MPP$ 是劳动的边际产量,因此,$\dfrac{W}{MPP}$ 就是增加 1 单位产品所增加的成本,即 $MC$。这里,$W$ 代表工资率,是劳动的价格。从表 9 - 1 中可见,当劳动的价格为 80 时,厂商对劳动的需求量应为 6,才符合 $VMP=W$ 的条件。少于这个需求量,要素的边际产品价值将大于购买这个要素所支付的价格,说明再增加可变要素投入量有利可图;多于这个需求量,比如说投入了 7 单位要素,第 7 个单位要素的 $VMP$ 将小于 $W$,说明这个购买是得不偿失的。依此类推,若 $W$ 为 140,厂商对劳动的需求也将减少到 3。总之,如果生产要素价格变动,厂商就必然调整要素的投入量,使调整后的 $VMP$ 等于新的要素价格。

将表 9 - 1 所反映的情况用图形表示出来,即是厂商的边际收益产品(边际产品价值)曲线,也就是厂商对要素(比如劳动)的需求曲线。

图 9 - 1 中向右下方倾斜的曲线 $VMP=MRP=D$,表示完全重合的边际产品价值曲线和边际收益产品曲线,就是厂商的劳动需求曲线,厂商的劳动需求曲线向右下方倾斜,斜率为负值。显然,劳动需求曲线之所以向右下倾斜,是因为劳动的边际产量随劳动使用量的增加而递减。

以上说的是厂商对某一要素的需求,那么,整个市场对这种要素的需求曲线是否为所有厂商对该要素的需求曲线的水平加总而成的呢?不是。例如当劳动价格下降时,如果所有厂商都增加劳

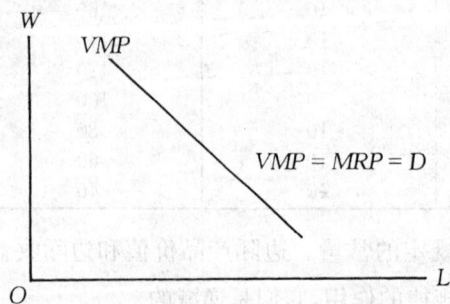

图 9-1 劳动的边际产品价值曲线和需求曲线

动使用量,就会使该产品的市场价格下降,从而使劳动(假定该要素是劳动)的边际收益产品变小,于是,每个厂商对劳动需求量增加就会少一些。这样,该要素(劳动)的市场需求曲线比厂商的需求曲线陡一些。

· **不完全竞争产品市场中的要素需求**

不完全竞争市场即指除完全竞争以外的三种多少带有垄断因素的产品市场。对单个厂商而言,完全竞争产品市场与不完全竞争产品市场的重要区别之一是,产品价格在完全竞争市场中给定不变,而在不完全竞争市场中,则是产销量的函数,即产销量增加时,价格必须下降。由于产品价格决定不同,这两种不同类型的市场中的要素需求曲线就不一样。

为了使分析问题简便起见,我们仍假定要素市场为完全竞争,要素价格仍然是一个不随需求量变动而变动的常数。在这样的不完全竞争产品市场中,厂商对要素的需求情况怎样呢?

这里,仍只分析厂商对一种可变要素的需求。首先仍假定厂商使用的一种可变要素是劳动。前面说过,在完全竞争市场中,由于产品的销售价格等于边际收益($P = MR$),所以边际要素投入所带来的收益($MRP$)就等于边际产品价值($VMP$)。在卖方垄断市场条件下,由于产品价格随销售量的增加而下降,边际收益不再等于产品价格,而是小于产品价格,即 $MR < P$,因此 $MRP$ 也就不等于 $VMP$ 了。两者之间的差额为:

$$VMP - MRP = (MPP \times P) - (MPP \times MR)$$
$$= MPP(P - MR)$$

表 9-2 有助于我们对上述问题的理解。

从表 9-2 中可见,在产品市场垄断情况下,由于商品量的增加会对价格有直接的影响,所以导致 $P \neq MR$,进而 $VMP \neq MRP$。举例来说,当厂商雇用的要素从 4 单位增加到 5 单位时,第 5 单位要素带来的边际产品价值 $VMP$ 为 $8 \times 6 = 48$。由于产品价格随产销量增加而下降 $8.5 - 8 = 0.5$,原来可以按照单价 8.5 出售的 34 单位产品,现在也只能按照 8.0 价格出售,总收益因此减少 $34 \times 0.5 = 17$。必须从第 5 单位要素的边际产品价值 48 中减去由于降价而减少的总收入 17,才是第 5 单位要素的边际收益产品 31。

表 9-2　卖方垄断厂商的边际收益产品

| 要素单位<br>（L） | 总产量<br>（TP） | 边际产量<br>（MPP） | 产品价格<br>（P） | 边际收益<br>（MR） | 边际产品价值<br>（VMP） | 边际收益产品<br>（MRP） |
|---|---|---|---|---|---|---|
| 1 | 10 | — | 10.0 | — | — | — |
| 2 | 19 | 9 | 9.5 | 8.9* | 85.5 | 80.5 |
| 3 | 27 | 8 | 9.0 | 7.8 | 72 | 62.5 |
| 4 | 34 | 7 | 8.5 | 6.6 | 59.5 | 46 |
| 5 | 40 | 6 | 8.0 | 5.2 | 48 | 31 |

　　* 边际收益 8.9 是这样求得的：$19×9.5-10×10=80.5$。这是要素增加 1 单位时增加的总收益即 $MRP$，这些总收益增量除以增加的产量（$MPP$），即得到增加 1 单位产量所增加的收益，即 $MR=80.5/9=8.9$。

## 第二节　生产要素的供给和价格决定

### ·要素买卖与要素价格的含义

　　生产要素价格由要素市场上的供给与需求决定。关于要素需求，上一节已作过一般性说明，指出这种需求由各种要素的边际生产力决定。至于要素供给，考虑到各种要素有各种不同供给情况，因此，拟和各种要素价格决定一起叙述。在这种叙述之前，有必要把要素买卖及其价格的含义略加说明。

　　生产要素也是商品，其价格也由供求关系决定，但要素的买卖及其价格与产品买卖及其价格还有着重大区别。产品的需求、供给或者说购买和出售，都是产品本身的买卖，但要素的求与供或买与卖，都只是要素使用权的买和卖，因而产品价格是产品本身买卖的价格，产品被出售后即为购买者所有，所有权在买卖交易中发生了转移。但要素买卖后转移的只是使用权而非所有权，因此要素价格是指要素使用价格，绝非要素本身的价格。举个例说，假定工人被厂商雇用一天的价格是 50 美元，是指该工人的劳动力使用权一天值 50 美元，而不是说该工人本身值 50 美元。若工人出卖的不是劳动力使用权，而是劳动力所有权，或者说工人本身，那么，这个工人就不是人身自由的雇佣工人，而是中世纪缺乏人身自由的奴隶了。同样，资本、土地等要素的价格也是指这些要素的使用价格。说一台机器租用一年租金 1 万美元,50 万美元资金被借贷后一年可得利息 1.5 万美元,一片土地一年租借可获地租 30 万美元等等,都不是说这些要素本身值那么多钱,而只是指这些要素使用一定时期要支付的代价是那么多钱。

**· 劳动供给与均衡工资的决定**

　　劳动供给是指劳动者在不同劳动价格水平上愿意并能够提供的劳动数量。劳动价格通常用工资率加以衡量。工资率指单位劳动(如每小时劳动)的工资。劳动价格水平高低实际上是指工资率高低。一国或一地区在一定时期的劳动供给状况是由多种因素决定的,主要有人口及年龄结构、劳动力参与率和工作意愿等。

　　一国或一地区中如果人口基数大,年轻人比重又大,劳动供给超过需求的话,则即使工资水平较低,也会有不少人失业。因此,控制劳动力供给首先要控制人口增长。

　　劳动力参与率指想工作的劳动者在劳动年龄人口中的比重。在历史上,各国妇女曾多数呆在家中,近几十年来,她们大量参加工作,使劳动力参与率大大上升。影响劳动力参与率的因素很多,政府有关政策是其中重要因素,如完善的、丰厚的退休金制度会使许多健康老年人不想继续工作,重视学历的政策会使许多年轻人延长学习年份而暂不工作等。

　　劳动者工作意愿很大程度上取决于他对工资和闲暇效用的比较。劳动可得到工资收入,工资收入给劳动者带来效用,闲暇也给他带来效用。劳动作为闲暇的牺牲会给劳动者带来负效用,即痛苦和不舒适的感觉,劳动得多,工资收入也多,但闲暇会减少,可见收入和闲暇之间存在着替代关系。工资率的提高对劳动供给有两种效应:替代效应和收入效应。替代效应指的是,工资率愈高,对牺牲闲暇的补偿愈大,劳动者就愈愿意用多劳动来代替多休闲。换言之,工资率上升时,不劳动(闲暇)所蒙受的损失要增大,即闲暇的机会成本增大,因此,劳动者会以多劳动来代替闲暇。收入效应反映的则是,工资率越高,个人越有条件以较少的劳动换得所需要的收入和消费品,因而就越不愿意增加工作时间即劳动的供给。

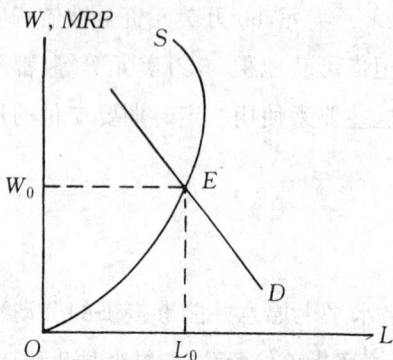

图9-2 后弯的供给曲线和工资的决定

这两种效应都是工资率提高的效应。当收入效应小于替代效应时，劳动供给则会随着工资率的提高而增加，劳动供给曲线向右上方倾斜，即曲线斜率为正值。当收入效应大于替代效应时，劳动供给量则可能随着工资率的提高而减少，劳动供给曲线向左上方倾斜，即曲线斜率为负值。一般来说，工资率较低时，替代效应大于收入效应；工资率很高时，收入效应将会大于替代效应。因此，随着工资率的提高，劳动供给曲线会从向右上倾斜转为向左上倾斜，如图9-2所示。

应当认为，这种后弯供给曲线主要是个人劳动供给曲线，就整个市场而言，这条供给曲线基本上是向右上倾斜的。这是因为，在其他条件相同时，若某职业市场工资水平上升，愿意从事该职业的劳动人数会增加。一些经济学家还认为，后弯供给曲线可能在发达国家会出现，但对广大发展中国家而言，不仅市场的劳动供给曲线，就是个人劳动供给曲线也主要是向右上倾斜的。

这里，还要简单说明一下劳动市场的概念。**劳动市场或劳动力市场，是指各行各业配置劳动力并协调就业问题的市场，它由买方（雇主）和卖方（雇员）组成。**劳动市场还可根据买卖双方相互搜寻的范围区分为全国性市场和地区性市场；根据从企业内部还是外部配置劳动力而区分为外部劳动市场（从企业外部招聘人员）和内部劳动市场（从企业内部安排和调配劳动力，尤其是职位较高的职工）；根据工作条件和待遇好坏区分为优等劳力市场和次等劳力市场。

撇开劳动市场这些具体特点，依然设想劳动市场需求曲线向右下方倾斜，劳动市场供给曲线向后弯曲，然后把两条曲线置于同一图形中，便可得到均衡点。图9-2中劳动需求曲线和供给曲线的交点 $E$ 即是劳动市场的均衡点，这一点决定的均衡工资为 $W_0$，均衡劳动数量为 $L_0$。若市场上实际工资水平高于均衡工资，劳动力就会供过于求，否则就会供不应求。若劳动市场真的完全由市场调节，总会走向均衡。

### · 工资差异及其原因

上述市场均衡工资是一种理论上的工资率,也是一个国家或地区在某一时期的社会平均工资(加权平均)。但现实生活中,各行各业、各个厂商以及每个职工的工资都有很大差异,全社会统一水平的工资从来就没有出现过。导致工资差异的原因大致有:

(1) 劳动的质量不同。假设劳动市场全都处于完全竞争中,不同种类的劳动的价格均取决于它们的供给和需求,因此,不同种类劳动力的均衡工资也必然呈现出差别。这种工资差别是由人们之间质的差别,即在智力、体力、受教育和训练等方面的不同所导致。由于这些质的差别的存在,使劳动者的边际生产力不同,工资因而不同。这类工资差别也被称为非补偿性工资差别或质的差别。

(2) 非货币利益不同。职业与职业相比,在安全性、辛苦程度、环境、声誉等方面有时悬殊很大,因而心理成本不同。如果不保持工资差别,不给那些心理成本高、人们不太愿意从事的职业以特殊的收入补偿,就难以保证这些部门的劳动供求均衡。这类工资差别被称为补偿性工资差别。

(3) 市场的不完全竞争。在现实生活中,劳动市场往往是不完全竞争的,这也会造成工资上的差异。例如人们由于对不同职业收入差异的信息缺乏了解;由于乡土观念较重以及担心搬迁的费用和在新环境生活的不便;由于对进入条件的限制等等原因,造成劳动者在不同地区、不同行业之间的流动受阻,也会造成工资水平不同。

(4) 歧视。种族歧视和性别歧视在一些国家是常见之事,甚至城乡户籍也会成为工资差异的重要原因。

### · 资本供求与利息率的决定

利息是厂商在一定时期内为利用资本的生产力所支付的代价,或者说是资本所有者在一定时期内因让渡资本使用权,承担风险所索取的报酬。利息与本金的比率就是利息率,利息率就是资本使用价格。利息率也是由使用资本的供求关系决定的。

厂商对资本的需求决定于资本的边际生产力。在此,所谓资本的边际生产力,是指其他生产要素不变,增加1单位资本所能增加的边际收益产品,它是资本的边际产量和产品的边际收益的乘积。在这里,资本是指实物资本,即机器设备和厂房等,而"利率是资本使用价格"这句话中的"资本"是指金融资本。这两个资本概念有区别也有联系。厂商需要货币资金,其实就是为了增加实物资本。金融资本相当于实物资本的货币价值形态,实物资本是金融资本的实物载体。金融资本的收益率尽管不等于实物资本收益率,但最终还是取决于实物资本的收益率。如果利息率既定,厂商对资本的需求量将被决定在这样的水平上:在该水平上,资本的边际生产力,亦即资本的预期利润率恰好等于利息率。比如,在市场利息率为8%时,厂商借入1单位资本的预期利润率假定为10%,那表明厂商借入1单位资本即可获利2%,从而增加资本投入对厂商来说是有利的。但是,由于要素报酬递减规律的作用,资本投入的增加必然会降低其预期利润率,因此,当预期利润率与利息率相等时,厂商将不再增加或减少资本的投入。将所有单个厂商对资本的需求曲线(资本的边际生产力曲线向右下倾斜)汇总即形成资本的市场需求曲线,例如可假定是图9-3所示的 $D$ 曲线。

资本的供给,就是资本的所有者在各个不同的利息率水平上愿意而且能够提供的资本数量。资本供给主要取决于让渡资本的机会成本及风险成本,一旦借出资本所获得的利息报酬可以补偿这些成本,资本供给才会成为现实。西方经济学家认为,资本来源于节欲,来源于对当前消费的抑制。抑制当前的消费(它是让渡资本的机会成本)所形成的资本供别人使用,是为了获取利息,因此,对于提供资本的人来说,利息是对他们抑制或推迟眼前消费的一种报偿。利息率越高,这种报偿越高,人们愿意提供的资本就越多,因而资本的供给与利息率同方向变化,例如可假定是图9-3中的 $S$ 曲线。

$D$ 曲线与 $S$ 曲线相交于 $E$ 点,此点所对应的 $r_0$ 为均衡利息率,$K_0$ 为资本的均衡供求量。

在现实经济生活中,利息率也常常

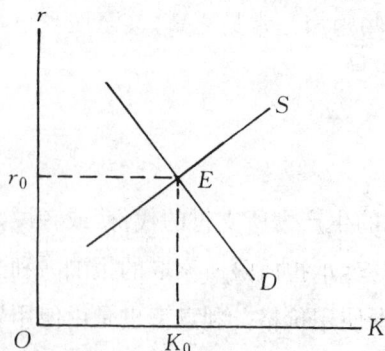

图9-3　利息率的决定

不止一个水平。根据借贷时间,长期利息率同短期利息率不同,即使为相同期限,利息率也随风险、资金用途不同等原因而有所差别。此外,资本市场上也常常存在不完全竞争的情况,这对利息率的决定也有所影响。

· **均衡地租和级差地租**

　　经济学中的土地是一个广泛的概念,它不仅指地面,也指地下、空中、水面上的一切自然资源。地租是在一定时期内利用土地的生产力所支付的代价或土地这一生产要素提供服务的报酬。地租是由土地市场的供给和需求共同决定的。

　　土地的需求取决于土地的边际生产力,而随着社会对土地需求量的增加,人们只能使用越来越差的土地(土质和位置),因而每增加 1 单位土地使用所增加的收益即土地的边际收益或者说土地的边际生产力是递减的,从而对土地的需求曲线,如同其他生产要素的需求曲线那样,呈现为一条向右下方倾斜的曲线,如图 9-4(a)中的 $D$ 曲线。

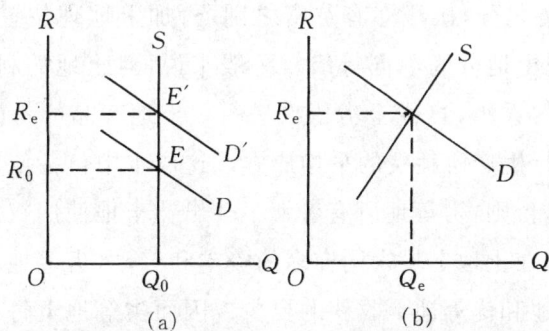

图 9-4　均衡地租的决定

　　土地这一生产要素具有稀少性、不能流动、不能再造等特点。就一个国家或一个地区而言,土地的全部供给量是固定的,其供给曲线表现为一条垂直线。如图中的 $S$ 曲线所示,不管地租怎样变化,土地总供给量始终为 $Q_0$。图中土地需求曲线 $D$ 和土地供给曲线 $S$ 的交点 $E$ 是土地市场的均衡点。该均衡点表示,在土地数量为固定不变的 $Q_0$ 情况下,均衡地租为 $R_0$[①]。假定社会对土地的需求增加,需求曲线将会平行地从 $D$ 向右移动到 $D'$,与不变的供给

————————

① 这里的均衡地租同样是指均衡地租率,即单位土地的地租。

曲线交于 $E'$，均衡地租会相应地上升到 $R_e$。这就是说，由于土地供给量为既定常数，因而地租高低只决定于土地的需求曲线，与土地需求的高低同方向变化。

上述垂直的土地供给曲线[图 9 - 4(a)]是仅就一国的全部土地而言。倘若改从某行业的角度来看土地供给，则土地的使用量或供给量是会随着地租水平的变化而发生变化的。例如，当土地用来建筑住宅可以产生较高的报酬，即可以支付较高的地租时，用于种植或其他用途的土地就会被转用于建筑用途。因此，从一个行业来说，土地的供给是可变的。土地的供给与使用土地的机会成本有关。如果一块土地使用于某种用途比使用于别的用途所取得的收益高，即该用途可以取得较高的地租，这种用途的土地的供给量就会增加，即通过减少其他用途的土地量来增加该用途的土地供给量。图 9 - 4(b)表明，从一个特定行业看，地租的上升可以引起土地供给量的增加。土地需求曲线和土地供给曲线相交处决定均衡地租。

土地有肥瘠之分，矿藏亦有贫富之别，再加上地理位置、气候等条件的差别，可以把土地分为不同等级。一般来说，对土地的利用，会根据土地上产品需求的大小，自优至劣依次进行。土地产品的价格必须不低于使用劣等地进行生产所耗费的平均成本。这成本中包括使用劣等地也必须支付的地租，否则，劣等地所有者就不会出让土地使用权。使用同样大小面积的土地，在土地上投入同样多的资本和劳动，劣等地上收获的农产品数量比中等地和优等地上收获的要少。因而劣等地上每单位产品的成本消耗要高一些，或者说，那些肥沃程度高、交通便利的土地，其产品生产成本低于劣等地产品的平均成本。而农产品市场价格是由劣等地产品的成本决定的，这样，经营中等地、优等地的生产者就会获得超额利润。这一超额利润通过租种优等地和中等地的竞争，必然落到土地所有者口袋中而成为级差地租。

随着经济发展和人口增加，社会对农产品的需求增加，农产品价格相应上涨，这一方面导致新的劣等土地的开发和利用，另一方面也使土地级差地租水平上升。

## · 准地租和经济租

在短期内,工厂、机器和其他耐久性设备固定性很强,不易从这个产业转往其他产业,有些具有类似一国或一地区在一定时期内垂直的土地供给曲线,因此,使用这些设备的租金有时也称准地租。

在长期内,一切要素都可流动,因此,要想使这些要素留在该行业,厂商付给它们的报酬必须超过它们转移到其他行业所能获得的最大报酬,即机会成本,这个超过部分称为经济租。有特殊技能的人,如歌星、体育明星等所获的收入中,很大一部分就是这种经济租。当经济租大于零时,即有特殊技能的人留在本行业或本单位工作取得的报酬大于跳槽到其他行业或单位所获报酬时,这些特殊要素就会继续留在该行业中,若经济租小于零,这些要素就会转移到其他行业。

## · 利润的决定

在西方经济学中,利润有正常利润和超额利润、会计利润和经济利润等各种不同的叫法,这在前面第六章第一节中已说过了。这里想把经济利润或者说超额利润的来源说明一下。关于超额利润的形成,经济学家有几种解释。

其一,利润是承担风险的报酬。在一个动态经济中,未来总是不确定的,厂商必须承担由此产生的风险,利润就是承担风险的报酬。厂商对于无法控制和难以预测的供求变动所造成的风险,包括经济波动和经济结构变动所造成的风险,对于不可抗拒原因造成的损失,必须自己承担,自负盈亏。

其二,利润是创新的结果。创新是指提供新产品和新劳务、引进新生产方法、采用新原料、开辟新市场和建立新企业组织等行为。西方经济学家认为,从创新能够提高生产率,增加投资,刺激经济增长,从而带来超额利润方面说,它是社会进步的动力,应予鼓励。另一方面,创新能否取得预期成果,以及能否继续进行下去,要受多种因素影响,难以确定,因此应以超额利润的形式对创新者予以鼓励和补偿。

其三,垄断。由于垄断厂商能够限制产量,控制价格,限制其他厂商进入,因而可以减少某些不确定性,长期保持垄断利润。

## 第三节 贫 富 差 别

### ·贫富差别及其衡量

基督教宣传"上帝面前人人平等"。但上帝只存在于宗教的天国里,因此,人人平等也只存在于虚构的乌托邦中。现实世界呈现出来的是一幅贫富悬殊的图景。先看国与国、地区与地区间贫富差别。今天,美国全日制工作人员的年均收入大约是占全球人口四分之一的穷人的60多倍。再看同一国家中的人们,1995年美国最穷的20%的家庭平均年收入不到14400美元,而最富裕的5%的家庭平均年收入超过113000美元。美国大公司总经理的年收入能高达7500万美元。好莱坞明星在一部电影中露露脸能挣1000万美元。从前的国务卿亨利·基辛格一次约90分钟的讲演可得酬金4万美元。但是,一般体力劳动者收入就低得可怜。例如,牛奶工人年收入1.5万美元,电车售票员为0.8万美元,街道清洁工为0.9万美元,女打字员为0.6万美元,女电梯工为0.65万美元。[①]

为了衡量一个国家的贫富差别程度,美国统计学家洛伦茨提出了一种被广泛使用的收入分配曲线——洛伦茨曲线(Lorenz curve)[②]。

假定一国有如下收入分配资料:

| 人 口 累 计(%) | 收 入 累 计(%) |
|---|---|
| 20 | 4.6 |
| 40 | 15.2 |
| 60 | 31.7 |
| 80 | 55.4 |
| 100 | 100 |

---

① 《国际金融报》2000年8月6日。
② 由美国统计学家 M.O.洛伦茨提出而得名。

根据这些资料,画出一几何图形如图 9-5。图中横轴表示人口累计百分比,纵轴为收入累计百分比,然后将这两个累计百分比的一一对应关系点连接起来,就得到图中的一条 D 线。这就是洛伦茨曲线。

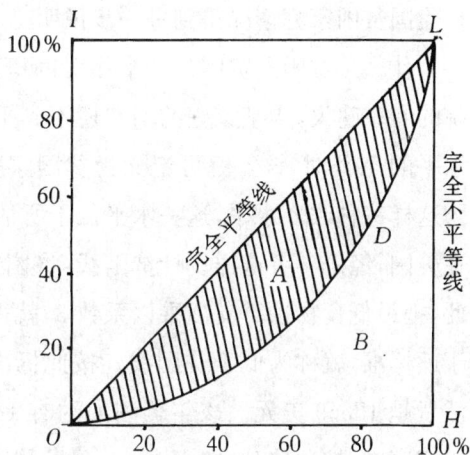

从图中可见,收入最低的 20% 的人口所得到的收入仅占全体收入约 4.6%,而 80% 的人口只得到 55.4% 的收入,最富有的

图 9-5　洛伦茨曲线

20% 的人则得到 44.6% 的收入。显然,洛伦茨曲线越向横轴凸出,它与完全平等线(通过原点的 45 度线)之间的面积 A 越大,表明收入分配差距越大,即越不平等。因此,A 是"不平等面积"。当收入分配达到完全不平等时,洛伦茨曲线就成为折线 OHL。这条折线与 45 度线之间的面积 A+B,就是完全平等的面积。不平等面积与完全平等面积之比,称基尼系数(Gini coefficient)[①]。令 G 代表这一系数,则 $G=\dfrac{A}{A+B}$。简言之,基尼系数是一种衡量收入不平等程度的标准,由洛伦茨曲线导出,其值由 0 起最大到 1。

## ·收入不平等的原因

居民收入来自劳动收入、财产收入和政府转移支付(如养老金、失业救济金、贫困补助金等)。显然,转移支付不可能使家庭发财致富,收入分配不平等只能从劳动收入和财产收入这两大渠道中寻找原因。

关于劳动收入差别问题,前面分析工资差异时已有提及,具体说是,由于人们能力不同,所受教育训练不同,从事的职业不同,各人机遇不同,以及各人所处环境不同(包括是否受到种种歧视)等所造成。对于这一点,还可通过分

---

[①] 基尼系数名称来源是,意大利经济学和统计学家基尼(Corrado Gini,1884—1965)提出的一个用以反映社会收入分配平均和不平均程度的指数。

析美国贫困家庭情况得到进一步说明。

什么是贫困？贫困是一个相对的概念，会因时因地而异。美国国家科学院的专家建议，当某家庭的消费还不到平均家庭在食品、服装、住宅上的消费水平的50%时，该家庭可定义为贫困家庭。而按美国传统做法，贫困被定义为这样一种收入水平，这一水平低于所估算的维持生存的生活水平所需费用。在美国，经济学者这样设计贫困线：贫困家庭一般把收入的1/3用于食物，因此，把最低食物预算支出乘以系数3，就得到了维持生存的生活费用标准。低于此标准，就称为低于贫困线。按此标准，1995年美国四口之家的年最低生活费是15569美元。该年美国大约有14%的家庭的收入低于贫困线。在贫困家庭中，按种族分，白人占11.2%，黑人占29.3%，其余是西班牙裔人和印第安人；按家庭类型划分，女性户主，现在无配偶的占36.5%，为有配偶者家庭的5倍多；从文化水平看，没有受过大学教育的居多。这些现象说明，在美国，尽管法律上不再允许搞种族歧视和性别歧视，但这种歧视事实上仍然存在。由于少数民族和妇女受教育较少，难以获得高报酬的职位，失业的命运也大多落到他们头上。

来自财产收入的不平等是收入不平等的主要根源。与财产收入差别相比，劳动工资收入上的差别简直太微不足道了。1996年美国最富有的100个家庭情况表明，巨富们冒险创办高利润的新式产业，如软件公司、电视网络、零售网络等确实给他们带来了亿万财富。当然，这100家巨富中也有四分之一来自继承，也有调查说有三分之二是来自继承。不管如何，他们总是从继承上一代财产中获得了巨额收入。

当然，有时候财产收入和劳动收入似乎也难以绝对加以区分。一个大公司总裁的高薪固然不知比一般清洁工高多少倍，但使他更富有的源泉在于他从股票期权中获得的更令人咋舌的收入。股权属于财产，但如果不是担任总裁，不是因为他有高超的经营能力，他不可能得到此期权，也不可能在行权时每股获得如此大的增值，而他的经营活动看起来又像是一种高级劳动。这样，这位总裁从股票期权中获得巨额收入，究竟算财产收入，劳动收入，还是人力资本收入，看来是难以完全划分清楚的。

当然，特权和腐败也会造成不平等竞争，进而导致贫富差异扩大，但由于这种情况在正常的市场经济社会是非法的,故这里就不予分析。

· 平等和效率

上面的分析告诉我们,劳动差别和财产差别带来的收入分配不平等,是市场经济机制运行的必然结果。在市场经济中,收入分配实质上是要素价格决定,而要素所有者能否按要素价格取得收入,将关系到市场经济的效率。要有效率,就得按要素价格给要素所有者以回报。由于人们占有要素情况不一样,有人占有资本和土地多些,有人少些,甚至完全没有;有人工作能力强些,有人差些。如果不承认这种差别搞收入均等化,势必伤害人们的工作积极性、创造性和冒险进取精神,也会伤害人们储蓄和投资的积极性,结果,经济不能发展,社会不能进步。

如果效率和平等难以两全,那么,作为目标,哪一个更为重要,应予优先?一些经济学家认为,效率应当优先,因为效率来自于人们的努力和勤奋,创新和进取。舍效率以求平等,只会是普遍贫穷。另一些经济学家则认为,平等应当优先,因为平等本来就是人们的天赋权利,竞争引起的收入不平等是对这种天赋权利的侵犯,不仅如此,人们本来就从未在同一起跑线上竞争过。贫富差别不一定是勤奋和懒惰、智慧和愚笨造成的,各人受教育的权利和踏上工作舞台的机会本来也不一样。实行收入均等化,不仅可帮助穷人,还可提高整个社会的有效需求和福利水平。

应当认为,这些看法都有一定道理,但都存在一定片面性。实际上,平等和效率之间存在着对立统一关系。这种关系是市场经济运行中产生的,也体现了市场经济发展的内在要求。在市场经济中,效率的发挥是建立在不平等基础上的。不平等就是差别,有差别才有运动,才有发展变化,才有所谓效率。这种情况甚至在自然界也是如此。水流的条件是水位落差,空气流动的条件是气压差,热运动的条件是温差。没有差别,就没有运动和变化。同样,在市场经济中,不平等或者说差别是竞争存在的条件。正像人们赛跑总得有个第一、第二、第三的名次,不允许有名次和金牌、银牌、铜牌,就不可能有比赛中的拼搏和纪录创新,也不可能有平时的勤学苦练,就不可能有效率。劳动生产率是在市场竞争中不断提高的,不允许一部分人通过发挥才能先富起来,谁肯勤奋工作和刻苦钻研？不允许企业通过改善经营管理实行自负盈亏、自我发展，而统统由国家大包大揽，哪一个企业会努力经营？允许有差别，允许有物质利益上的差别，你追我赶，相互竞争，才会有进步。可见，不平等的存在对效率起着重要的经济作用。但是，不平等的经济作用，又存在上下两条界限。上限是不平等的差别过小，下限是不平等的差别过大。效率赖以发挥的不平等须保持在这上下限之内。如果不平等突破上限，差距过小，向完全平等靠拢，就会产生干与不干一个样，干多干少一个样，干好干坏一个样，能干不能干一个样，这种绝对平均主义严重伤害效率。相反，如果平等突破下限，差距过大，向绝对不平等靠拢，社会上一小部分人极富有，大部分人极其贫困，基本生活毫无保障，则穷人势必铤而走险，扰乱社会秩序，造成社会动荡，危及市场经济秩序。同时，如果社会财富和收入分配差距过大，会影响劳动力再生产。工资劳动者如果穷得活不下去，就会使市场经济存在的基础条件受到削弱和破坏，因为这时候别说劳动者受教育、培训成为不可能，连温饱状态都可能难以维持。再说，社会生产总离不开消费，而劳动大众总是社会基本生活必需品消费的主力军，如果他们穷得很，缺乏购买力，社会有效需求会严重不足，社会经济就无法正常运转。可见，市场经济运行机制本身要求有一点平等，但又不能过分平等；差距要存在，又要适当。平等和效率难以兼得，但要兼顾，兼顾的原则有三条。

第一，在重视效率原则下兼顾平等。没有效率，就没有经济发展，无源之水何来分配公平不公平。在人类历史上，效率总是先于平等发生，并且平等也只有在效率提高过程中才会逐步实现。世界现状也表明，穷国在财富和收入分配上通常比经济发达国家更不平等。市场经济发展历史表明，贫富差距起初也许会随经济发展而扩大，但到一定阶段后，又会随经济进一步发展而缩小，呈一种倒 U 形的规律性趋势。

第二，在提高效率原则下要尽可能考虑平等的要求，寻找一些能以尽可能小的不平等牺牲换取尽可能高的效率，以尽可能小的效率牺牲换取尽可能大的平等的实现途径，以降低平等和效率的替换成本。在所得税和遗产税征收方面，税率要尽可能合理；在社会保障方面，既要取消"大锅饭"式的补贴，又要加强对困难人员的帮助，既要扩大社会保障面，又要根据因地制宜原则不搞一刀切。

第三,要善于抓住平等和效率这对矛盾在不同时期表现出来的不同的矛盾主要方面,抓住问题主要倾向来协调两者关系。当平等问题更显得尖锐时,要更多强调些平等,当效率问题显得更严重时,则要更重视效率,使两者矛盾在实践过程中不断得到妥善处理。

**专栏** 联系中国经济的一点思考(九)

## 我国的收入分配制度改革

当前我国收入分配中主要问题有:劳动报酬在收入初次分配中所占比重偏低(1997年至2007年,我国GDP比重中,政府财政收入从10.95%上升至31.29%,企业盈余从21.23%上升至31.29%,而劳动者报酬却从53.4%下降至39.74%,在发达国家这一比重大多在50%以上);社会成员收入差距过大(我国基尼指数已从改革开放初的0.28上升到2007年的0.48,国际上通常认为0.4是警戒线),城乡间、地区间和行业间收入差距也过大(例如我国城乡人均收入差距比已从改革开放初的1.8:1扩大到2010年的3.3:1,这一差距在国际上最多仅在2倍左右;又如电力、电信、石油、金融、保险、水电气供应及烟草等国有行业职工不足全国职工总数的8%,而工资和工资外收入总额却相当于全国职工工资总额的55%);收入分配秩序不规范(存在许多非法和灰色收入)。这些问题不解决,将成为影响经济发展和社会稳定的重大隐患。改革收入分配制度,理顺收入分配关系,需要坚持的正确原则是:坚持和完善按劳分配为主体、多种分配方式并存的分配制度,鼓励一部分人通过劳动和创造先富起来,切实保护公民合法收入和私人财产;坚持走共同富裕道路,尽快扭转城乡、地区和不同社会成员间收入差距过大趋势,防止两极分化;兼顾公平和效率的关系,初次分配和再分配中都要处理好这二者关系,再分配中更要注重公平。通过改革逐步形成中等收入者占多数的"橄榄形"分配格局。

# 习 题 九

1. 简释下列概念：

   要素需求、边际物质产品、边际收益产品、边际产品价值、边际要素成本、向后弯曲劳动供给曲线、洛伦茨曲线、基尼系数。

2. 厂商利润极大化条件 $MC=MR$ 为什么可重新表述为 $MFC=MRP$？完全竞争条件下出售产品的利润极大化条件 $MC=P$ 能否重新表述为 $MFC=VMP$？为什么？

3. 形成工资差异的原因有哪些？

4. "劣等地上永远不会有级差地租"这句话对吗？"某块地现在是劣等地，因此它永远不会有级差地租"这个命题正确吗？

5. 判断下列说法的正误，并说明理由：

   (1) 一个竞争性的厂商，在其最后雇用的那个工人所创造的产值大于其雇用的全部工人的平均产值时，他必定没有实现最大利润。

   (2) 即使劳动的边际物质产品保持不变，一个垄断厂商对劳动的需求曲线仍然是向下倾斜的。

   (3) 如果一个垄断厂商在完全竞争的劳动市场上同时雇用了熟练劳动力和非熟练劳动力，那么，厂商支付的工资将与他们的边际生产力成比例。

   (4) 在一个竞争性的劳动市场上，如果最低工资高于均衡工资，必然会引起失业。

   (5) 如果一厂商只能获得正常利润，则说明没有获得超额利润。

6. 为什么不平等的收入分配是市场机制运行的必然结果？平等和效率要怎样兼顾？

7. 假设某厂商只把劳动作为可变要素，其生产函数为 $Q=-0.01L^3+L^2+36L$，$Q$ 为厂商每日产量，$L$ 为工人日劳动小时，所有市场都是完全竞争的,产品单位价格为 0.1 美元,小时工资率为 4.80 美元,求厂商每日投入的劳动小时数 $L$。

8. 某劳动者将其固定时间分配于劳动和闲暇。他从留作闲暇的时间和收入(以固定工资率出售劳动所获收入)得到满足(效用)。他的效用函数是 $U = Ly + aL$,$a$ 是正参数。求他的劳动供给函数,此供给函数是否向上倾斜?

# 第十章　市场失灵与微观经济政策

以上各章讨论的消费者行为、厂商行为和要素所有者提供要素的行为,实际上是一个经济活动主体如何优化配置自己所有资源的理论。这一章将要讨论的是,自由的市场竞争机制不但主导着一个个经济主体的最优化行为,也会引导整个社会资源的优化配置,但现实生活中存在的一些情况又会阻碍这种优化配置,出现"市场失灵",需要政府用经济政策来调节。

## 第一节　资源配置的市场机制

### ·产品市场和要素市场的一般均衡

本书第一章第三节已简单提及什么叫局部均衡和一般均衡。一般均衡的情况比局部均衡要复杂得多。例如,假定某一产品市场的供给和需求发生变动,不仅会打破这一市场的均衡,而且会通过各个市场的相互关系打破所有市场的均衡,要经过一系列调整,才能达到所有市场的同时均衡。如果不同市场产品之间存在互相替代关系(如牛肉、羊肉),则产品 A 价格上升就会引起其替代品 B 的价格也上升;相反,如果 A、B 间具有互补关系(如汽车和汽油),则 A 价格上升就会引起 B 价格下降,因为 A 价格上升,对 A 的需求量下降从而使 B 的需求也降。

一种产品市场价格的变动,不但会影响相关产品市场甚至所有产品市场价格的变动,而且会影响生产要素市场价格的变动,就是说产品市场和要素市场也会相互影响。例如,假定其他条件不变,劳动市场上供给减少引起工资上升,就会使所有使用这一要素的生产成本上升,并使产品价格上升,这种产品价格变动又会影响其他产品价格变动。同时,工资上升可能使企业以机器代替人力,引起机器价格变动。

总而言之,产品市场和要素市场都会相互影响,只有产品市场和要素市场的供求都达到均衡时,才是全社会市场的一般均衡。

## ·帕累托最优

上面说明了什么叫一般均衡,接着讨论社会经济达到一般均衡时的资源配置效率问题。有没有效率,效率的大小,都要根据资源配置能使社会成员的福利达到什么样一个境界来衡量。经济学里有一个"帕累托效率"的专门名词来分析资源配置效率问题。帕累托效率也称帕累托最优配置,是指如果没有一个人可以在不使任何他人的境况变坏的条件下使自己境况变得更好这样一个境界或者说状况。再通俗点就是,如果资源配置达到了不损人就不能利己的状态,就是帕累托最优。帕累托最优这一概念听起来似乎很难理解,其实意思很简单。打个比方说,假定有两产品(10 单位食品和 5 单位衣服)在甲、乙两人间分配。如果某种分配(比方说甲得 4 单位食品、3 单位衣服而乙得 6 单位食品、2 单位衣服)正好使两人得到最大效用(满足或者说福利),就可以说这种分配是帕累托最优的。这时如果甲要使自己境况变得更好,势必伤害乙的福利。如果一种分配没有能使两人得到最大效用,比方说甲要 4 单位食品却得了 6 单位,想要 3 单位衣服却分得 2 单位,这样的配置就不是帕累托最优,就是缺乏效率。这时候,若甲拿出 2 单位食品,乙拿出 1 单位衣服,相互交换,大家都增进了福利,就是说彼此在不损害他人福利的情况下增进了自己的福利。这被称为帕累托改进。由于甲拿 2 单位食品和乙拿 1 单位衣服相交换,正好使两人都得到了能取得最大福利的资源(食品和衣服),使甲、乙两人都达到了资源配置的最优,在经济学上就称这样的交换是最有效率的。所谓交换的一般均衡,意思是社会上所有人(这一例子中是甲乙两人)通过交换都获得了最大福利。

帕累托最优除了要求有上述所谓交换的一般均衡,还要求有生产的一般均衡,意思是生产要素在生产各种产品时达到配置最优。也举个简单例子来说明。假定社会上有 100 单位劳动和 50 单位资本用来生产 X 和 Y 两种产品。如果是 60 单位劳动和 20 单位资本生产 X,40 单位劳动和 30 单位资本生产 Y,能使 X 和 Y 两种产品的成本都最低,那么社会如果正好是这样分配要素于两种产品生产上的,就是要素配置最优。如果不是这样配置,就存在着资源重新配置的必要,或者说在生产资源配置上存在着帕累托改进余地。通过生产要素资源的重新配置(厂商之间进行生产资源的交换),使两种要素(这里是劳动与资本)在两种产品 X 和 Y 的生产上的配置达到最佳地步,就称为达到了生产的一般均衡。

如果社会经济能将一定的资源在各种产品的生产上作最合理的配置,生产出成本最低的千千万万种产品,并且这些产品能在全体社会成员间作最合理的分配,使所有社会成员都得到最大福利(即最大效用),就可以说达到生产与交换的一般均衡。生产与交换的一般均衡理论模型表明,在社会经济资源总量、技术水平既定的条件下,如果掌握了所有消费者的效用函数以及所有生产者的生产函数,社会就可能通过对资源配置的不断调整、对产品分配的不断调整,达到一个最佳生产和消费的境界,使资源配置效率达到最优,消费者的福利最大。

### ·市场机制与资源配置效率

如何实现交换、生产以及生产与交换的一般均衡呢?经济学家从理论上、市场经济国家从实践上都证明,资源的最优配置方式是自由的市场机制,或者说完全竞争的市场经济是实现帕累托最优的唯一的、也是最好的舞台。在这个舞台上,每种商品的价格等于其边际本成,每种要素的价格等于其边际产品价值,每个消费者根据其偏好自由选择商品,每个生产者根据利润最大化原则生产商品,每个要素所有者根据报酬最大原则提供要素。所有人都根据这些原则开展自由竞争,整个社会福利就能达到最大,经济作为一个整体就有最好的效率。这就是早在 1776 年亚当·斯密在其代表作《国富论》中阐述过的"看不见的手"的市场竞争原理。在这个完全竞争的市场经济舞台上,私人利益和社会公共利益达到了惊人的和谐与统一。

应当认为,自由的市场竞争机制确实有很多优点,能促进资源的有效配置,能尽量自动纠正市场的失衡局面。然而,市场要实现这些优点,要求具备种种条件,而这些条件在现实世界往往难以具备。这就是所谓"市场失灵"。
"市场失灵"是指市场机制在配置资源方面未能达到最佳效果,而不是说市场
机制没有用。正如牛顿三大定律起作用需要一系列条件,尽管现实生活中难
以具备这些条件从而使三大定律所起作用打了折扣,但这不等于三大定律不
成立。同样,一个公平、公正、公开的市场竞争机制确实为提高资源配置效率
提供了根据,也为社会经济的市场化改革指明了方向。这也就是我们今天为
什么要坚定走市场化改革的总理由。当然,由于市场确实不是万能的,在"市
场失灵"情况下,政府用经济政策对经济加以调节是必要的。

## 第二节　垄断和反垄断政策

### ·垄断与效率损失

　　"市场失灵"的第一种情况当数垄断的存在,阻碍了资源的自由流动,降低
了配置效率。前面第六章中已经提到,对于经济生活中垄断的利弊得失,人们
具有不同的看法。有些看法其实是可以统一起来的。例如垄断大企业更有能
力开发新技术,大企业垄断有利于发挥规模经济优势,尤其是自然垄断行业,
实行垄断经营是必要的。但有些行业,主要是竞争性产品生产行业,实行垄断
是弊大于利,其弊病通常被认为会降低效率。为什么呢?
　　第一,与竞争性厂商相比,垄断厂商的产量低而价格高,因为垄断厂
商可通过限制产量以抬高价格的方式向消费者榨取高额垄断利润。垄断
厂商按边际成本等于边际收益原则定价时,价格高了,产量低了,消费者
福利因此受到了损失。
　　第二,在竞争市场上,厂商只能通过改进技术和管理以降低成本、提高产
品质量来获取尽可能多的利润,而垄断厂商却可以依仗其垄断地位稳拿高额
利润,从而会使改进技术和管理的动力大大下降。
　　第三,在一些国家,垄断权力的取得,往往靠政府有关部门赋予特权,因
此,一些垄断厂商为维持自己的垄断地位,常常会用贿赂或变相贿赂方式把垄

断高额利润的一部分塞进有关行政部门尤其是其领导人的腰包。这种所谓寻租行为不仅破坏了公平竞争，干扰了市场秩序，还使许多经济资源浪费在非生产性活动上。

所有这些，都是垄断损失效率的表现。为了保护竞争，增进效率，减少垄断的危害和损失，一些国家就实行反垄断政策。

### ·反托拉斯法

反垄断政策是通过反托拉斯法实现的。美国是最早制定和实施反托拉斯法的国家。从 19 世纪末以来，先后采取了一系列反托拉斯的政策和措施。这些政策和措施包括：议会立法，司法部执行法律，法院按法律对违法行为进行裁判等。美国国会曾通过一系列重要的反托拉斯法案作为联邦政府执行反托拉斯政策的依据。这些法案包括 1890 年通过的《谢尔曼法》(Sherman Antitrust Act)、1914 年的《克莱顿法》(Clayton Antitrust Act)、1914 年的《联邦贸易委员会法》(Federal Trade Commission Act)和 1950 年的《塞勒—凯弗维尔法》(Celler-Kefauver Act)等。反托拉斯法是对这些法律条文及其修正条款的总称。

这些法律的主要内容有：禁止企业参加限制贸易的密谋，即禁止参加固定价格或分割市场的协议；禁止企业图谋垄断一个产业，即禁止企业获得太大的市场；禁止企业为削弱竞争而同另外企业合并；禁止企业参与排外或协同性规定，如禁止企业之间有强迫买者和卖者只能和某单独一家做交易的规定；禁止企业在购买者中间搞价格歧视；禁止企业运用不正当竞争的做法，或者运用不公平或欺骗的做法等等。

国家还设有负责强制执行这些法规的机构，如联邦贸易委员会以及司法部的反托拉斯局。当公司或企业被控违犯反托拉斯法条款时，则要受到警告、罚款、赔偿受损人、解散公司等制裁。最近几十年来，美国最重要的反托拉斯案件有美国电话电报公司案件、国际商用机器公司案件和微软公司案件等。有趣的是，这些案件说明，解散垄断性大公司不仅使消费者受益，对被肢解的大公司本身也有利。例如，电话电报公司所拥有的贝尔系统解散后仍旧蓬勃发展，而未予解散的国际商用机器公司的市场份额反倒急剧下降。

还应当注意的是,最近二十多年来,在美国,不仅反托拉斯政策引起了人们的争议,而且政府对反托拉斯政策的态度也悄悄有了些松动迹象。这主要是因为许多高新技术的进步在垄断行业发生居多,这印证了熊彼得的假说。同时,一些经济学家认为,在经济全球化浪潮中,国家经济的开放度会越来越高,竞争总是要发生,任何一个厂商想长期靠垄断来获利是不可能的,因此,没有必要对垄断加以如此严格的惩罚。

### ·对自然垄断的管制

上述反托拉斯政策所反对的一般是由商标、专利、垄断原料来源等原因造成的垄断。这种垄断是抑制竞争的、反社会的、弊大于利的。然而,经济生活中存在着另一类垄断,如铁路、航空、邮电、煤气、供电等部门的经营也常常是由一个公司从事的垄断性经营,这种垄断是由技术条件和需求条件共同作用而形成的市场结构。对于上述这些部门来说,技术上都要求有大规模生产才会有效率,需求上属所有消费者共同使用的性质。因此,由一家公司来经营最为经济最为合理。试想,如在同一城市或同一地区有两家电厂或水厂供电供水,相邻两户居民分别由不同电厂和水厂来供电供水,势必安装两套线路和管道,这岂非极大浪费?可见,这种垄断是由技术条件和需求条件共同作用而形成的,故称为自然垄断。自然垄断不属于反托拉斯范围,但需要政府管理。管理中最重要的问题之一是收费标准问题。对电、煤气、水、邮电等公用事业如何收费才是合理公平的?政府的公用事业管理机构一般说来应当把价格定得能补偿平均成本,见图10-1。

在图中,AR 表示需求曲线,MR 是边际收益曲线,MC 是边际成本曲线,AC 是平均成本曲线。由于自然垄断厂商产品的平均成本和边际成本会随产量增加而下降,且边际成本总低于平均成本(边际成本低于平均成本时,平均成

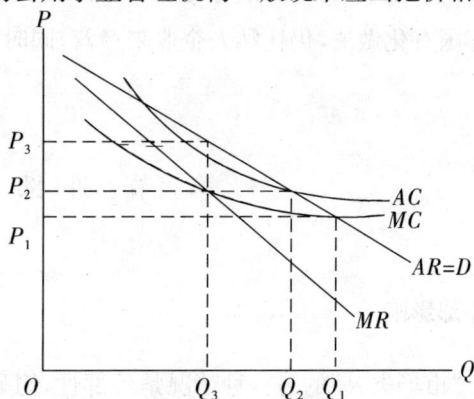

图 10-1 一个受管制的自然垄断厂商的费率调整

本才下降),因此,如果让垄断厂商自行定价,它会把价格和产量定在 $P_3$ 和 $Q_3$ 的水平上,显然,这是定价高而产量低的决策。假定公用事业管理者要按价格等于边际成本的原则定价,则费率应定在 $P_1$ 上,产量定在 $Q_1$ 上,这看来是符合经济效率标准的,因为它做到了资源的最佳利用。然而,如果这样的话,则该企业就会连正常的投资报酬也赚不到,因为正常利润是包含在平均成本之中的,而现在的价格 $P_1$ 低于平均成本,在这种情况下,要使该公用事业能继续经营下去,只能由政府对公用事业作补贴,但补贴费用只能来自税收,这就形成纳税人向此公用事业的消费者转移收入。

为了使公用事业不亏本,管理者的做法通常是根据平均成本定价,即把价格定于 $P_2$,产量定于 $Q_2$,但这又会提高价格,缩小产量。为了不限制产量,又尽可能做到不亏本,公用事业管理机构往往实行差别定价办法,即根据不同销售量,收取不同费用。例如,在高峰时期用电话,收费标准高些,其他时期则收费低些。一方面调节供求,另一方面用高价来弥补低价给该事业经营带来的损失。再如,在电力充裕时,可对第一单元用电收费低些,超过此单元收费高些,低价不能补偿平均成本的损失,可由高价来补偿。

按平均成本定价看来是对自然垄断管制的一个较好的办法。然而,它同样会产生问题:由于是按平均成本定价,因此,厂商失去了为降低成本而进行创新的动力,甚至有可能过多使用设备和人力而形成浪费。

一些国家曾一度采用将自然垄断行业国有化的办法来对该类行业直接加以控制。但事实证明,国有化企业往往经营效率较低,因而这些国家后来纷纷放弃国有化做法,仍让私人企业来经营,同时加强管理,尤其是定价管理。

## 第三节  外 部 影 响

### ·外部影响

"市场失灵"的另一种情况是外部性,阻碍了通过经济个体的资源优化配置实现社会的资源优化配置。所谓**外部性或外部影响**(externality)**是指生产**

者或消费者在自己的活动中对他人或别的厂商产生了一种有利影响或不利影响,这种有利影响带来的利益(或者说收益)或有害影响带来的损失(或者说成本)都不是消费者和生产者本人所获得或承担的。例如,一个养蜂场使邻近的果园更丰收了,丰收的苹果园主并不是养蜂人,这就是积极的外部影响(positive externalities)。积极外部影响的例子很多,如种花人家使周围邻居都享受到了芳香和美丽;美味餐馆传出的香味也使过路人感到舒服;科学家的发明为全人类造福;人们种防疫苗,不仅避免了自己得传染病,也减少了他人疾病的传染;一个大戏院的建立也给周围饮食店带来了生意。诸如此类,都是一个经济主体活动给他人带来的利益,而自己并没有获得这种利益。就是说,这种利益不属于从事活动的本人而属于别人,因而不构成私人收益,只构成社会收益。私人收益和社会收益之间出现了不一致。

相反,假定一个工厂花费一定成本生产产品,给周围造成污染,这种污染,如果政府不加干预,工厂一般不会计入成本的。这就是工厂的生产活动给社会带来了不利影响,这是消极的外部影响(negative externalites)。消极的外部影响例子很多。例如,奔驰的汽车排出废气,发出噪声,引起交通阻塞;一个游泳池里的人太多了,每一个人都会成为他人的障碍。消极外部影响引起私人成本(private cost)和社会成本(social cost)之间的差别。厂商为生产而必须直接投入的费用是私人成本,而工厂排出的有毒气体和其他废料,不计入工厂成本,但却使别人受害,从社会的角度看,这种损害应该算作成本的一部分。这部分成本加上私人成本,才构成社会成本。

如果只考虑私人成本,不考虑社会成本,就会过分刺激具有消极外部影响的活动。例如,某化工产品如果仅仅从原材料、设备、能源消耗及人工等耗费考虑,可能成本甚低,每单位产品带来的利润甚高,从而生产会大大扩大。但由于它造成了严重污染,给社会带来了很大负担,因而从社会成本考虑,生产就不宜如此扩大,这可用图10-2来表示。

边际成本曲线就是供给曲线,因为供给是由成本决定的。$D$代表需求曲线,如不考虑社会成本,则均衡产量将是$Q_1$,价格是$P_1$;若要考虑社会成本,则产量就要减少到$Q_2$,价格上升到$P_2$。这就是说,如果工厂要承担污染处理费用,则成本将从边际私人成本(增加一单位产品所增加的私人成本)转变为边际社会成本(增

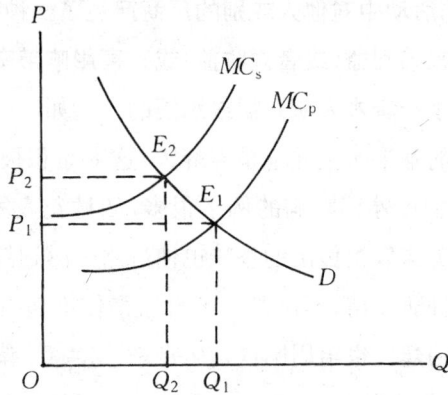

图 10-2 私人成本与社会成本考虑下产量的决定

加一单位产品所增加的社会成本),即成本要上升,因而对此产品的需求量减少。可见,如果化工产品生产者不承担污染处理费用的话,则它们会按私人成本将生产扩大到 $Q_1$,给环境造成严重影响。这种情况表明,从社会的观点看,资源没有达到最佳配置。从社会角度看,化工品产量只应是 $Q_2$,价格应是 $P_2$,这样,就能对化工生产造成的污染作出正确处理。

应当看到,外部影响不仅在环境污染问题上表现出来,而且在许多经济活动中都存在。克服消极的外部影响给社会带来的影响,可以提高社会经济活动的效率。

## ·对付消极外部影响的措施

上例中,当工厂在生产中产生消极外部影响时,化工产品的价格将低于边际社会成本,工厂产量将多到变成无效率的境地。反之,若厂商在生产中产生积极外部影响时,厂商产品的价格将高于边际社会成本,其产量却会少到变成无效率的境地。这种情况表明,外部影响的存在,使市场机制不能有效率地配置资源。解决外部影响,特别是消极外部影响对社会影响的措施之一是实行政府干预。

政府可以通过税收和补贴两种方法来抵消外部影响对社会的影响。对产生消极外部影响的厂商征课税金或罚款,使它向政府支付由于污染等导致的社会成本增加的部分，把厂商造成的外在成本内部化，促使它们消灭或减少消极的外部影响。必要的时候，政府也可采用行政或法律手段，要求厂商限期整治。这类政策虽然在一定程度上能够解决消极外部影响的问题，但是，这类政策不能完全杜绝消极的外部影响，而且它的实施需要相当大的机会成本。

对于产生积极外部影响的机构或单位，政府应该进行补贴。例如，教育事业不但有助于提高公民的素质，为他们提供参与平等竞争的机会，而且会产生巨大的积极的外部影响。科研事业也是这样。如果要求这些单位都成为盈利机构，那么，它们提供的有利服务必将减少到变成无效率的境地。

内部化的合并也是解决外部性的一种途径。如甲企业的生产污染了乙企业的环境，给乙企业带来了损失，若能把两个企业合并成一个企业，则合并后的企业为了自身利益就自然会考虑污染造成的损失，把生产定在边际成本等于边际收益的水平上。因为这时候本来污染给乙企业造成的损失（社会成本）现在成了自己的损失，即社会成本内部化为私人成本的一部分了。

解决外部影响对社会影响的另一种措施是确定所有权。这种措施是由经济学家科斯提出来的，其理论被称为科斯定理（Coase's Theorem）。这里，所谓所有权，是指通过法律程序确定某主体享有某种权利。科斯定理强调了明确所有权的重要性，认为只要所有权是明确的，而且交易成本极低或等于零，则不管所有权的最初配置状态如何，都可以达到资源的有效配置。根据这一理论，当某个厂商的生产活动危害到其他厂商的利益时，在谈判成本较小和每个企业具有明确的所有权的情况下，两个企业可以通过谈判或通过法律诉讼程序，来解决消极外部影响问题。例如，在所有权不明确的情况下，化工厂排出的污物可能污染周围的农田，造成农作物的减产，而产生消极外部影响。这种消极外部影响可以通过确定化工厂和农场主的所有权来消除。假如农场主具有禁止污染的权利，如果化工厂污染了周围的农田，那么，农场主可以通过谈判或法律程序，向化工厂索取污染农田造成的经济损失。在这种情况下，化工厂自然会在生产中考虑其污染农田的机会成本。反之，如果化工厂具有污染的权利，这时，化工厂污染农田的机会成本是农田未被污染时能为化工厂带来的最大收益，显然，只要这种收益超过污染给化工厂带来的收益，化工厂就会愿意为保持农田不受污染而付出代价。显然，这只是理论上的一种分析，现实生活中想通过明确产权来解决外部性不是一件容易之事。

## 第四节 公 共 物 品

### ·公共物品的特点

"公共物品"是社会需要的物品,却无法通过市场机制让经济个体所生产,这是"市场失灵"的又一种情况。所谓**公共物品**(public goods)是**指供整个社会共同享用的物品**。例如,国防、警察、消防、公共道路、教育、公共卫生等等。与公共物品相对,**私人物品**(private goods)**是指由市场提供给个人享用的物品**。如商店里出售的面包、衣服、电视机、计算器等等。公共物品一般由政府提供。在提供公共物品方面,市场往往无能为力。值得注意的是,某些公共物品也可以由市场提供,私人办教育就是一例。

公共物品具有两个显著特点:第一,公共物品的消费不具有排他性。公共物品的消费权或享用权并不是由某个人独有,而是由整个社会共同所有,某人对该物品的消费或使用,并不能阻止他人对该物品的使用。例如,国家提供的国防安全,人人都可享受,而不像一件衣服由我使用了,就排斥了他人使用。又如海洋中的灯塔或航标,甲船使用了,并不排斥乙船也同时使用。这与私人物品显然不同。第二,公共物品的供给不具有竞争性。这是指公共物品的消费增加时,成本并不会增加,也就是说,增加一个公共物品使用者的边际成本为零,而不像私人物品那样,一个人使用了,就会减少他人使用该物品。在边际成本为零的情况下,有效的配置资源的原则就是免费提供公共物品给对其有需求的任何人。公共物品的这种特性阻碍了市场机制起作用,因为私人销售者只能对付费的人提供产品,如果不能排除不付费的人也享用这种产品,他就不会生产这种产品。由于公共物品的生产不能保证生产者实现利益性交换,因此公共物品的生产不存在市场竞争问题。例如,如果没有政府参与,在市场经济条件下,人们不可能自动地去修建海洋中的航标或灯塔。

公共物品所具有的上述特点,决定了公共物品只能主要靠政府来提供。

因为，一方面公共物品具有的非排他性，使每个人都能够免费从这类物品的消费中分享到好处，或者他只需为此付出很少代价，但所享受到的利益却要多得多，每个人都想做一个"免费乘客"(free rider)，于是，私人企业决不肯生产这类物品，因为他得不到任何刺激；另一方面，公共物品的非竞争性，使得增加一个公共物品使用者的边际成本为零，因此，不应当排斥任何需要此物品的消费者，否则，社会福利就会下降。如果公共物品由政府生产，政府一方面可用税收获得生产公共物品的经费，这等于免费乘客无形中被迫买了票，另一方面可免费将此物品提供给全体社会成员，使这种物品得到最大限度的利用。

· 准公共物品

在现实生活中，消费上具有完全非排他性和非竞争性的纯公共物品并不多。有些物品，如球场、游泳池、电影院、不拥挤的收费道路等，在消费上具有排他性，即消费者只有付了费才能进入消费。但就非竞争性而言，只有在一定范围内才有非竞争性，即增加消费者并不增加使用成本，不构成对其他消费者的威胁，而消费者增加到一定数量后，消费就有了竞争性。例如，当游泳池里人满为患时，每一个游泳者都会对他人的游泳造成障碍。这样的物品不是纯公共物品，只能算准公共物品，也称"俱乐部物品"，就是说，这类物品好比俱乐部里的东西，对于付了俱乐部费用加入了俱乐部的成员来说，是公共物品，但对非俱乐部成员来说，就不是公共物品。说明俱乐部物品的理论称为俱乐部理论。这一理论可广泛用于生产上有联合性而消费上又有排他性的准公共物品的分析。例如，这一理论可用来说明为什么某些高速公路、桥梁等公共基础设施可通过收费回收投资的途径来建设。

· 公共资源及其保护

和上述准公共物品不同，有些物品如江河湖海中的鱼虾、公共牧场上的草、十分拥挤的公路以及我们周围的生活环境等，其在消费上没有排他性，但有竞争性，尤其当使用者人数足够多时，竞争性很大，这类物品称为公共资源。由于是公共的，使用权、收益权归谁是模糊的，谁都有权使用，就产生了过度消费的问题。例如，公共江河湖海中的鱼被过度捕捞，公共山林被过度砍伐，公共矿源被掠夺性开采,公共草地被过度放牧,野生动物被灭绝性猎杀等等,这种情况就是所谓公地的悲剧。

公地悲剧的产生是和公共资源消费上的非排他性和竞争性分不开的。消费上的竞争性说明每个在公地上消费的人的活动都有负外在性,例如每个家庭的牲畜在公有地上吃草时都会降低其他家庭可以得到的草地的质量,只考虑自己利益的家庭在放牧时不可能考虑这种负外在性,而公地消费的非排他性又无法抑制每个消费者的这种负外在性,结果,公地上放牧的牲畜数量必然迅速超过公地的承受力,从而公地悲剧必然产生。如果有关当局认识到这种悲剧,就可采取一些办法加以解决。例如,可以限制每个家庭的放牧数量,或按放牧数量递增地征收放牧费税,或干脆把公地划成若干小块分配给每个家庭使用,但最后这一途径实际上是把公地变成了私地。

## 第五节　公　共　选　择

### ·政府的经济职能

"市场失灵"除上述几种情况外,还表现在信息不完全阻碍市场有效运转,市场价格机制无法实现非市场目标如缩小贫富差距,以及市场本身无法克服经济的过分波动,所有这些方面都要求政府出场。政府为弥补市场缺陷而担负的职能大致可分为三方面:

一是关于效率方面的职能。如上述禁止垄断和管理自然垄断的政策和措施,关于解决外部性、提供公共物品、管理信息等方面的立法和政策,都体现了效率方面的职能。

二是关于公平方面的职能。如利用税收和转移支付缩小贫富差距的再分配政策,就体现了这方面的职能。

三是稳定经济的职能。如在后面关于宏观经济学的章节中将讨论的财政政策、货币政策就表现出这方面的职能。

所有这些职能都要政府通过一定的立法、政策和措施来实现。政府立法,制定政策,采取措施,都属于决策活动。决策就是在若干方案中决定选用哪一个。这样就产生了两个问题:谁来决策和怎样决策。研究这方面决策的理论称为公共选择理论。

## ·决策方式

政府的决策是公共选择,个人的决策是私人选择。例如个人购买商品或出售要素都是个人私事,这就是私人选择。公共选择由集体作出或由一些人代表集体作出,这种选择在民主制度下可有多种方式。一种方式是一致同意规则,即一种决策为所有当事人一致同意。这种方式当然极好,但决策成本太大,决策时间太长,因为只要有一人不赞成,方案就要被否决。第二种方式是多数同意原则,即一种方案只要有比方说1/2或2/3当事人同意即可通过。这种方法比较可行,通常被采用,但这种方法难以照顾到少数人的要求,少数对投票不很重视的人还很可能被特殊利益集团用较低成本收买和利用。撇开这两点不说,这种办法还可能出现投票悖论,即假定甲乙丙三人面临ABC三种方案选择时,若他们偏好顺序是:甲:A优于B,B优于C;乙:B优于C,C优于A;丙:C优于A,A优于B;结果是没有一个方案得到多数票选择。也许最终结果是根据独裁者的意志来选择。这一结果是美国经济学家阿罗(K. J. Arrow)发现的。他认为,**在非独裁情况下,不可能存在有适用于所有个人偏好类型的社会福利函数,即满足所有个人偏好的社会偏好选择。这被称为阿罗不可能定理。**

在西方所谓民主制度的国家中,通过选票作选择时,特殊利益集团的行动常常起着很大作用。这些利益集团常常通过各种方式游说投票人,说服政府给他们以保护和好处,比方说获得津贴,得到订货或垄断经营的权利等,这就是常说的"寻租"(rent seeking)活动。**寻租是个人或企业为维护既得利益或谋求新的利益而向掌权的人进行的一种非生产性活动。**

上述这些就是公共选择理论中的投票理论。

## ·官僚主义的弊端

上述政府决策或公共选择,是一种资源的非市场配置,即由政府来配置资源,目的是为了弥补市场缺陷。那么,政府是否就是超凡至圣的,真的能代表全体公民利益的机构? 公共选择理论认为,官僚是公共政策执行者,他们由选民选出的公共机构(政府)任命或雇用,通常并非直接对选民负责,主要对任命他们的机构和政治家负责。他们追求的并不是公众的利益,而是他们个人的利益,即职位、特权及名誉等。为此,他们总力求增加政府预算,由他们来行使配置资源的权力时,资源使用效率往往低于市场配置的效率。其原因是:第一,无产权约束,官僚们花的不是自己的钱,而是公家的钱,即纳税人的钱,浪费了不心疼;第二,有垄断特权,即政府办事没有人可与之竞争;第三,没有盈利指标,办事不计成本;第四,难以监督,即使有监督也往往流于形式;第五,过多的政府干预,还容易引起"寻租"行为,这种行为不是把人力、物力、财力花在创造财富的生产经营上,而是设法到政府官员那里拉关系、开后门、游说甚至行贿,腐蚀了政府官员,破坏了公平竞争,造成了经济资源的非生产性损失。

尽管政府干预经济会产生诸多弊端,但不能因此否定政府这只"有形之手"干预经济的必要性。正如不能因"市场失灵"就否定市场这只"无形之手"的作用一样,也不能因为存在"政府失灵"就否定"有形之手"的功能。探讨"政府失灵"的目的不在于取消政府干预,而是为了改进政府干预的方式,提高政府干预的效率,把"无形之手"和"有形之手"更好结合起来。

**专栏** 联系中国经济的一点思考(十)

## 我国经济发展中的生态环境问题

我国经济在高速发展中出现了严重的生态环境问题,表现在:水土严重流失,沙漠化迅速扩展,草原退化加剧,森林资源锐减,生物物种逐步灭绝,地下水位下降,水体污染加重,大气污染严重,固体废弃物存放量过大,垃圾包围城市,城市污染向农村蔓延等。其原因主要有:第一,人口压力大,人们迫于生存,毁林开荒,围湖造田,破坏植被;第二,工业化起步晚,起点低,要快速发展,容易只看眼前利益而忽视长远利益,为经济而忽视生态。

目前我国已采取一些措施,阻止生态环境恶化,但环境问题依然相当严峻。我国正在进一步采取有效措施,正确处理经济建设与人口、资源、环境的关系,把控制人口增长、节约资源、保护环境纳入经济和社会发展战略中,纳入政府政绩考核指标中,以实现经济社会长期可持续发展。

# 习 题 十

1. 简释下列概念:

   一般均衡、帕累托最优、市场失灵、公共物品、私人物品、免费乘客、私人成本、私人收益、社会成本、社会收益、自然垄断、外部影响、科斯定理、阿罗不可能定理、寻租。

2. 怎样理解完全竞争的市场经济是实现资源配置的最好途径?

3. 在哪些情况下市场会失灵?

4. 公共物品有什么特点? 为什么公共物品只能靠政府来提供?

5. 设在一公共牧场上养牛的成本是 $C=5x^2+2000$,$x$ 是牧场上养牛的头数。每头牛的市场价格 $P=1800$ 元。

   (1) 求牧场净收益最大时的养牛数。

   (2) 若该牧场有 5 户牧民,牧场成本由他们平均分摊,这时牧场上将会有多少养牛数? 若有 10 户牧民分摊成本,养牛总数将有多少?

   (3) 从中可得出什么结论?

6. 垄断会带来哪些危害?

7. 试说明为什么自然垄断的边际成本曲线位于平均成本曲线的下方。这一事实的后果是什么? 如果政府管制自然垄断机构,将价格确定在与边际成本相等的水平,有什么问题不可避免?

8. 举例说明积极的和消极的外部影响。

9. 如何克服消极外部影响对社会的影响?

10. 政府在弥补市场缺陷方面有哪些经济功能? 由政府来配置资源可能有哪些因素会形成低效率?

# 附录　部分习题参考答案

## 习　题　二

7. 当 $P=60$ 时，$E_d=-3$

　当 $Q=900$ 时，$E_d=-4.7$

8. $E_{甲乙}=1.33,P=53.68$

9. $Q_y=44-P_y$

10. (1) $D=120000-20000P,S=20000P$

　(3) $P=3$,　$Q=60000$

　(4) $P=3.5,Q=70000$

　(5) $P=2$,　$Q=80000$

　(6) $P=4$,　$Q=40000$,税收为 80000 美元,消费者和销售者(生产者)平均负担,各为 40000 美元

　(7) $P=2.5,Q=70000$,商品 $X$ 的消费者从中获益,消费者剩余增加 122500 美元

## 习　题　三

6. $Y=12$ 单位

7. $\dfrac{4}{5}$ 的收入用于买商品 $Y$

8. (1) $X=9, Y=9$

   (2) 最小支出为 45 美元

9. 对 $X$ 的需求函数: $X=\dfrac{M}{2P_X}$

   对 $Y$ 的需求函数: $Y=\dfrac{M}{2P_Y}$

# 习 题 四

5. $APP_{x1}=10x_2-2x_1-\dfrac{8x_2^2}{x_1}$

   $APP_{x2}=10x_1-\dfrac{2x_1^2}{x_2}-8x_2$

   $MPP_{x1}=10x_2-4x_1$

   $MPP_{x2}=10x_1-16x_2$

6. (1) $K=L=10, \min TC=80$ 美元

   (2) $K=L=20, Q=20$

7. $\alpha r_2 x_2 - \beta r_1 x_1 = 0$

9. (1) 是, 次数为 0.8

   (2) 规模报酬递减

   (3) 剩余价值为 $0.2Q$

# 习 题 五

11. $Q=1000$ 件

12. (1) $TC=\dfrac{4Q}{40-Q}+16$, $\quad AC=\dfrac{4}{40-Q}+\dfrac{16}{Q}$,

$$AVC=\frac{4}{40-Q}, \quad MC=\frac{160}{(40-Q)^2}$$

(2) $AC=MC=0.9$

14. $TC=Q^3-4Q^2+100Q+70$

$$AC=Q^2-4Q+100+\frac{70}{Q}$$

$$VC=Q^3-4Q^2+100Q$$

$$AVC=Q^2-4Q+100$$

15. $LTC=5Q, LAC=LMC=5$

# 习　题　六

10. $C=0.1Q^3-2Q^2+15Q+10$

$MC=0.3Q^2-4Q+15$,令 $MC=P$,解得:

$$Q=S=\frac{4+\sqrt{1.2P-2}}{0.6}$$

由于 $AVC=0.1Q^2-2Q+15$

因此 $\dfrac{\mathrm{d}(AVC)}{\mathrm{d}Q}=0.2Q-2=0$ 时,$Q=10$

代入 $AVC=0.1Q^2-2Q+15=0.1\times10^2-2\times10+15=5$

因此该厂商供给函数为:

$$S=\frac{4+\sqrt{1.2P-2}}{0.6} \qquad 如果 P\geqslant5$$

$$S=0 \qquad 如果 P<5$$

11. (1) $Q=35, LAC=625, \pi=12250$

(2) $P=600, Q=30$

(4) 150 家厂商

12. $Q=8, P=26, \pi=192$

13. $Q=15, P=175, A=900$

14. (1) $P=15, Q=60, \pi=360$

    (2) $P=14, Q=80, \pi=320$

    (3) $P=12, Q=120, \pi=0$

15. (1) $Q_1=8, P_1=60, \pi=875$

    $Q_2=7, P_2=110$

    (2) $P=70, Q=15, \pi=675$

16. $\pi=18060$

# 习　题　七

3. (1) $Q=800, P=6200$ 美元, $\pi=2556000$ 美元

   (2) $P=360$ 美元, $Q=80, A=368$

   (3) ① $Q_1=950-0.25Q_2, Q_2=368-0.1Q_1$;　② $P=284, Q_1=880, Q_2=$
   $280$;　③ $\pi_1=54880, \pi_2=19200$

   (4) $Q_1=903$　$Q_2=278$　$P=282$,　$\pi_1=55045$　$\pi_2=18586$　（题解中
   的小数四舍五入）

   (5) ① $q_1=850, q_2=199, Q=1049, P=295$;　② $\Delta\pi=3917$;　③厂商 1
   向厂商 2 支付利润: $4661.5$

   (6) ①斯威齐模型;　② $P=20, Q=20, \pi=0$;　③ $Q=17, P=20.75, \pi$
   $=-55.5$

   (7) $Q_b=2, Q_r=292.04, Q=294.04$

# 习　题　八

8. 在完全信息条件下, 最优激励机制是

$$S(X) = WX + K = X - \frac{1}{2}$$

9. 如果工人不工作或到其他地方工作的效用是 1,则此时的最优激励机制是

$$S(X) = WX + K = X + \frac{1}{2}$$

# 习 题 九

7. $L = 60$,即厂商每日投入 60 劳动小时。

8. 若用 $W$ 表示该劳动者工作时间,用 $T$ 表示劳动者的固定时间,用 $r$ 表示工资率(单位劳动工作的价格),则劳动供给函数为 $W = \frac{T}{2} - \frac{a}{2r}$,从中可见供给函数是向上倾斜的。

# 习 题 十

5. (1) 令 $MC = P$,得 $10x = 1800$  $\therefore$  $x = 180$

(2) 有 5 户平均分摊成本时,每头牛的成本将是

$(5x^2 + 2000) \div 5 = x^2 + 400$,令 $MC = P$,得 $2x = 1800$

$\therefore$  $x = 900$

有 10 户平分成本时,每头牛成本是 $(5x^2 + 2000) \div 10 = 0.5x^2 + 200$,令 $MC = P$,得 $x = 1800$

**图书在版编目(CIP)数据**

微观经济学简明教程：第2版/尹伯成主编.—上
海：格致出版社：上海人民出版社,2014.6(2019.2 重印)
ISBN 978-7-5432-2372-1

Ⅰ.①微…　Ⅱ.①尹…　Ⅲ.①微观经济学-教材
Ⅳ.①F016

中国版本图书馆 CIP 数据核字(2014)第 068759 号


责任编辑　忻雁翔
装帧设计　路　静

**微观经济学简明教程(第二版)**
尹伯成　主编

出　　版　格致出版社
　　　　　上海人民出版社
　　　　　(200001　上海福建中路193号)
发　　行　上海人民出版社发行中心
印　　刷　苏州望电印刷有限公司
开　　本　720×1000　1/16
印　　张　14.75
插　　页　1
字　　数　217,000
版　　次　2014年6月第1版
印　　次　2019年2月第5次印刷
ISBN 978-7-5432-2372-1/F·736
定　　价　29.00元